国家法律职业资格考试

历年分科习题

国家法律职业资格考试编写组◎编

中国政法大学出版社

2024・北京

图书在版编目（CIP）数据

国家法律职业资格考试历年分科习题/国家法律职业资格考试编写组编. —北京：中国政法大学出版社，2024.3

ISBN 978-7-5764-1217-8

Ⅰ.①国… Ⅱ.①国… Ⅲ.①法律工作者—资格考试—中国—习题集 Ⅳ.①D920.4

中国国家版本馆CIP数据核字(2023)第234266号

出版者　中国政法大学出版社

地　址　北京市海淀区西土城路25号

邮寄地址　北京100088信箱8034分箱　邮编100088

网　址　http://www.cuplpress.com (网络实名：中国政法大学出版社)

电　话　010-58908285(总编室) 58908433（编辑部） 58908334(邮购部)

承　印　固安华明印业有限公司

开　本　787mm×1092mm　1/16

印　张　15.25

字　数　343千字

版　次　2024年3月第1版

印　次　2024年3月第1次印刷

定　价　49.00元

说　明

本书严格依照考试大纲和命题规律，甄选近6年1000余道题目，由分科习题和模拟试卷两部分组成，便于考生科目练习及仿真冲刺，配合答案速查及扫码答疑，帮助考生顺利通关。

扫码答疑

目录

分科习题

科目一

习近平法治思想

【单项选择题】

1. “孝公既用卫鞅，鞅欲变法，恐天下议己。令既具，未布，恐民之不信，乃立三丈之木于国都市南门，募民有能徙置北门者予十金。民怪之，莫敢徙。复曰：‘能徙者予五十金。’有一人徙之，辄予五十金，以明不欺。卒下令。”商鞅变法中“立木为信”的典故 体现了什么法治思想？

A. 法者所以兴功惧暴也，律者所以定分止争也，令者所以令人知事也

B. 盖天下之事，不难于立法，而难于法之必行

C. 善禁者，先禁身，而后人；不善禁者，先禁人，而后身

D. 法不阿贵，绳不挠曲

2. “立善法于天下，则天下治；立善法于一国，则一国治”。以下说法正确的是？

A. 制定出良法，就能带来善治

B. 良法应当通行天下

C. 同样的法律在不同国家会有不同的治理效果

D. 为保障善治，必须坚持法律中心主义

3. 中央政法工作会议提出，要总结推广新时代“枫桥经验”，提升城乡基层社会治理现代化水平，坚持小事不出村，大事不出镇，矛盾不上交，就地化解，并创新刑满释放人员、外来务工人员管理模式。对于新时代“枫桥经验”的理解，下列说法错误的是？

A. 枫桥经验核心要义是坚持为了群众、相信群众，发动群众和依靠群众

B. 枫桥经验要求重视法治工作，扩大人民陪审员参与审理案件的范围

C. 乡村属于熟人社会，更适合枫桥经验，城镇属于陌生人社会，不宜强调枫桥经验

D. 推广枫桥经验，要重视政府和基层群众组织的协调，更要强调基层群众组织的普法责任

4. 从系统性的观念出发，习近平法治思想提出了法治国家、法治政府和法治社会一体建设的发展方略，其中法治国家是法治建设的目标，法治政府是建设法治国家的主体，法治社会是构筑法治国家的基础。关于法治政府的建设标准，下列说法正确的是？

A. 廉洁诚信

B. 共建共治

C. 智能高效

D. 权责法定

【多项选择题】

5. 下列对全面依法治国工作重要环节的说法中，哪些选项是正确的？

A. 健全法律法规规章起草征求人大代表意见制度，增加代表列席常委会会议人数

B. 政府建立所有决策终身责任追究制度及责任倒查机制

C. 减少多头执法，减少市县两级政府执法队伍种类

D. 加强和规范司法解释和案例指导，统一法律适用标准

6. “法者，国家所以布大信于天下。宪法是国家布最大的公信于天下。”对此说法，下列理解正确的是？

A. 宪法的生命和权威在于实施

B. 坚定维护宪法尊严和权威，加强宪法实施和监督

C. 我国宪法实现了党和人民意志的高度统一

D. 依宪治国、依宪执政同西方的所谓宪政有着本质区别

7. 关于习近平法治思想，下列说法正确的是？

A. 习近平法治思想是马克思主义法治理论同中国实际相结合的最新成果，体现了独具中国特色的法治文明新内涵

B. 习近平法治思想要求坚持以人民为中心，法治建设为了人民、依靠人民、保护人民，法治建设的根本目的是依法保障人民权益

C. 习近平法治思想要求坚持依宪治国、依宪执政，强调了宪法在全面依法治国中的根本地位

D. 习近平法治思想要求坚持统筹推进国内法治和涉外法治，必须建设一支德才兼备的高素质法治工作队伍

法理学

【单项选择题】

1. 关于法与人权的关系，下列选项不正确的是？

A. 人权必须被法律化，所有的人权在实际上都被法律化

B. 人权只有以法律权利的形式存在才有实际意义

C. 人权可以诊断现实社会生活中法律侵权的症结，从而提出相应的法律救济的标准和途径

D. 按照马克思主义法学的观点，人权在本原上具有历史性

2. 沈某因继承爷爷留下来的遗产一座房屋的所有权，起诉至法院要求继祖母李某搬离房子。法院认为，此住房是李某唯一住房，且李某年事已高，无其他生活来源，如让其搬离，会违背社会公序良俗。虽然此房屋并未登记设立居住权，但根据《民法典》规定居住权的立法目的，应当承认李某的居住权利。故法院判沈某败诉。下列说法错误的是？

A. 法院对《民法典》关于居住权立法目的的解释属于外部证成

B. 为了证成李某的权利，法院做了目的论扩张

C. 沈某的所有权是普通权利，受到居住权这一基本权利的限制

D. 为了确保判决合目的性，法院考量了公序良俗

3. 为促进中国上海自由贸易示范区的发展，有关部门决定在上海市暂时停止实施《中华人民共和国国际海运条例》的部

分规定，该决定应由哪个机关作出？

A. 上海市人民代表大会

B. 国务院

C. 上海市人民政府

D. 全国人大常委会

4. 某企业违反环保许可，市环境监督局对该企业罚款20万元。该企业向法院起诉，认为A省政府颁发的《A省环境保护办法》规定的此类违法行为的最高罚款金额为5万元。法院认为，该企业违法行为发生时，国务院新修订的《环保条例》规定最高可罚款金额为100万元，因此市环境监督局所作出的20万元罚款金额并无不妥，遂判决该企业败诉。针对此案，下列说法正确的是？

A. 法院可以撤销《A省环境保护办法》

B. 法官可以宣布《A省环境保护办法》无效

C. 上位法优于下位法

D. 新法优于旧法

5. 甲公司通过某招聘平台向社会发布了招聘信息。闫某某投递了求职简历，甲公司认为闫某某不适合招聘岗位，原因为闫某某系XX省人。闫某某认为，甲公司的地域歧视行为违反了《就业促进法》的相关规定，并严重侵犯了其人格权，遂提起诉讼。请求判令：甲公司向其口头道歉、登报道歉、支付精神抚慰金6万余元。最终，法院判令甲公司向闫某某支付精神抚慰金9千元，由甲公司向闫某某口头道歉并在国家级媒体登报道歉。关于本案，下列说法正确的是哪一项？

A. 本案判决体现了法的强制作用

B. 本案判决具有普遍约束力

C. 闫某某的人格权属于相对权

D. 诉讼法律关系属于第一性法律关系

6. 法谚有云："法律的最佳解释就在于法律本身。"关于该法谚，下列理解正确的是？

A. 法律之外无解释

B. 立法的过程就是法律解释的过程

C. 文义解释是最佳的法律解释方法

D. 法律解释应当具有一定的客观性

【多项选择题】

7. 甲给自己的车辆投保险，约定发生火灾时保险公司赔付。某日甲的车发生自燃，遂至法院请求保险公司赔偿，法院经审理认为，按照日常理解，"自燃"属于火灾的一种形式，但根据订立保险合同时的约定，自燃不是火灾，法院通过分析判定自燃不是火灾，判决甲败诉，以下说法正确的是？

A. 法院运用了体系解释方法

B. 法院运用了解释的冲突模式

C. 法院运用了文义解释

D. 法院运用了比较解释

8. 某省人大常委会对设下辖区的甲市人民政府报送的《甲市交通管理办法》（以下简称《办法》）进行审查时，发现该规章有与上位法相抵触的情形，根据《宪法》和法律相关规定，省人大常委会的下列哪些做法是错误的？

A. 致函市政府，提出审查研究意见和处理建议，由市政府主动纠正

B. 提出书面审查意见，转该市人大常委会处理

C. 撤销该《办法》

D. 对《办法》进行修正

9. 《刑法》第288条第1款规定："违反国家规定，擅自设置、使用无线电台（站），或者擅自使用无线电频率，干扰无线电通讯秩序，情节严重的，处三年以下有期徒刑、拘役或者管制，并处或者单处

罚金；情节特别严重的，处三年以上七年以下有期徒刑，并处罚金。”关于上述条文，下列说法正确的是哪些？

A. 本条规定了空白罪状

B. 本条规定属于准用性规则

C. 法官在适用本条裁判案件时，需要采用涵摄的推理方式

D. 本条文的规定方式有助于刑法的适应性，但是减损了刑法的确定性

10. 2018-2021 年最高人民法院陆续颁布一系列指导性案例，加强知识产权和企业家权益的保护，有效维护了市场秩序，规范市场行为。对于指导性案例，下列说法正确的是？

A. 指导性案例是我国的判例法

B. 在我国，党的政策都是正式的渊源

C. 对于最高法院的指导性案例，法院审判类似案件时应当参照适用

D. 司法具有政策实施功能

11. 甲在某二手平台售卖某品牌正品二手手机，乙跟甲再三确认是正品后，遂下单购买。收到货后，乙发现手机系假冒产品。乙诉至法院，根据《消费者权益保护法》第 55 条第 1 款：“经营者提供商品或者服务有欺诈行为的，应当按照消费者的要求增加赔偿其受到的损失，增加赔偿的金额为消费者购买商品的价款或者接受服务的费用的三倍；增加赔偿的金额不足五百元的，为五百元。法律另有规定的，依照其规定”要求甲“退一赔三”。甲以自己系个人身份在二手平台注册，不是经营者为由抗辩，同意退货，但不同意三倍赔偿。法院查明，甲已经通过相同方式售卖 10 个相同的“正品手机”给其他人，综合聊天记录、店铺介绍等内容，结合《电子商务法》第 9 条“本法所称电子商务经营者，是指通过互联网等信息网络从事销售商品或者提供服务的经营活动的自然人、法人和非法人组织，包括电子商务平台经营者、平台内经营者以及通过自建网站、其他网络服务销售商品或者提供服务的电子商务经营者”认定甲为经营者。法院最终判决甲“退一赔三”。关于本案，下列说法错误的是？

A. 法院认定甲属于经营者的过程属于内部证成

B. 法院在本案采取了体系解释

C. 法官在本案适用了设证推理

D. 法院判决甲“退一赔三”采取了涵摄的推理方式

【不定项选择题】

12. 甲、乙是夫妻，婚后感情融洽，买房时还差 8 万元，于是向女方乙的父亲谭某借了 8 万元，并开具借条。借条上注明“今收到谭某购房款捌万圆整”和“以此为据”的字样。婚后第 8 年甲、乙闹离婚，法院一审判决准予离婚，谭某担心自己当初借给小两口的钱打了水漂，便向法院提起诉讼，请法院判令女儿、女婿归还这笔借款，法院审理后认为：“没有证据证明这 8 万元的性质为借款。”据此驳回了谭某的诉讼请求。关于法的局限性的表述，下列选项错误的是？

A. 法律受到语言表达力的局限

B. 法律规制和调整社会关系的范围和深度是有限的

C. 法律无法做到处处实现个人正义

D. 对民事法律关系的调整，在没有法律规定的情况下，应当按照起诉意见及时处理

13. 王某系间歇性精神病患者。某日王某外出买菜，因价格问题与小贩发生争执，后言语不和遂拿起小贩手边的水果刀

刺向小贩，造成小贩重伤。经司法部门鉴定，王某作案时精神状态正常，能够很好地控制和辨认自己的行为，有完全的刑事责任能力。经审理后，以故意伤害罪判处王某有期徒刑8年。关于本案，下列选项不正确的是？

A. “王某作案时精神状态正常，能够很好地控制和辨认，有完全的刑事责任能力”包含对事实的法律认定

B. 法院判决既体现了法的强制作用又体现了评价作用

C. 该案中法官运用了演绎推理

D. “某日王某外出买菜，因价格问题与小贩发生争执，后言语不和遂拿起小贩手边的水果刀刺向小贩，造成小贩重伤”是该案法官推理中的大前提

宪　法

【多项选择题】

1. 根据村民委员会组织法，下列关于村务监督机构的表述不正确的是？

A. 村务监督机构有权撤销村委会的决定

B. 村务监督机构成员在村民代表中推选产生

C. 村务监督机构负责村民民主理财和村务公开工作

D. 村务监督机构成员向村民会议和村民代表会议负责

2. 关于公民的基本权利，下列选项错误的是？

A. 对于公民的申诉、控告或者检举，一切国家机关必须查清事实，负责处理，任何人不得压制和打击报复

B. 我国公民有休息的权利，体现为国家依照法律规定实行企业事业组织的职工和国家机关工作人员的退休制度，退休人员的生活受到国家和社会的保障

C. 劳动既是权利又是义务，国家通过各种途径，创造劳动就业条件，加强劳动保护，改善劳动条件，并在发展生产的基础上，提高劳动报酬和福利待遇

D. 在我国，为了国家安全或追查刑事犯罪的需要，公安机关、检察院、法院可以依法检查公民通信

3. 国务院是我国最高国家权力机关的执行机关，是最高国家行政机关，下列关于国务院的说法不正确的是？

A. 国务院负责管理和领导对外事务，同外国缔结条约和协定

B. 全国人大常委会决定特区进入紧急状态，国务院决定特区的部分地区进入紧急状态

C. 审计机关在国务院总理领导下，依照法律规定独立行使审计监督权，不受其他行政机关、社会团体和个人的干涉

D. 国务院由正副总理、国务委员、组成部门正副首长及秘书长组成

4. 国家标志是国家的主权独立和尊严的象征。根据《宪法》和法律，关于中华人民共和国的国家标志，下列选项正确的是？

A. 各级人民政府应当悬挂国徽

B. 举行宪法宣誓仪式时，应当在宣誓场所悬挂国旗、国徽、奏唱国歌

C. 机场、港口、火车站应当每日升挂国旗

D. 国家标志包括国旗、国歌、国徽、首都、国家主席等

5. 关于撤职案，下列说法错误是？

A. 全国人大常委会有权对其产生的国

家机关组成人员进行撤职

B. 中央军委主席有权向全国人大常委会提出针对中央军委其他组成人员的撤职案

C. 委员长会议有权向全国人大常委会提出针对国务院组成人员的撤职案

D. 地方人大常委会的撤职对象是地方一府两院中除正职外的组成人员

中国法律史

【单项选择题】

1. 根据南京国民政府1932年公布的《法院组织法》，下列选项属于普通法院实行诉讼制度的是？

A. 四级三审制

B. 三级三审制

C. 四级二审制

D. 三级二审制

2. 依照唐宋时期法律的规定，殴打或谋杀祖父母、父母的行为构成“十恶”犯罪的哪一项？

A. 谋大逆

B. 恶逆

C. 不孝

D. 不睦

3. 《唐律疏议》有云：“不应得为条，杂犯轻罪，触类弘多，金科玉条，包罗难尽。其有在律在令无有正条，若不轻重相明，无文可以比附。临时处断，量情为罪，庶补遗阙，故立此条，情轻者，笞四十；事理重者，杖八十。”对此，下列哪一理解是正确的？

A. 与“举重以明轻”“举轻以明重”功能重复

B. 判断“情轻”“情重”的标准是律文规定

C. 目的在于弥补立法漏洞

D. 主要适用于严重的违法行为

4. 唐朝时期，杨氏嫁与王某为妻，后杨父生活不能自理，杨氏为尽孝道，欲长期照顾杨父，王某答应与杨氏解除婚姻关系。下列说法正确的是？

A. 官府可据此强制解除婚姻关系

B. 双方可以适用“和离”

C. 王某可根据七出休妻

D. 杨氏可根据义绝强制解除婚姻关系

【多项选择题】

5. 《唐律》开篇言明“德礼为政教之本，刑罚为政教之用”，如唐太宗所说“失礼之禁，著在刑书”，根据上述说法，下列哪些选项是错误的？

A. 《唐律》“礼律合一”的统治方法体现了对西周“德主刑辅，礼刑并用”的法律思想的承袭。

B. 《唐律》具有继往开来，承前启后的重要地位，其“礼律合一”的思想和方法对后世产生深远影响。

C. 《唐律》注重“礼律合一”的理论基础，是汉代中期儒家提出的“以德配天，明德慎刑”的策略思想。

D. 《唐律》与春秋战国时期法家思想同受西周法律思想影响，都主张和实行礼刑合一。

国际公法

【单项选择题】

1. Y国人朴某与中国人杨某在Y国诉

讼离婚，杨某向中国某法院申请承认Y国法院的判决。中国和Y国之间没有关于法院判决承认和执行的双边协议，也没有相应的互惠关系，根据相关法律及司法解释，下列哪些判断是正确的？

A. 法院应依两国既无双边协议也无互惠关系，拒绝承认Y国的离婚判决

B. 若Y国离婚判决是在朴某缺席且未得到合法传唤情况下作出的，法院应拒绝承认

C. 若法院已经受理了杨某的申请，朴某向法院起诉与杨某离婚的，法院应当受理

D. 若法院已经受理了杨某的申请，杨某不得撤回其申请

2. 甲国驻乙国大使汤姆辱骂乙国总统，被乙国宣布为“不受欢迎的人”，根据相关国际法规则，下列哪一选项是正确的？

A. 甲国应立即将汤姆召回

B. 甲国应立即停止汤姆的大使职务

C. 甲国有权要求乙国说明汤姆“不受欢迎”的理由

D. 如甲国不将汤姆召回或终止其职务，则乙国可令汤姆限期离境

3. 甲涉嫌受贿与滥用职权被某市监察机关立案调查，调查终结后移送某市检察院审查起诉。检察院对甲适用取保候审措施，甲趁机逃匿境外，不知去向。下列选项正确的是？

A. 若某市检察院认为案件事实清楚，向某市中级法院提起公诉，某市中级法院可以对甲的受贿罪与滥用职权罪缺席审判

B. 某市检察院必须等甲被抓获归案后才能向某市中级法院提起公诉

C. 若甲在外逃期间死亡，需要追缴其违法所得，可以对甲适用犯罪嫌疑人、被告人逃匿、死亡案件违法所得没收程序

D. 若甲逃往境外后，超过半年没有到案，某市检察院可以启动违法所得没收程序

4. 甲国驻乙国使馆与乙国某公司签订办公设备买卖合同，后因款项支付发生纠纷，乙国公司诉至乙国某法院。乙国是一个主张限制豁免理论的国家，根据目前的国际法规则和实践，下列哪一选项是正确的？

A. 因为乙国主张限制豁免理论，故乙国法院有权管辖本案

B. 若甲国派代表出庭抗议乙国法院的管辖权，视为默示接受乙国法院的管辖

C. 若甲国明示放弃管辖豁免，乙国法院可在诉讼中扣押甲国财产

D. 即使甲国明示放弃管辖豁免，乙国法院也不得强制执行判决

5. 甲国球星埃尔申请加入中国国籍，依据中国《国籍法》的相关规定，下列哪一选项是正确的？

A. 埃尔加入中国国籍后，可保留甲国国籍

B. 埃尔加入中国国籍的申请应由中国外交部审批

C. 埃尔的申请无论是否被批准，其与中国女子李某在广州出生的儿子具有中国国籍

D. 埃尔申请一旦被批准，则不得再退出中国国籍

6. 根据《维也纳外交关系公约》和《维也纳领事关系公约》，下列哪些判断是正确的？

A. 甲国驻乙国使馆的参赞非工作时间在高速公路上交通肇事，该参赞声明放弃外交特权与豁免，乙国有权对其逮捕并审判

B. 甲国特别外交信差涉嫌毒品犯罪，待其将负责携带的外交邮袋送交收件人后，乙国有权对其逮捕并审判

C. 甲国驻乙国领事官员可在甲国驻乙国大使的批准下，在领馆范围外从事职务活动

D. 甲国驻乙国公使可在节假日参加有偿的商事活动

7. 乙国民航因机械故障坠毁在甲乙两国边界并引发森林火灾，甲乙两国界碑也因此损毁，乙国组织力量紧急救援，为灭火和抢救生命，救援队擅自进入甲国界数十米。尽管乙国尽力救助，火灾还是给甲国造成了财产损失。根据国际法相关规则，下列说法中正确的是哪项？

A. 乙国救援人员未经甲国同意越过边境救灾，构成国际不法行为

B. 乙国可自行修复界碑，恢复后通知甲国

C. 乙国通知甲国后，应尽快修复界碑

D. 乙国无需承担甲国因火灾蔓延其境内导致损失的国际责任

8. 根据《联合国海洋法公约》和中国的相关法律规定，下列哪一选项是正确的？

A. 甲国军舰有权无害通过我国领海

B. 乙国商业飞机可以无害通过我国领海上空

C. 我国海警船从毗连区开始紧追丙国走私船，在其进入公海时紧追应终止

D. 丁国有权在我国大陆架铺设海底电缆，但线路的划定须经我国主管机关同意

9. 2005 年，甲国夫妇汤姆和玛丽收养了中国女孩莹莹，莹莹改名艾琳后随养父母去甲国定居，并取得甲国国籍。2019 年，艾琳被中国上海某高校录取。根据中国相关法律规定，下列哪项判断是正确的？

A. 艾琳到中国学习，无须办理签证

B. 艾琳周末可以到快餐店兼职工作

C. 艾琳可以同时拥有中国国籍和甲国国籍

D. 甲国疫情暴发，汤姆夫妇以探望艾琳的名义申请进入中国境内，中国边防检查机关可拒绝二人入境，且无需说明理由

10. 甲乙两国发生武装冲突。地区大国丙提出停火方案，并邀请甲乙两国代表到丙国首都和谈。丙国参与和谈，三国随后以联合声明的方式发布停火协议。后因甲乙两国就停火协议理解不同，再次发生武装冲突。以下哪一选项符合国际法的规定？

A. 甲乙两国宣战后，甲国可以没收乙国驻甲国大使馆的财产

B. 停火协议系经丙国调停

C. 甲乙两国宣战后，甲国 A 公司与乙国 B 公司已经履行的商业合同自动废止

D. 丙国应对停火协议产生的争议承担法律责任

11. 甲乙两国因沿海资源开发发生争端，找丙国总统居中斡旋。甲国为解决争端，封锁了乙国的海域。根据相关国际法规则，下列说法正确的是？

A. 甲乙两国元首去丙国之前，可以通过网络进行秘密谈判

B. 丙国总统可以在谈判前设宴并提出解决方案

C. 丙国总统可以主持谈判

D. 甲国的封锁行为符合国际法的规定

12. 甲国国际法学者约翰意图参选联合国国际法院法官，乙国作为联合国安理会常任理事国坚决反对。根据相关国际法规则，下列说法正确的是？

A. 如约翰成功当选，则在涉及甲国的案件中（一般）不需要回避

B. 由于乙国的反对，约翰不可能当选

为国际法院的法官

C. 国际法院法官人选可以由各国驻联合国代表团提名

D. 约翰需要在安理会和大会都经过三分之二多数通过，才能当选国际法院法官

13. 甲乙两国因边界冲突发生战争，丙国宣布中立。根据相关国际法规则，下列说法正确的是？

A. 乙国不得没收甲国战俘的金钱及贵重物品

B. 甲国驻乙国大使馆外交人员自宣战之日起不受外交保护

C. 为节省运输时间，甲国可以利用丙国领土运输军需品

D. 乙国可以在甲国驻乙国使馆关闭后没收其财产

14. 甲乙两国都是《难民地位公约》及其《议定书》的缔约国，由于发生武装冲突，甲国国民约翰进入乙国避难。下列说法正确的是？

A. 甲国难民约翰来乙国后，（经过乙国同意）可以从事以工资受偿的工作

B. 甲国难民约翰未经许可进入乙国境内，乙国可以对其加以刑罚

C. 乙国可以对甲国公民提供庇护

D. 若约翰回国可能有生命危险，则乙国在任何情况下均不得将其推回

【多项选择题】

15. 甲国人任盈盈在乙国旅游期间，乙国经丙国的申请对任盈盈采取了强制措施，之后丙国请求乙国引渡任盈盈。根据国际法的相关规则和实践，下列哪些判断是正确的？

A. 如果任盈盈是政治犯，乙国应当拒绝引渡

B. 如果任盈盈的行为在乙国和丙国都构成严重犯罪，乙国可以引渡

C. 如果任盈盈的行为只在丙国构成犯罪，乙国应当拒绝引渡

D. 因任盈盈为甲国公民，乙国无权将其引渡给丙国

16. 汉斯为甲国驻乙国大使馆的武官，甲乙两国都是《维也纳外交关系公约》的缔约国，据此，下列哪些判断是正确的？

A. 乙国应为甲国大使馆提供必要的免费物业服务

B. 甲国使馆爆发恶性传染病，乙国卫生部门人员可以未经许可进入使馆消毒

C. 甲国使馆未经乙国许可，不得装置使用无线电发报机

D. 汉斯射杀两名翻墙进入使馆的乙国人，乙国司法部门不得对其进行刑事审判和处罚

17. 甲乙丙丁都是某多边条约的缔约国，条约规定缔约国之间就该条约产生的纠纷应由国际法院管辖，甲国对此规定声明保留。乙国表示接受甲国的保留；丙国不仅反对甲国的保留，还反对条约在甲丙之间生效；丁国仅反对甲国的保留，但不反对条约其他条款在甲丁两国的适用。甲乙丙丁都是《维也纳条约法公约》的缔约国，下列哪些判断是正确的？

A. 甲乙之间因该条约产生的纠纷应由国际法院管辖

B. 丙国可反对甲国的保留，但不能反对条约在甲丙之间的生效

C. 甲丁之间条约有效，仅保留所涉的规定在两国之间视为不存在

D. 乙丁之间因该条约产生的纠纷应由国际法院管辖

18. 甲国研发的气象卫星委托乙国代为发射，因天气的原因该卫星在丙国境内实际发射。发射过程中火箭碎片掉落，砸

伤受邀现场观看发射的某丁国国民。由于轨道偏离，该气象卫星与丁国通信卫星相撞，丁国卫星碎片跌落砸坏戊国建筑，并造成戊国人员伤亡。甲乙丙丁戊都是加入《空间物体造成损害的国际责任公约》（简称《责任公约》）的缔约国，下列哪些判断是正确的？

A. 丁国不对戊国财产和人员伤亡承担责任

B. 火箭碎片对某丁国国民造成的损害不适用《责任公约》

C. 甲乙丙丁国应对戊国的财产和人员伤亡承担绝对责任

D. 甲乙丙国应对丁国卫星损害承担过错责任

19. 根据《维也纳外交关系公约》和相关国际法规则，下列哪些行为是合法的？

A. 甲国的外交邮袋可托交该国商业飞机机长转递

B. 甲乙两国宣战后，甲国查封乙国大使馆的档案文件

C. 即使甲国驻乙国大使馆馆长长期处于撤离状态，乙国也不得进入其馆舍搜查档案文件

D. 甲国驻乙国大使馆利用馆舍庇护被乙国通缉的丙国人

20. 甲乙两国是陆上邻国，因划界纠纷爆发战争。根据相关国际法规则，下列哪些选项是正确的？

A. 甲乙两国互助条约立即废止

B. 甲乙两国边界条约自动废止

C. 甲国军舰在海上遇到乙国商船后，可对其拿捕没收

D. 甲国可以对其境内的乙国公民进行敌侨登记并进行强制集中居住

21. 甲乙丙丁四国签署《工业制成品关税减让协定》，约定协定国之间将工业制成品进口关税下降至5%。次年，甲乙丙三国签署《区域自由贸易协定》，约定协约国之间将进口工业制成品关税下调至3%，丙对汽车整车类提出保留，甲乙接受该保留，根据国际法的规则和理论，下列说法正确的是？

A. 乙从丙购买机床，为5%进口关税

B. 丁从丙购买机床，为5%进口关税

C. 甲从丙购买汽车整车，为3%进口关税

D. 甲从乙购买汽车整车，为3%进口关税

22. 悬挂甲国国旗的飞跃号船长约翰，在公海上故意冲撞我国渔船，致使船上多人受伤。后飞跃号停靠我国海南某港口，约翰上岸接受治疗。停靠期间飞跃号被我国执法机关扣押，并对相关人员提起刑事诉讼，受害人及其家属对约翰提起刑事附带民事赔偿诉讼。甲国与我国都是《联合国海洋法公约》缔约国。以下说法正确的是？

A. 我国法院对该刑事诉讼案件有管辖权

B. 该刑事诉讼案件由海洋法法庭管辖

C. 该刑事附带民事诉讼案件应该适用我国法律

D. 该刑事附带民事诉讼案件应该适用《联合国海洋法公约》

23. 根据《联合国海洋法公约》和中国相关规则和实践，下列哪一选项是正确的？

A. 甲国军用飞机须经我国同意方能飞越我国毗连区

B. 甲国潜水艇必须浮出水面并展示船旗才能通过我国毗连区

C. 甲国渔民在我国大陆架捕杀濒危海龟，依照我国刑法追究刑事责任

D. 联合国某专门机构的科考船在我国专属经济区科学考察，须经我国同意

司法制度和法律职业道德

【多项选择题】

1. 某地有较大影响的一起涉嫌危害公共安全犯罪案件，在移送审查起诉时，办案检察官经全面审查移送材料，听取辩护律师的意见，收集相关证据，提出该案犯罪事实不清，证据不足的意见，最终被公安机关接受。对检察官的以上行为，下列说法正确的是？

A. 听取辩护律师意见，有利于保障犯罪嫌疑人及律师诉讼权利

B. 坚持正确意见，体现了“坚持担当精神，强化法律监督”的职业道德准则

C. 事实和证据查明罪与非罪，收集证据，体现检察官以法律为准绳，秉持客观公正的办案立场

D. 认罪认罚情况，有助于了解犯罪嫌疑人真实意愿，确保认罪认罚制度正确实施

2. 司法公正体现在司法活动的各个方面和对司法人员的要求上。下列关于司法公正的表述哪些是正确的？

A. 某企业污染环境，检察院依法提起公益诉讼体现了司法的合法性

B. 张法官拒收某执行案件当事人为表感谢邮寄的农家土特产体现司法人员的廉洁性

C. 法院依据《英雄烈士保护法》的规定，判决被告公开赔礼道歉、消除影响，体现了司法程序的参与性

D. 人民法院决定对某行政诉讼案件以全过程直播方式公开开庭审理体现司法活动的公开性

3. 根据《关于进一步规范司法人员与当事人、律师、特殊关系人、中介组织接触交往行为的若干规定》，下列选项中构成不当交往的行为是？

A. 王律师和张法官、李检察官参加法院、检察院、司法局联合举办的法官、检察官、律师同堂培训，共进午餐时讨论学术问题

B. 李检察官建议涉嫌犯罪的15岁未成年人王某的父母找专做未成年人案件的律师咨询

C. 张法官将同事王法官的电话、家庭住址等个人信息提供给李律师

D. 赵法官未经批准，利用下班时间在某咖啡厅与律师讨论正在审理案件的争议焦点

4. 下列关于法律援助的说法正确的是？

A. 为维护英雄烈士的人格权益的英雄烈士近亲属，因见义勇为行为主张相关民事权益的援助申请人，不受经济困难的限制

B. 有证据证明是社会救助、司法救助或者优抚对象申请法律援助的，无需审查经济状况

C. 法律援助机构应当在收到援助申请的七日内完成审查，决定援助的，应当在三日内指派援助人员为其提供援助服务。但属于需要立即申请财产保全、证据保全或者先予执行的援助申请，也可以决定先行援助

D. 申请人对援助机构终止援助或拒绝援助的决定不服，可以向援助机构提出异议

【不定项选择题】

5. 小张为某仲裁委员会的仲裁员，根

据《仲裁法》的规定，其行为所可能承担的责任，以下说法正确的是哪一项或几项？

A. 在调解过程中，受仲裁庭安排单独会见一方当事人，不属于违纪行为

B. 接受当事人的请客送礼，情节严重，被仲裁委员会除名

C. 保守仲裁秘密，不向外界透露任何与案件有关的实体与程序问题

D. 在仲裁案件时向当事人索取贿赂，枉法裁决，被人民检察院提起公诉

6. 下列哪些做法不符合公证员职业道德的要求？

A. 王公证员在除了做好公证工作外，还自己开办了一家工厂

B. 某公证机构的公证员，经常利用节假日到街上发传单，对自己所在的公证机构进行大肆炫耀

C. 某公证机构的业务做得很好，深受当地人们的信赖，于是此公证机构找到了市行政部门，通过行政支持对当地的公证业务进行垄断

D. 公证员为一些当事人进行公证，给当事人带来了很大的益处，有时接受当事人的答谢款待也是人之常情

7. 关于司法制度的表述，下列选项正确的是：

A. 解决纠纷是司法制度的普遍性特征，它构成司法制度产生的基础、运作的主要内容和直接任务，是其他功能发挥的先决条件

B. 司法具有解决纠纷、调整社会关系的直接功能，人权保障、解释和补充法律、形成公共政策、秩序维持、文化支持等间接功能

C. 司法人员只能在工作场合与当事人接触

D. 司法人员不得向当事人借用交通工具、通信工具

8. 关于法官职务任免，下列说法错误的是：

A. 法院院长、副院长、审判委员会委员应当从法官、检察官或者其他具备法官条件的人员中产生

B. 省、自治权、直辖市设立法官遴选委员会，负责初任法官人选专业能力的审核并任命法官

C. 省级法官遴选委员会的组成人员应当包括地方各级人民法院法官代表、其他从事法律职业的人员和有关方面代表，其中法官代表不少于一半

D. 上级人民法院法官一般逐级遴选，但最高人民法院可以从下两级人民法院遴选

9. 关于我国的法律援助对象，下列选项正确的是？

A. 未成年人为刑事被告人或者犯罪嫌疑人，没有委托辩护律师的，应当获得法律援助

B. 老年人为刑事被告人或者犯罪嫌疑人，没有委托辩护律师的，可以获得法律援助

C. 盲、聋、哑人为刑事被告人或者犯罪嫌疑人，没有委托辩护律师的，可以获得法律援助

D. 可能被判处死刑的刑事被告人没有委托辩护人的，应当获得法律援助

10. 根据我国《法官法》有关法官的任职回避的规定，下列选项正确的是？

A. 甲与乙系夫妻，二人不得同时在同一人民法院担任院长、副院长

B. 甲系乙的岳母，二人不得同时在同一人民法院担任院长、审判员

C. 甲与乙系同胞兄弟，二人不得同时在同一人民法院担任刑一庭庭长、民一庭

审判员

D. 甲系某省高级人民法院院长，其妻乙不得同时在该省某县人民法院担任院长

11. 关于律师制度的说法，下列选项正确的是？

A. 律师在法庭上发表的代理、辩护意见，不论内容为何，均不受法律追究

B. 律师担任法律顾问，代理仲裁，提供非诉讼法律服务，解答有关法律的询问，代书等，其收费实行政府指导价

C. 在婚姻、继承，请求给付赡养费、抚养费的民事诉讼，刑事诉讼以及行政诉讼等案件中，委托人被告知政府指导价后仍要求实行风险代理的，律师事务所可以实行风险代理收费

D. 我国律师具有“专业性、服务性、受托性、公正性”的特点

刑 法

【单项选择题】

1. 甲和乙在菜市场嬉笑打闹。甲用尖刀挥舞阻止乙的前进，不小心刺中乙，造成乙重伤，下列正确的是？

A. 在菜市场打闹，构成寻衅滋事

B. 应该能认识到危害后果，构成（间接）故意伤害

C. 应该知道能造成死亡后果，构成（间接）故意杀人

D. 构成过失致人重伤

2. 甲交通肇事，将行人乙撞成重伤。甲见乙受重伤，心生恐惧，刚想离开，被另一行人丙看到。丙见状要求甲将乙送至医院，甲不肯。丙无奈，动手将甲打伤，逼其将乙送至医院，最终乙得到救治。丙的行为应如何认定？

A. 正当防卫

B. 紧急避险

C. 故意伤害罪

D. 无因管理

3. 杜某、朱某合谋盗窃，杜某入室盗窃，朱某在楼下望风。朱某在望风过程中主人吴某回来，朱某担心吴某报警遂将其打成重伤。杜某盗窃成功后出来发现重伤的吴某，也未过问不予理睬，与朱某二人携赃而逃。下列关于共同犯罪正确的是？

A. 杜某构成盗窃罪，朱某构成入户抢劫

B. 杜某和朱某构成盗窃罪的共同犯罪，杜某构成盗窃罪，朱某构成抢劫致人重伤

C. 杜某和朱某构成抢劫罪的共犯，二人均属于抢劫致人重伤

D. 杜某和朱某构成抢劫罪的共犯，二人均属于抢劫致人重伤、入户抢劫

4. 关于行为主体，下列说法正确的是？

A. 单位分支机构或内设机构不是独立法人单位，不能成为单位犯罪的主体

B. 犯罪集团和聚众犯罪的首要分子是一种特殊的身份犯

C. 已满 14 周岁不满 16 周岁的人绑架杀人的，对杀人行为具备责任年龄，对绑架行为不具备责任年龄

D. 单位犯罪本质上是单位主管人员、直接责任人员构成的特殊的共同犯罪

5. 甲在乙家以杀害故意殴打乙，乙被迫将燃烧着炭火的炭盆掀翻，试图以此制止甲的不法侵害。甲将乙击昏后，发现掀翻的炭盆已经引燃室内杂物，为烧死乙并毁灭罪证，甲未将火苗扑灭便离开现场，炭盆随后引发大火，将乙家和其他邻居的

数栋房屋焚毁。乙也在大火中吸入过量有毒气体死亡。甲以为乙是被烧死的。下列说法正确的有?

A. 虽然大火是乙引起的，但甲有灭火义务，故甲构成放火罪

B. 甲以为乙被烧死，实际是吸入有毒气体而死亡，故甲对乙的死亡仅构成故意杀人罪未遂

C. 甲的行为既有作为也有不作为，但作为与不作为互相排斥，故对甲不能数罪并罚

D. 不论如何评价甲的行为，在本案中对甲仅能以一个罪名处罚

6. 甲在自己家巷子口看到乙提着麻袋走出来，怀疑乙是偷狗的人，遂叫乙站住。乙放下麻袋就跑，甲紧追不舍，乙不慎被脚下石头绊倒。甲追上后，为了教训乙，对倒在地上的乙实施暴力，致其脑出血，后因脑出血而死亡。经查明，乙确有偷狗行为，麻袋里是偷的狗。甲属于?

A. 正当防卫

B. 假想防卫

C. 防卫过当

D. 故意伤害

7. 刘某持西瓜刀闯进超市抢劫，超市员工陈某反击。二人扭打中，陈某夺下刀然后扔掉，碰巧砸中旁边的王某头部，致其重伤。刘某未取得财物，见状逃跑，出了超市后骑自行车逃跑。陈某追上，扑上前去，将刘某连人带车摔倒在地，刘某摔伤（轻伤），陈某也摔伤（重伤）。下列说法正确的是?

A. 刘某对王某的受伤负刑事责任

B. 陈某致王某受伤，属于正当防卫，不负刑事责任

C. 陈某致王某受伤，系防卫过当

D. 刘某对陈某的重伤不负刑事责任，不构成抢劫罪致人重伤

8. 间歇性精神病人在不能辨认或者不能控制自己行为时，实施严重危害社会行为的，该如何处理?

A. 应当负刑事责任

B. 不负刑事责任

C. 应当负刑事责任，但可以减轻或免除处罚

D. 待治愈后再追究刑事责任

9. 《刑法》第239条第2款规定:“犯前款罪杀害被绑架人的，或者故意伤害被绑架人，致人重伤、死亡的，处无期徒刑或者死刑，并处没收财产”。下列情形中属于“杀害被绑架人”的是?

A. 绑架并控制被绑架人后，故意伤害被绑架人，致被绑架人死亡

B. 为勒索钱财而控制被绑架人，因害怕其出声，用毛巾塞住其嘴巴，被绑架人窒息而死

C. 为勒索钱财而绑架被绑架人，取得赎金后释放被绑架人，因害怕其报警，又开车追了三公里，追上后撞死被绑架人

D. 绑架被绑架人时遭到其激烈反抗用绳子勒死被绑架人

10. 甲、乙、丙等人经预谋后，从淘宝店购买了某品牌的最新款手机30部，收到手机后拆下手机主板，换上废旧主板，然后利用7天无条件退货规则，将手机退货，从店主处获得全额退款。关于甲等3人的刑事责任，哪一项说法正确（不考虑数额）?

A. 就手机主板构成诈骗罪

B. 就手机主板构成盗窃罪

C. 就手机整体构成诈骗罪

D. 就退货款构成诈骗罪

11. 甲从境外网站购买爆炸物，但是卖家寄错了，寄来了子弹。下列说法正确

的是？

A. 甲构成非法买卖弹药罪既遂

B. 甲构成非法买卖爆炸物罪未遂

C. 甲客观上买到子弹，但主观上没有购买子弹的故意，故不构成非法买卖弹药罪

D. 因子弹脱离枪支后，子弹本身无法造成危害，故乙不构成非法买卖弹药罪

12. 甲无意竞拍土地，得知报名参加竞拍，会有人收购其竞拍资格，遂让自己的公司报名参加某市自然资源与国土资源管理局组织的土地竞拍。甲的公司连续报名参加两次竞拍，果然有人收购其竞拍资格，获利600万，第三次参加竞拍，因无人收购而自动丧失竞拍资格。甲的行为构成？

A. 串通投标罪

B. 强迫交易罪

C. 非法经营罪

D. 非国家工作人员受贿罪

13. 甲和乙开公司，注册资本1000万元。甲乙向国家工作人员丙行贿，送给其10%的股权并进行登记。之后丙持有的股票的价格涨到了200万元。乙又有事相求于丙，以600万元回购了丙的股份。丙的受贿金额共计是？

A. 100万元

B. 200万元

C. 500万元

D. 600万元

14. 关于因果关系的判断，下列说法正确的是？

A. 甲高空抛物，不慎砸中赵某，致其死亡。虽然高空抛物造成伤害的概率很低，但甲的行为与赵某的死亡具有因果关系

B. 乙驾驶出租车搭载女乘客。途中，乙选择了一条与手机导航路线不同的偏航路线。女乘客误以为乙要加害自己，迅速跳车，导致重伤。实际上乙没有加害意图。乙的偏航行为与女乘客的重伤有因果关系

C. 丙向李某家放火，李某观察火势不大，便入户抢救贵重物品，不料火势突然变大，导致李某被烧死。丙的放火行为与李某的死亡没有因果关系

D. 丁盗窃钱某用于治病的资金，钱某悲痛欲绝，自杀身亡。丁的盗窃行为与钱某的死亡有因果关系

15. 对于①，应当立足②在防卫时所处情境，按照③的一般认知，依法作出合乎情理的判断，不能苛求防卫人。对于防卫人因为恐慌、紧张等心理，对不法侵害是否已经开始或者结束产生错误认识的，应当根据④，依法作出妥当处理。关于上述空格内容，下列选项说法正确的是？

A. ①不法侵害是否已经开始或者结束；②防卫人；③社会公众；④主客观相统一原则

B. ①不法侵害是否已经开始或者结束；②社会公众；③防卫人；④罪刑相适应原则

C. ①是否严重危害人身；②防卫人；③社会公众；④主客观相统一原则

D. ①是否严重危害人身；②社会公众；③防卫人；④罪刑相适应原则

16. 《刑法》第20条第3款："对正在进行行凶、杀人、抢劫、强奸、绑架以及其他严重危及人身安全的暴力犯罪，采取防卫行为，造成不法侵害人伤亡的，不属于防卫过当，不负刑事责任"。其中"杀人、抢劫、强奸、绑架"这四项，是指①，而不是指②，如果没有③，则适用④。下列选项匹配的是？

A. ①具体犯罪行为②具体罪名③正在进行④一般防卫

B. ①具体罪名②具体犯罪行为③正在进行④紧急避险

C. ①具体犯罪行为②具体罪名③严重危及人身安全④一般防卫

D. ①具体罪名②具体犯罪行为③严重危及人身安全④紧急避险

17. 甲与乙女有婚外情，甲欲与妻子丙离婚。乙唆使甲用毒牛奶杀害丙。甲接受了教唆。几天后，甲将一瓶毒牛奶递给丙。丙不知道牛奶有毒，又将牛奶递给身边的孩子丁喝。甲见状，就说了一句“他喝过了，不用喝了。”便走开了，没有实施其他阻止行为。丁喝了毒牛奶后死亡。下列说法错误的是？

A. 甲对丙构成故意杀人罪未遂

B. 甲对丁构成故意杀人罪既遂

C. 乙对丙构成故意杀人罪未遂

D. 乙对丁构成故意杀人罪既遂

18. 关于共同犯罪的认定，下列选项说法正确的是？(不考虑数额和情节)

A. 刘某看到自己年迈的母亲长期被保姆虐待，放任不管，构成虐待罪的间接正犯

B. 王某看到10周岁的儿子盗窃他人笔记本电脑，不予制止，构成盗窃罪的间接正犯

C. 曹某明知赵某实施电信诈骗罪而提供网络技术支持，构成诈骗罪的共犯与帮助信息网络犯罪活动罪的想象竞合

D. 丁某以为孙某实施电信诈骗罪而提供网络技术支持，但孙某实际实施的是非法获取计算机信息系统数据罪，丁某不构成犯罪

19. 关于自首的认定，下列说法正确的是？

A. 甲与乙共同犯罪。甲自动投案，如实供述了自己的罪行，但未供述同案犯乙的共同犯罪事实。甲不构成自首

B. 甲与乙共同犯罪。甲知道乙被抓后，担心乙会供出自己，便前往公安机关供述了自己的罪行。实际上乙确实供述了甲的罪行。甲不构成自首

C. 甲明知货物是易爆物品，还将货物储存在仓库。仓库爆炸后，甲才前往公安机关供述了自己的罪行。甲不构成自首

D. 甲醉酒驾驶，不慎导致路人李某重伤。甲前往公安机关投案，导致李某未得到及时救助而死亡。甲供述了案件事实，但辩称自己是过失。甲不构成自首

20. 关于侵犯财产罪的既遂，下列说法正确的是？

A. 甲盗窃电瓶车，看守人王某在监控室发现了甲的行为，故意等甲骑走车后几分钟，才追赶，并抓到甲。甲成立盗窃罪既遂

B. 乙敲诈勒索吴某，要求吴某将10万元现金放入指定的垃圾桶内，以便自己取走。吴某将10万元放入指定垃圾桶，后被清洁工捡走。吴某以为乙取走了10万元。乙成立敲诈勒索罪既遂

C. 丙在网上销售假酒。李某不知情而购买，并向支付平台（并非丙的账户）支付了货款。李某收到货后发现是假酒，便向支付平台申请退款，支付平台予以办理。丙构成诈骗罪既遂

D. 丁入户盗窃赵某家，被两个邻居发现。两个邻居报警，并守在赵某家门口，丁无法出门。几分钟后，警察赶到，在丁的口袋里发现盗窃的财物。丁构成盗窃罪既遂

21. 下列选项中，构成抢劫罪的是？(不考虑数额)

A. 甲为报复而伤害乙，乙受伤倒地昏迷，其钱包掉在地上。甲看到后，拿走钱包

B. 甲为了报复而伤害乙，乙受伤倒地昏迷，手正好覆盖在口袋上。甲看到后，

把乙的手拿开，拿走口袋内的钱包

C. 甲为报复而伤害乙，乙为避免进一步受伤，提出愿意给付甲5000元，甲要求给1万元，否则还要伤害。乙给了甲1万元

D. 甲为报复而伤害乙，致乙受伤。甲准备离开时，乙请求甲送其去医院，愿意支付甲5000元，甲要求支付1万元，否则不送其去医院。乙给了甲1万元

22. 甲在网上商家处购买一部手机。几日后，快递员乙电话通知甲来小区门口取包裹。甲趁乙不注意，从快递车中取走包裹（内有手机）。乙找不到包裹。甲便声称，既然丢失了，那我向商家申请退款。商家信以为真，便给甲退了货款。商家又找快递公司进行了索赔。关于本案，下列说法正确的是？

A. 甲对手机构成盗窃罪，对手机款构成诈骗罪

B. 无需区分手机与手机款，甲整体上构成诈骗罪

C. 甲仅构成对手机的盗窃罪

D. 甲仅构成对手机款的诈骗罪

23. 王某没有户籍，经同名同姓的堂兄同意，拿着堂兄的户口本为自己办理了身份证。王某用该身份证注册了一个支付宝账号，登录支付宝之后发现，系统提示可以绑定一张银行卡。王某猜测该银行卡可能是堂兄的银行卡，予以绑定。次日，王某用支付宝消费了3万元，从堂兄的银行卡中扣款。王某的行为构成？

A. 抢夺罪

B. 信用卡诈骗犯罪

C. 盗窃罪

D. 侵占罪

24. 高空抛物罪要求“从建筑物或者其他高空抛掷物品”。下列说法正确的是？

A. 行为人只有从高空抛物的，才可能构成高空抛物罪

B. 行为人从平地抛起物品、从高空落下的行为适用该规定

C. 从建筑物抛下物品，只要是二层，就属于高空抛物

D. 成立高空抛物罪，要求伤害到他人

25. 甲购买乙公司一批车辆，双方约定分期付款，乙公司交付了车辆，等到甲付完货款，车辆所有权归甲。为了防止甲不继续支付货款，乙公司在这些车辆上安装了定位监控系统。甲找丙通过技术手段破坏了定位监控系统后，将车辆变卖。丙构成？

A. 破坏计算机信息系统罪

B. 非法侵入计算机信息系统罪

C. 非法控制计算机信息系统罪

D. 帮助信息网络犯罪活动罪

26. 甲系某国有企业出纳（国家工作人员），乙怂恿甲挪用公款300万元给自己投资，称两个月后归还，并承诺获利平分。甲照办。后乙用300万元中的100万元投资，200万元用于购房。两个月后，乙将300万元归还给甲，甲然后归还给单位。甲乙挪用公款的数额分别是？

A. 甲、乙的数额均是100万元

B. 甲、乙的数额均是300万元

C. 甲的数额是300万元，乙的数额是100万元

D. 甲的数额是100万元，乙的数额是300万元

27. 下列哪一情形构成以危险方法危害公共安全罪？

A. 甲在公交车上因为玩手机错过了下车时间，与司机发生争吵，抢夺司机方向盘

B. 乙从高空向下扔正在燃烧的蜂窝煤

C. 丙为了杀戊，改装了戊的摩托车，戊骑上摩托车撞死了人

D. 丁在公交车上与司机争吵打斗，导

致与其他车辆相撞

28. 在受贿人收下银行卡后，关于受贿罪既遂、未遂的判断，下列哪一说法是正确的？

A. 如卡里无资金，构成既遂

B. 如卡里资金是定期存款，非活期存款，构成未遂

C. 收下后就构成既遂

D. 如卡里有资金且可支配使用，构成既遂

29. 甲国有公司的派遣员工吴某、乙建筑公司的王某和监理公司的刘某共谋，王某以虚购水泥的方式使甲公司多付款200万元给乙公司，吴某和刘某确认签字，然后王某从中取出60万，三人各分20万元，其余140万元用于乙公司运营。关于吴某、王某和刘某三人的行为，下列哪一说法是正确

A. 即使王某不是国家工作人员，仍然构成贪污罪，金额200万元

B. 刘某构成受贿罪，金额20万元

C. 吴某构成行贿罪，金额40万元

D. 吴某虽然不是乙公司工作人员，仍构成职务侵占罪，金额60万元

30. 关于正当防卫，下列说法错误的是？

A. 宋某持刀拦路抢劫武某，武某系武警退役人员，假装害怕，乘宋某放松警惕，突然攻击宋某，致其受伤。武某的行为不构成正当防卫

B. 陈某骑摩托车找李某算账，找到李某，下了摩托车；拿铁棍追打李某。李某夺路而逃，逃至大路，甩掉陈某，看到陈某停在路边的摩托车，出于泄愤，将摩托车踹下河，致使价值万元的摩托车报废。李某 的行为不构成正当防卫

C. 甲、乙基于共同伤害的故意，报复周某。甲用刀刺向周某，周某将一旁的乙强拉过来挡在前面，致使乙被刺死。周某的行为不构成正当防卫

D. 许某伤害韩某，韩某奋起反抗，导致许某摔倒，头部撞到桌角，倒地昏迷，嘴角抽搐。见此情景，韩某又抡起小板凳砸向许某头部，致其死亡。韩某的行为不构成正当防卫

31. 下列哪个行为构成犯罪中止？

A. 高某欲杀害王某，计划投毒六次以便致王某中毒死亡，投毒四次后，由于害怕而放弃继续投毒。但前四次投毒导致王某死亡

B. 丈夫甲杀害妻子乙，捅了数刀，以为乙死亡，便离开现场。后甲回到现场，发现乙未死，可怜乙，将乙送往医院抢救成功

C. 李某欲制造毒品，在化学实验室制造出80g毒品，后因害怕便将毒品扔进水里

D. 宋某敲诈勒索王某，要求王某给自己汇款30万元。后宋某害怕坐牢，便告知王某：“我放弃了，不用打钱了，请放心。”但是，王某基于害怕，仍旧给宋某账户汇入30万元。宋某得知后及时退还

32. 甲将自己的自行车（价值5000元）出借给乙，并约定“乙如果遗失则按3倍价格赔偿”。几日后丙从乙处偷走该车。甲得知车被偷后，非常开心。丙又得知乙需要3倍价格赔付，便向乙提出“按照5000元价格将车卖给你”。乙迫于无奈便答应照办。下列说法正确的是？

A. 丙构成盗窃罪既遂

B. 丙构成盗窃罪中止

C. 丙同时构成盗窃罪和敲诈勒索罪，想象竞合，择一重罪论处

D. 丙的盗窃行为实际上不违背所有权人甲的意愿，因此不构成盗窃罪

33. 甲欲抢劫乙的财物，计划开枪打死乙，然后取财，不慎击中路人丙，致丙死亡。下列说法正确的是？

A. 甲属于打击错误，按照法定符合说，甲对丙的死亡承担过失责任

B. 甲属于对象错误，按照具体符合说，甲对丙的死亡承担过失责任

C. 甲属于偶然防卫，按照防卫认识不要说，甲构成正当防卫

D. 甲构成抢劫罪致人死亡

34. 关于转化型抢劫罪，下列说法正确的是？

A. 甲盗窃完乙的财物，离开现场，后想到还可以盗窃乙的笔记本电脑，一小时后返回，在乙家单元楼门口碰到了乙，乙抓捕甲，甲为了抗拒抓捕将乙击昏。甲构成抢劫罪

B. 甲在公交车上盗窃乙的财物，被发现，甲逃窜下车，乙也追下车。甲为了抗拒抓捕，将乙打成重伤。甲构成“在公共交通工具上抢劫”

C. 甲在乙家盗窃到珠宝，出门后便被小区保安发现，保安要抓捕甲，甲为了窝藏赃物，对保安实施暴力，但被保安控制住，并扣押了珠宝。甲构成抢劫罪既遂

D. 甲在行驶的大巴车上盗窃了乙的财物。一小时后，大巴车进入高速公路的服务区，乙发现财物被甲盗窃，要抓捕甲，甲为了抗拒抓捕将乙打成重伤。甲构成抢劫罪

35. 乙从国有粮库购买新稻谷若干吨，将新稻谷运送至甲个人经营的米业工厂，欲加工成大米，出米率为70%。甲收到新稻谷后，将陈年大米替代新稻谷加工的大米，交付给乙。关于本案，下列说法正确的是？

A. 就新稻谷而言，甲构成侵占罪；就交付给乙的陈年大米而言，甲不构成犯罪

B. 就新稻谷而言，甲构成侵占罪；就交付给乙的陈年大米而言，甲构成诈骗罪

C. 就新稻谷而言，甲构成盗窃罪；就交付给乙的陈年大米而言，甲不构成犯罪

D. 就新稻谷而言，甲构成盗窃罪；就交付给乙的陈年大米而言，甲构成诈骗罪

36. 关于食品犯罪，下列说法正确的是？

A. 钱某从山林间拾得许多蘑菇，明知是毒蘑菇还卖给他人，其行为构成销售有毒、有害食品罪

B. 李某欲杀害妻子，在鸡汤中加入毒药，妻子中毒死亡。李某除构成故意杀人罪以外，还构成生产有毒、有害食品罪

C. 有证据证明赵某在生产食品时加入了非食品原料，但检测部门未检测出有毒、有害物质。赵某仍构成生产有毒、有害食品罪

D. 孙某用工业甲醇兑水，冒充白酒出售，导致数人中毒。孙某的行为不构成生产、销售有毒、有害食品罪，而构成投放危险物质罪

37. 关于洗钱罪，下列说法正确的是？

A.《刑法》对洗钱罪的原规定是“明知是毒品犯罪……的所得及其产生的收益”，《刑法修正案（十一）》删除了“明知”。这表明，洗钱罪可以由过失构成

B. 诈骗罪、盗窃罪等财产犯罪的行为人，实施自洗钱行为，不可能构成洗钱罪

C. 洗钱罪的上游犯罪未经审判确定有罪，不得审判洗钱罪

D. 上游犯罪超过追诉时效，洗钱罪没有超过追诉时效的，可以追究洗钱罪的刑事责任

38. 张某是甲工厂的领导，指示下属梁某“想办法”从乙工厂的技术人员田某

处获取乙工厂的技术秘密。梁某给田某30万元，田某拒绝提供技术秘密。梁某拿出电锯威胁田某，不答应便用电锯锯死田某。田某被迫说出技术秘密。梁某给了田某30万元，田某收下。后甲工厂利用该技术秘密制作产品，销量大增。下列说法错误的是？

A. 梁某构成侵犯商业秘密罪的直接正犯

B. 张某构成侵犯商业秘密罪的教唆犯

C. 田某是侵犯商业秘密罪的胁从犯

D. 田某构成非国家工作人员受贿罪

【多项选择题】

39. 甲和乙是国有企业的财务室保管人，甲、乙分别保管保险柜的钥匙和密码，关于下列选项正确的是？

A. 甲利用自己掌握的钥匙，并猜中密码取得保险柜中的现金，属于利用职务之便

B. 乙利用自己掌握的密码和私自配制的钥匙取得保险柜中的现金，属于利用职务之便

C. 乙趁甲不注意拿走钥匙，结合自己掌握的密码，取走财物，属于利用职务之便

D. 甲、乙共谋使用钥匙和密码，或共同破坏保险柜而取走财物的，属于利用职务之便

40. 甲女和乙男相约喝酒，聚会结束后，甲女请求乙男醉酒开甲的车送自己回家，乙男拒绝，甲女反复请求后，乙男遂送甲女回家。乙在驾驶途中，在路口闯红灯撞死行人丙。下列说法正确的是？

A. 甲构成交通肇事罪

B. 乙构成交通肇事罪

C. 甲构成交通肇事罪的教唆犯

D. 甲、乙均构成交通肇事罪，但不以共同犯罪论处

41. 关于故意、过失的论述，下列说法正确的是？

A. 司机遵守交通规则，正常驾车行驶，行人横穿马路，造成交通事故被撞死，司机不存在过失

B. 在所有的故意犯罪中，不可能存在只能由间接故意构成而不能由直接故意构成的犯罪

C. 如果故意和过失存在位阶关系，那么在认定犯罪时，只能由故意降格为过失，而不能由过失升格为故意

D. 只有当故意无法认定时，才能根据事实认识错误来认定故意

42. 某电器公司与其子公司物流公司涉嫌共同非法吸收公众存款5亿元。下列关于单位犯罪的说法正确的是？

A. 如果电器公司能成立单位犯罪。那么，物流公司实施违法行为且获得违法所得，就可认为物流公司构成单位犯罪

B. 如果电器公司能构成单位犯罪，无法认定物流公司构成单位犯罪。那么，可以对物流公司中按照电器公司要求实施犯罪行为的人员，作为其他直接责任人员，追究该自然人的刑事责任

C. 如果无法认定电器公司但可认定物流公司构成单位犯罪，那么电器公司中的策划人员可以认为共犯

D. 如果因证据问题不能认定物流公司、电器公司构成单位犯罪，那么可以追究两公司的直接责任人员的刑事责任

43. 甲盗窃了一张信用卡，对乙谎称是“捡了一张信用卡”，乙用该信用卡买了3.8万元的财物。下列说法正确的是？

A. 甲、乙构成信用卡诈骗罪的共同犯罪

B. 乙构成信用卡诈骗罪，甲是乙的帮助犯

C. 甲构成盗窃罪，乙构成信用卡诈骗罪

D. 甲、乙构成盗窃罪的共同犯罪

44. 关于不作为犯，下列说法正确的是？

A. 派出所民警李某在抓捕吸毒的犯罪嫌疑人王某时，王某有一个5岁女儿独自在家。王某将该情况告知李某，李某因疏忽而忘记此事。李某成立不作为犯的玩忽职守罪

B. 吸毒人员吴某常常把自己年幼的孩子独自留在家中而出去吸毒。某日，吴某出门后十日才回家，其年幼的孩子在被隔绝的家中饿死。吴某构成不作为犯的故意杀人罪

C. 赵某明知邻居钱某有癫痫，出于故意而与邻居钱某吵架，使其发病。在钱某发病的情况下故意不救助导致其死亡。赵某的行为不成立不作为犯的故意杀人罪

D. 孙某驾车撞倒行人钱某之后，为逃避法律责任，将钱某拖到隐蔽处的洞里，后钱某死亡。孙某构成不作为犯的故意杀人罪

45. 下列情形中，死亡结果与甲的行为不具有因果关系的有？

A. 甲对乙施加暴力，劫取乙的财物后离去。乙受过度惊吓，回家途中因精神恍惚坠入河中溺亡

B. 甲前往乙家讨债，甲敲门时，乙发现是甲，为了躲债，尝试从阳台爬入下一层的阳台，不慎失足坠亡

C. 甲乙合谋，由乙将丙引诱至甲家地下室，由甲枪杀丙。乙驾车载丙前往甲家的途中，二人因琐事争吵起来，乙被丙的言语激怒，在车上将丙杀死

D. 黑社会性质组织成员乙听从组织领导甲的命令，负责对丙进行拘禁，却因疏忽致丙逃脱。乙恼羞成怒，来到丙的家中将丙杀害

46. 甲乙共谋入户抢劫，由甲入户抢劫，由乙望风。甲入户后，乙看外面人流较多，心生胆怯，打电话劝甲放弃。但甲执意继续，乙便声明离去。甲对主人丙实施暴力时见丙穿着破烂很可怜便放弃暴力，没有拿走财物而离去。下列说法正确的有？

A. 乙是否中途离开对他的犯罪形态没有影响

B. 乙构成抢劫罪中止

C. 乙成立抢劫罪未遂

D. 甲成立抢劫罪中止

47. 宋某杀害刘某，致刘某重伤昏迷，生命垂危。宋某心生怜悯，想要抱起刘某送去医院救治，不料脚下一滑，和刘某一起摔倒在地，刘某原本已经生命垂危，加上摔倒，很快死亡。下列说法正确的有？

A. 宋某构成故意杀人罪既遂，救助行为只能是量刑情节

B. 无论如何评价宋某的犯罪形态，宋某均须对刘某的死亡结果负责

C.《刑法》第24条第2款规定：“对于中止犯，没有造成损害的，应当免除处罚；造成损害的，应当减轻处罚。”宋某构成故意杀人罪中止，属于“造成损害结果”，应当减轻处罚

D. 由于宋某没有正确预料刘某死亡的因果流程，故构成故意杀人罪未遂

48. 甲乙约定结伴爬山，在大巴上，甲看到乙睡着，将乙的手机偷出来，将乙的微信里的余额转到自己账户上，然后把乙的手机放进自己的背包，打算下车后扔掉。下车后，乙问甲看到自己的手机了吗？甲谎称是不是落在车上了。乙自认倒霉。

后来，甲没有扔掉乙的手机，而是谎称手机是自己的，卖给不知情的丙。下列说法正确的有？

A. 甲对手机构成盗窃罪

B. 甲对手机和微信余额构成不同种罪名

C. 甲对手机和微信余额构成相同罪名

D. 甲对丙构成诈骗罪

49. 关于贿赂犯罪的认定，下列哪些说法是正确的？

A. 甲向国家工作人员乙行贿，携带100万元现金到乙办公室，欲交给乙。乙对甲说："钱先放你那儿吧!"甲遂将钱带回，保存于自己的保险箱内，直至案发。甲构成行贿罪既遂，数额是100万元。乙构成受贿罪既遂，数额是100万元

B. 甲向国家工作人员乙行贿，给乙一张空白支票，让乙随意写数字支取，上限为999万元。甲为确保乙能够支取，在自己相应账户上存有数千万元资金。案发时，乙未填写及支取。甲构成行贿罪既遂，数额是999万元。乙构成受贿罪，数额是999万元

C. 乙欲经营彩票业务，知道自己不符合条件，找到国家工作人员甲。甲违规审批，授权乙在当地经营彩票业务，并欺骗乙需要交10万元审批费，乙便向甲交了10万元。甲构成受贿罪既遂，数额为10万元

D. 甲向乙行贿，送乙一张银行卡，告知乙卡内有500万元。乙收下，未查看也未使用。至案发时，卡内本息共600万元。甲构成行贿罪既遂，数额为500万元。乙构成受贿罪既遂，数额为600万元

50. 甲乙共同去某工厂仓库盗窃。甲望风，乙进去盗窃。乙窃得财物，从仓库出来时，被保安丙看到，丙上前抓捕乙。乙逃跑，丙追赶。此时甲为了阻止丙，将丙打成轻伤。乙事后才知道甲殴打了丙。下列说法正确的有？

A. 甲构成转化型抢劫罪

B. 乙构成转化型抢劫罪

C. 乙仅构成盗窃罪

D. 甲构成盗窃罪和故意伤害罪，并罚

51. 下列情形，构成危害公共安全犯罪的有？

A. 盗窃井盖，导致车辆发生交通事故，致多人伤亡

B. 公交司机驾驶途中与乘客互殴，致多人伤亡

C. 乘客抢夺公共汽车方向盘，致多人伤亡

D. 高空抛燃烧的蜂窝煤球，引发火灾，致多人伤亡

52. 关于危害公共安全犯罪，下列说法正确的有？

A. 甲故意在高速公路上泼洒工业机油，导致十几辆车发生交通事故，造成重大人员伤亡。甲构成破坏交通设施罪

B. 乙醉酒逆行在高速公路上，行驶十多公里。路上车辆纷纷躲避，所幸没有造成人员伤亡。乙构成以危险方法危害公共安全罪

C. 丙为了报复邻居，从高空向四下无人的邻居车上扔酒瓶子砸中车辆。丙构成以危险方法危害公共安全罪

D. 丁为了自杀，打开自家煤气，给周围邻居造成重大安全隐患。丁构成以危险方法危害公共安全罪

53. 关于走私犯罪，下列说法正确的有？

A. 王某以传播为目的，在家中登录境外网站，下载淫秽影片，发给几位朋友观看，构成走私淫秽物品罪

B. 陈某向境外网站购买枪支，邮寄到

境内陈某家中，陈某构成走私武器罪

C. 张某不知道法律是否允许，将贴身佩戴的小金佛吊坠放在行李里带出国，构成走私贵重金属罪

D. 李某携带假币前往公海出售，没有卖掉，又带回境内，构成走私假币罪

54. 王某想请李某（国家工作人员）帮忙进行非法获利活动。由于不认识李某，王某遂请李某的妻子陈某说情，并交付10万元作为感谢费。陈某对李某提及此事，被李某拒绝，并要求陈某把钱退回。后陈某欺骗李某说钱已退回，实际却全部用于家庭生活支出。下列说法错误的有？

A. 王某构成行贿罪既遂

B. 陈某没有退回10万元感谢费，对王某构成侵占罪

C. 由于陈某已经实际收到钱，所以构成受贿罪的片面共犯

D. 李某对陈某的退钱行为没有进行细致监督，所以构成受贿罪

55. 关于渎职犯罪，下列说法正确的有？

A. 司法工作人员因过失致使故意杀人犯未被起诉，致使故意杀人犯不久又杀人的，构成玩忽职守罪

B. 办案人员因受贿而为实施重罪的犯罪嫌疑人通风报信，致使犯罪嫌疑人改变供述导致其仅受轻罪追诉，构成帮助犯罪分子逃避处罚罪

C. 国家机关工作人员为境外机构提供国家秘密，构成为境外非法提供国家秘密罪和故意泄露国家秘密罪的想象竞合

D. 国家机关工作人员收受贿赂并实施渎职犯罪，同时构成受贿罪的，一律数罪并罚

56. 甲伙同乙窜至某地铁路干线上，用携带的扳手、压力钳等工具将线路上正在使用中的42块60kg型鱼尾板拆下盗走，共计价值人民币4914元。随后二人拨打A公司工作人员丙的手机，让丙第二天来“收货”。第二日，丙来到甲、乙二人住处，以4400元人民币的价格将42块鱼尾板收购。甲将赃款中的2000元分给乙，其余赃款被其挥霍。事后查明，该铁路干线因鱼尾板被拆盗，造成停车延时损失人民币70 000元。关于本案，下列说法正确的是？

A. 甲、乙的行为构成盗窃罪，金额为4400元

B. 甲、乙的行为构成破坏交通设施罪

C. 丙的行为构成掩饰、隐瞒犯罪所得罪

D. 丙与甲、乙构成共同犯罪

57. 张三敲诈勒索李四2万元，告知李四下午到李四家取钱，李四产生恐惧心理后告知警察，警察在李四家附近埋伏，张三下午取钱出来后，冲出警察包围圈逃跑，三天后被抓获，2万元已经被其挥霍。关于本案，下列说法正确的是？

A. 张三取得2万元并挥霍，其行为构成敲诈勒索罪既遂

B. 因李四“交付财产”并不是处分财产的行为，只是协助警察逮捕罪犯的行为，故张三的行为构成敲诈勒索罪未遂

C. 由于警察的失误，导致张三取得了财物，张三的行为另构成盗窃罪

D. 对张三应以敲诈勒索未遂与盗窃罪并罚

58. 关于贪污罪与挪用公款罪，下列说法正确的是？

A. 某灾区政府工作人员甲利用职务之便挪用救灾医疗器械，因不属于“公款”，故甲的行为不成立挪用公款罪

B. 某国有公司出纳乙挪用本单位资金

100万元，供自己购买股票，3个月后又营利100万元，挪用公款的数额是200万元

C. 国有事业单位财务人员丁明知丙使用公款用于贩卖毒品，而将公款挪用给丙的，成立挪用公款罪的实行犯与贩卖毒品罪的帮助犯，实行数罪并罚

D. 某公立医院财务人员戊挪用单位办公经费20万元为自己购买商品房，后戊采取销毁账目的手段，使其中的10万元难以在单位财务账上反映出来，戊一直未归还上述所有款项，对戊应当以挪用公款罪、贪污罪实行并罚

59. 关于不作为犯罪，下列说法正确的是?

A. 甲事后发现自己销售的一批药品不合格，但并未召回，致一名患者死亡。由于销售劣药罪的行为只能是作为，且必须具有故意，故甲不构成犯罪

B. 猎人甲在荒山发现一名弃婴，将弃婴抱回家，过几天后打算长期抚养。由于妻子强烈反对，甲次日将弃婴放至某菜市场门口，被他人抱走，不知去向。甲构成遗弃罪

C. 成年人赵某用手抚摸甲饲养的宠物狗，不料宠物狗撕咬赵某。甲在一旁不制止，导致赵某被咬成重伤。由于赵某自己制造了危险，故甲不构成不作为犯罪

D. 甲夜间在办公室用电热炉煮面条，不慎将文件碰到电热炉上燃烧，本可立即扑灭，但担心因文件被毁会被开除，便离开，最后酿成重大火灾。甲构成不作为的放火罪

60. 关于刑法上的故意、过失的认定，下列说法正确的有?

A. 甲以为眼前财物是王某的遗忘物，实际是李某占有的财物，进而拿走该财物。甲没有盗窃罪的故意，只有侵占罪的故意

B. 乙误以为自己运输的是假美元，实际是假欧元。乙的认识错误属于具体的事实认识错误。乙成立运输假币罪

C. 丙雇凶手伤害李某，反复叮嘱凶手不要导致李某死亡，但凶手仍致李某死亡。丙对死亡结果有过失

D. 丁误以为赵某是不满14周岁的男童而出卖给他人，实际上赵某是15周岁的少女。由于主客观不一致，因此丁不成立犯罪

61. 关于共同犯罪，下列说法正确的有?

A. 甲看到乙入户盗窃，主动为乙望风，乙对此不知情。期间无异常情况发生。乙盗窃既遂后，出来得知甲为自己望风，给甲100元。甲构成盗窃罪的片面帮助犯

B. 甲看到乙入户盗窃，主动为乙望风，乙对此不知情。期间，主人丙回来了，甲拉住丙假意聊天，拖延时间。乙顺利盗窃既遂。甲构成盗窃罪的片面帮助犯

C. 丙向王某承诺，在王某杀害李某后，将王某藏匿起来。当王某杀害李某后，要求丙帮助藏匿，丙予以拒绝。丙构成窝藏罪和故意杀人罪的共犯

D. 甲乙没有意思联络，分别向田某开枪。田某死亡，能够查明只有一颗子弹击中，但无法查明谁发射的这颗子弹。甲乙均构成故意杀人罪未遂

62. 甲绑架了乙，要求乙的妻子丙火速交付30万元赎金。丙由于经常被丈夫打骂，觉得这是个除掉丈夫的好机会，便以无钱为由，拒付赎金，也未报警。甲恼羞成怒，杀害了乙。关于本案，下列说法正确的是?

A. 只有承认片面共犯理论，才能认定丙与甲构成共同犯罪

B. 如果不能认定丙与甲构成共同犯

罪，就必须认定丙构成故意杀人罪的间接正犯，否则将无法追究其刑事责任

C. 即使认定丙与甲构成共同犯罪，也只能认定二者构成故意杀人罪的共同犯罪

D. 绑架罪属于继续犯，如果认定丙与甲构成共同犯罪，就应按照绑架罪中的“杀害被绑架人”追究丙的刑事责任

63. 梁某对王某怀恨在心，在水果摊前二人发生口角，梁某拿起水果刀刺向王某的颈部。一旁的曹某看见后报警。梁某看到曹某报警，便停止，并且没有逃离现场，等候警察的到来，同时为王某进行抢救包扎。警察赶到，梁某供述了自己的行为。经鉴定，王某仅受到轻伤。下列说法正确的是？

A. 梁某明知曹某报警，在现场等候，构成自首

B. 梁某属于激情犯罪，应当酌定从轻处罚

C. 梁某自动放弃犯罪，并且防止严重后果发生，构成犯罪中止

D. 对梁某的犯罪中止应当免除处罚

64. 关于拐卖妇女罪，下列说法正确的有？

A. 甲欲拐卖妇女，将妇女控制后，没有找到卖家，构成拐卖妇女罪的未遂

B. 乙欲拐卖妇女，将妇女控制后，没有找到卖家，便与妇女以夫妻名义共同生活，仍构成拐卖妇女罪

C. 丙收买被拐卖的妇女后，将其关押，剥夺其人身自由，后又想卖掉，并将其卖掉，仅以拐卖妇女罪论处即可

D. 成年妇女王某欲离开原居住地，向丁谎称自己卖身救母，需要50万元。丁支付王某50万元，将王某带回家。丁不构成收买被拐卖的妇女罪

65. 关于侵犯财产罪的认定，下列说法正确的有？（不考虑数额和情节）

A. 家长们将小学生的生活费发到家长微信群里。在班主任接收前，家长甲迅速抢收走了其中的5000元。甲的行为构成抢夺罪

B. 乙趁赵某熟睡时，利用赵某的手机，将赵某微信中的5000元转入自己的微信账户。乙的行为构成盗窃罪

C. 丙趁钱某熟睡时，利用钱某的手机，将钱某银行卡中的5000元转入钱某的微信账户，然后从钱某的微信账户将5000元转入自己的微信账户。丙的行为构成盗窃罪

D. 丁趁孙某熟睡时，利用孙某的手机，将孙某的银行卡与孙某的微信绑定，然后利用孙某的微信支付信息，从孙某的微信账户将5000元转入自己的微信账户。丁构成信用卡诈骗罪

66. 关于侵犯财产罪，下列说法正确的有？（不考虑数额及情节）

A. 赵某非法闯入他人住宅，当着9岁儿童的面，取走其家中价值未达“数额较大”的财物。如果认为盗窃罪包括公开盗窃，则赵某属于入户盗窃，构成盗窃罪

B. 陈某非法闯入他人住宅，当着90多岁老人的面，取走其家中价值未达“数额较大”的财物。该财物未达抢夺罪的“数额较大”标准。如果否认盗窃罪可以公开进行，则陈某不构成任何财产犯罪。

C. 刘某驾驶大卡车在高速公路上行驶1000公里，在收费站处突然紧跟前车出去，没有缴纳过路费。该行为不构成诈骗罪

D. 王某骑摩托车抢夺行人周某背包。周某紧抱背包带不放手，王某加速行驶，将周某拖行三十多米，周某才放手。对王某应以抢夺罪论处

67. 诈骗罪的处分财物要求具有处分行为和处分意识。下列选项中，存在处分意识的有？

A. 甲伪造车辆的所有权凭证和年检表，以虚构的车辆作抵押，向王某借款20万元，借款到手后潜逃

B. 乙请客吃饭，吃完后对服务员表示送朋友到门口再回来买单。服务员同意。乙到门口后趁机逃走

C. 丙用技术手段将电表上的用电量减少5000度。收费员上门收费时，由于不知情，以丙修改后的度数为标准予以收费

D. 丁在超市购物，将一箱饮料中的一瓶饮料取出，将一瓶高档白酒放入其中，然后将这箱饮料端到收银台。收银员以一箱饮料的价格予以收费

68. 关于药品犯罪的认定，下列说法正确的是？

A. 生产、销售、提供假药罪是抽象危险犯，生产、销售、提供劣药罪是具体危险犯

B. 生产、销售国务院药品监督管理部门禁止使用的药品的，构成生产、销售假药罪

C. 药品使用单位或其人员销售、提供假药给他人的，成立销售、提供假药罪

D. 擅自进口有疗效的药品在国内销售的，可以成立妨害药品管理罪

69. 关于洗钱罪与窝藏、转移、隐瞒毒品、毒赃罪的认定，下列说法正确的有？

A. 甲欲向王某行贿，王某让甲直接将贿赂款汇到境外王某的账户，甲照办。甲构成行贿罪与洗钱罪的想象竞合

B. 乙协助贩毒分子将贩毒所得赃款汇到境外，成立洗钱罪与转移毒赃罪的想象竞合

C. 贩毒分子丙将自己贩毒所得赃款汇到境外，成立洗钱罪，但不成立转移毒赃罪

D. 犯受贿罪的国家工作人员丁将受贿款汇到境外的，应以受贿罪与洗钱罪实行数罪并罚

70. 甲盗窃他人的银行卡，然后在银行柜台冒用该银行卡，欺骗柜员，将卡中资金50万元转入自己银行账户。次日，甲来到另一银行柜台，向柜员乙告知真相，指示乙将该50万元汇往境外。下列说法正确的有？

A. 甲构成盗窃罪

B. 乙仅构成掩饰、隐瞒犯罪所得罪

C. 由于甲实施了信用卡诈骗罪的行为，所以乙构成洗钱罪

D. 如果对乙以洗钱罪论处，那么必须对甲以信用卡诈骗罪论处，否则违反罪刑法定原则

71. 关于赌博犯罪，下列说法正确的有？

A. 甲以营利为目的，邀请人员加入微信群，利用微信群进行控制管理，以抢红包方式进行赌博，以开设赌场罪论处

B. 乙以营利为目的，邀请人员加入微信群，根据竞猜游戏网站的开奖结果“比大小”等方式进行赌博，利用微信群进行控制管理，以开设赌场罪论处。

C. 丙为某境外赌博网站提供资金结算服务，以开设赌场罪的共犯论处

D. 丁组织我国境内旅游团赴境外旅游，期间组织旅游团成员进入当地合法赌场参与赌博。丁构成开设赌场罪

72. 2021年2月28日晚上11点，甲从三楼向下扔厨余垃圾，正好砸在自家车上。司法机关在2021年3月1日后处理本案。下列说法正确的是？

A. 三楼不属于高空，即使甲的行为发

生在《刑法修正案（十一）》实施之后，甲也不构成高空抛物罪

B. 甲的垃圾砸在自家车上，没有危害公共安全，即使甲的行为发生在《刑法修正案（十一）》实施之后，甲也不构成以危险方法危害公共安全罪

C. 甲的行为发生在《刑法修正案（十一）》实施之前，甲成立以危险方法危害公共安全罪，根据从旧兼从轻原则，甲构成高空抛物罪

D. 甲的行为发生在《刑法修正案（十一）》实施之前，甲不成立以危险方法危害公共安全罪，根据从旧兼从轻原则，甲无罪

73. 关于危险驾驶罪，下列说法正确的是?

A. 刘某晚上跟朋友聚会喝醉酒送自己回家。聚会结束，刘某坐在车里，打电话让老婆来接自己，打算让老婆开车送自己回家。在等老婆的时候，刘某坐在车里觉得太冷，便将发动机打开取暖。刘某不构成危险驾驶罪

B. 孙某向王某说明自己要参加酒会，向王某借车，王某予以出借。孙某在酒会上喝醉酒，仍然驾车回家。王某不构成危险驾驶罪

C. 甲和妻子乙一起喝酒，甲喝至微醺，乙突发疾病，旁边无人会开车，救护车也赶不到，甲遂开车送乙去医院。甲不构成危险驾驶罪

D. 甲明知乙即将开车，暗中在咖啡中掺入了酒精，乙未意识到自己醉酒而开车。甲不构成危险驾驶罪

74. 关于刑法上的因果关系，下列说法正确的有?

A. 甲申请贷款时提供了伪造的材料，骗取到贷款主要是为了生产经营，具有归还意思。但是，因为经营失败，未能归还贷款，给银行造成重大损失。伪造材料行为与重大损失没有刑法上的因果关系

B. 溺水者乙抓住一个可以救命的漂浮物，该漂浮物属于甲所有，甲见状立即拿走漂浮物，导致乙溺水身亡。甲的行为与乙的死亡具有刑法上的因果关系

C. 甲、乙没有意思联络，同时向丙开了一枪，均打中非要害部位。丙因两处受伤、流血过多而死亡。甲、乙的行为与丙的死亡均具有刑法上的因果关系

D. 甲、乙没有意思联络，均想投毒杀丙，乙到达现场时发现甲已经向丙的水中投放了毒药，乙便没有投放毒药，丙中毒死亡。根据合法则的条件说，甲的行为与丙的死亡具有因果关系，乙的行为与丙的死亡没有因果关系

75. 甲、乙共谋入户抢劫一户人家。乙在进入这户人家前，又感到害怕，告知甲想放弃，但没有劝甲放弃便离去。甲独自入户后，发现主人很穷苦，心生可怜，便放弃抢劫。下列说法正确的有?

A. 甲构成犯罪中止

B. 乙构成犯罪中止

C. 甲构成犯罪未遂

D. 乙构成犯罪未遂

76. 甲、乙共谋运输毒品，并且约定“如果被查，就开枪拒捕”。后二人在运输毒品时遇到警察抓捕，乙见此情景，当场举手投降，甲看到乙投降，仍决定开枪，打死一名警察。下列说法正确的有?

A. 甲构成故意杀人罪既遂

B. 乙构成故意杀人罪既遂

C. 乙构成故意杀人罪预备阶段的中止

D. 乙构成故意杀人罪实行阶段的中止

77. 老板甲带下属乙到 KTV 唱歌，后与 KTV 的保安发生冲突。乙叫来一伙人在

KTV的停车场待命，其中A、B、C、D等人带枪，其余5人未带枪。保安队长叫保安们也在KTV停车场集合。双方发生了斗殴，乙护送甲离开，甲离开时，对乙说："打他们。"事后证明，甲当时不知道有人带了枪。乙便命令A、B、C、D四人一起开枪教训，四人领命，A、B、C怕出人命，朝地上开了一枪，D对准一个保安开枪，当场打死保安。下列说法正确的有？

A. D构成故意杀人罪既遂

B. 甲、乙构成故意伤害罪致人死亡

C. 甲、乙构成聚众斗殴罪，又过失致人死亡，拟制为故意杀人罪

D. A、B、C三人构成故意伤害罪致人死亡

78. 关于共同犯罪与犯罪形态，下列说法正确的有？

A. 甲、乙合谋杀害丙，二人将丙殴打致昏迷后，以为丙已经死亡。甲先行离开，让乙打扫现场。乙在打扫现场时发现丙尚有气息，遂向丙胸口踢一脚，致丙死亡。甲构成故意杀人罪既遂

B. 甲、乙欲共同抢劫丙的财物，在去往丙家途中，甲忽然肚子疼，便让乙继续前往。乙进入丙家中，进行抢劫，丙哀求，乙便放弃抢劫。甲构成抢劫罪的犯罪未遂

C. 甲、乙合谋抢劫丙，使用暴力后，发现丙身上没带钱，甲、乙便押着丙前往丙家中取钱。途中，甲因临时有事要离开，便让乙继续前往丙家。乙到了丙家，发现丙生活困难，于心不忍，遂放弃。甲构成抢劫罪的犯罪未遂

D. 甲得知乙想杀仇人丙。夜里，丙尚未出现，丁出现。甲欲杀害丁，指着丁，对乙讲："那个人就是丙，可以开枪"。乙便开枪，打死了丁。甲乙构成故意杀人罪的共同犯罪

79. 甲涉嫌诈骗罪被抓获归案，在刑事拘留期间潜逃出去。在潜逃期间，无业游民乙向甲称自己有他人犯罪的线索，3万元卖给甲。甲花3万元买到该犯罪线索。甲打电话将该犯罪线索提供给公安机关。该犯罪线索是某国有公司总经理的受贿罪事实，经查证属实。然后甲自动投案，如实供述了诈骗罪和潜逃的事实。下列说法正确的有？

A. 甲的潜逃行为构成脱逃罪

B. 甲提供犯罪线索的行为不构成立功

C. 甲自动投案，如实供述，针对诈骗罪构成自首

D. 甲自动投案，如实供述，针对脱逃罪构成自首

80. 陈某（女）到偏僻山区旅游，夜宿王某家，王某想起其堂弟万某没有媳妇，于是第二天对陈某谎称带其坐公交车去观光，将陈某带至万某家。王某对万某讲，让陈某做万某的老婆，然后收取万某10块钱作为车费，坐公交车离去。万某扣留陈某，要求其当自己的老婆。陈某不同意，表示愿意给2万元钱，称"够你买个老婆了"。万某不同意，索要3万元，否则不放其离开。陈某被迫同意并给钱。万某释放陈某。下列说法正确的有？

A. 王某将陈某骗至万某家的行为，不属于非法拘禁行为

B. 王某将陈某留至万某家的行为不构成拐卖妇女罪，万某扣押陈某的行为也不构成收买被拐卖的妇女罪

C. 陈某给万某2万元，并称"够买老婆了"，属于教唆万某实施收买被拐卖的妇女罪的教唆犯

D. 万某取得陈某的3万元，构成侵犯财产罪

81. 甲、乙共同实施暴力，抢劫丙的

财物，丙反抗。甲持刀想刺杀丙然后取财，慌乱中不慎刺中了乙，导致乙重伤，丙趁机逃跑。下列选项说法错误的是

A. 甲属于打击错误，按照具体符合说，对乙的重伤应负故意责任

B. 甲对乙的重伤应负刑事责任，构成结果加重犯“抢劫罪致人重伤”

C. 因为甲、乙构成抢劫罪的共同犯罪，所以乙对自己的重伤应负责，构成抢劫罪致人重伤

D. 甲属于偶然防卫，但不影响其成立抢劫罪

82. 关于财产犯罪和人身犯罪，下列说法正确的有？

A. 甲盗窃丙的财物，被发现后逃跑，丙追赶。甲逃跑途中遇见乙，告知乙真相，请乙帮助自己殴打丙、拦住丙。乙便对丙实施暴力，将丙打倒，致丙轻伤。甲、乙构成抢劫罪的共同犯罪

B. 甲欲入户抢劫丙家，进入丙家，用迷药将丙迷晕，甲欲将丙家的保险柜抬走，无奈由于太重而搬不动。甲便电话告知乙，请其来帮忙，乙答应，来到丙家，与甲共同搬走保险柜。甲、乙构成抢劫罪的共同犯罪

C. 乙在水果摊位购买水果后，不付钱便离开。摊主甲追上前讨要水果钱，抓住乙的肩膀不让走，乙在挣脱中摔倒在地，导致重伤。甲构成过失致人重伤罪

D. 甲是无业游民，购买了一批假药，打算免费送给老年人，骗取信任，以此诈骗其钱财。然而，存储假药的仓库发生火灾，假药全部被毁。甲构成诈骗罪的犯罪预备和提供假药罪的犯罪预备

83. 关于盗窃罪与诈骗罪，下列说法正确的是？

A. 甲公司以职工乙名义购买了房屋，与乙协议约定房屋产权归甲公司，房产证由甲公司保管。乙到房管局声称自己丢失了房产证，房管局予以补办。乙将房屋卖给不知情的丙，并予以过户。乙对甲公司构成盗窃罪

B. 快递员错将快递（洗衣机）送至甲家门口，甲发现该快递的收件人是对门邻居乙，仍拿回自己家。甲构成盗窃罪

C. 乙到朋友甲家中喝酒，二人喝醉后，乙欲盗窃甲家门外一排自行车，甲予以帮助，乙随机选中一辆自行车，然后偷走。事后发现该车是甲的车。甲构成盗窃罪既遂

D. 甲在无人售货的超市将高价价签换成低价价签，然后在自助付款机上扫描低价价签，后拿走该商品。甲构成盗窃罪

84. 关于危害公共安全犯罪，下列选项说法正确的有？

A. 马某从高空向下扔正在燃烧的蜂窝煤球，下方有人。马某构成以危险方法危害公共安全罪

B. 李某在公交车上沉迷手机游戏，坐过车站，便抢夺司机的方向盘要求停车。李某构成妨害安全驾驶罪

C. 陈某在公交车上与司机发生口角，便暴力捶打司机，导致公交车撞上对面的小轿车，致使小轿车内多人遭受轻伤。陈某构成妨害安全驾驶罪

D. 朱某记恨王某，在王某的摩托车上动手脚，致使王某在骑摩托车时发生故障，撞伤多名行人。朱某成立破坏交通工具罪

85. 关于下列情形，说法正确的有？

A. 甲（15周岁）实施盗窃，请乙（18周岁）为自己望风。乙答应照办。甲窃得1万元，分给乙3千元。乙构成盗窃罪的帮助犯

B. 夜晚，甲遵守交通规则，正常驾车

进入地下车库，不料在下坡拐弯处轧死躺在地上的乙。乙当时睡在此处，而此处严禁睡觉。甲不构成过失致人死亡罪

C. 甲建立网络线路是为了自己实施诈骗。乙建立网络线路也是为了自己实施诈骗。二人互不知情。乙在接入线路实施诈骗时，误接入甲的线路，并成功诈骗了丙的财物。乙以为接入的是自己的线路。甲不知道乙接入了甲的线路。甲乙构成诈骗罪的共同犯罪

D. 某药厂的负责人王某明知药品已经过期，仍然作为捐献的药品捐出。王某构成提供劣药罪

86. 关于网络犯罪，下列说法正确的有？

A. 乙以为甲可能利用网络实施诈骗，为甲提供了网络接入服务。实际上，甲根本未实施犯罪。乙构成帮助信息网络犯罪活动罪

B. 乙明知甲欲利用网络实施诈骗，仍为其提供了网络接入服务。甲利用了乙的网络接入服务实施了诈骗罪。乙构成帮助信息网络犯罪活动罪和诈骗罪（帮助犯），想象竞合，择一重罪论处

C. 甲为了实施网络诈骗，建立了10个微信群，成员有2000人。甲准备实施诈骗时被公安机关抓捕。甲构成非法利用信息网络罪

D. 某民营公司职员甲无权登录公司的某个网络系统，利用技术手段偷偷登录，获取公司采取保密措施的客户名单（十几位客户），然后离职，联系相关客户，让客户选择与自己合作。甲构成侵犯商业秘密罪

87. 某旅游公司法定代表人王某组织12人偷越国边境，王某让下属吴某将12人带至国内边境某城市，然后将人分成两组，由甲带领其中7人，由乙带领其中5人，分别偷越边境。甲带领这组人顺利偷越了边境。乙带领的这组人尚未出境便被抓。下列说法正确的有？

A. 甲构成犯罪既遂

B. 王某和吴某构成犯罪既遂

C. 乙构成犯罪既遂

D. 本案应按照单位犯罪处理

88. 关于运输毒品罪，下列说法正确的有？

A. 刘某为了自己吸食毒品，向张某购买了毒品，给张某发送了收件地址。张某顺利将毒品寄了过来。尽管刘某没有亲自运输毒品，但依然构成运输毒品罪的共犯

B. 马某携带毒品前往某地，准备交给赵某，到了该地后未能联系到赵某，又携带毒品返回原地。马某构成运输毒品罪的既遂

C. 张某发现某种电子烟中的大麻素能够使人精神成瘾，但不知道其具体成分，仍出售这种电子烟。张某构成贩卖毒品罪

D. 李某为了吸食，在外地购买毒品，携带毒品回程，中途被警方抓住。李某构成运输毒品罪

89. 乙建筑公司承担甲国有公司的一个建设项目，甲公司委派吴某在乙公司从事监管等公务，丙公司是民营监理公司，委派刘某监理该项目。乙公司负责人王某与吴某、刘某共谋，王某通过虚假购买水泥的方式，使得甲公司向乙公司多付工程款200万元，吴某、刘某在采购单上代表各自公司签字确认。然后，王某从中取出40万元给吴某，20万元给刘某，其余140万元用于乙公司运营。下列说法正确的有

A. 吴某对甲公司构成贪污罪，数额为200万元

B. 王某虽然不是国家工作人员，但也

构成贪污罪，数额为200万元

C. 王某构成行贿罪，数额为60万元

D. 刘某构成非国家工作人员受贿罪，数额为20万元

90. 王某是某国有公司的领导（国家工作人员）。关于王某利用职务便利的挪用行为，下列说法错误的有？

A. 王某长期将公司的汽车挪作私用，构成挪用公款罪

B. 王某将救灾款转用于装修公司办公大楼，构成挪用公款罪

C. 王某挪用公款100万元炒期货，完全亏损。王某深感无力还债，便潜逃外地。王某构成贪污罪

D. 王某向客户企业乙公司（民营公司）的负责人吴某提出，挪用乙公司100万元，用于炒期货，承诺一年后归还。一年后，王某向乙公司归还了100万元。王某构成挪用公款罪

91. 关于收受银行卡而受贿，下列说法正确的有？

A. 官员甲收到银行卡，卡内有资金，未设密码。甲构成受贿罪既遂

B. 官员乙收到银行卡，卡内有资金，设有密码，乙不知密码，无法支配卡内资金。乙构成受贿罪未遂

C. 官员丙收到银行卡，卡内有资金，丙知道密码，但卡内资金是定期存款，不是活期存款。丙构成受贿罪未遂

D. 官员丁收到银行卡，卡内没有资金。丁构成受贿罪既遂

92. 甲、乙是没有正式编制的辅警，夜里十一点巡逻，发现身体虚弱、嘴角流血、不能说话的丙，开车将其送往救助站，送到救助站门外，让丙自己走进救助站，甲、乙未与救助站办理交接手续便驾车离去。第二天，救助站人员发现丙倒在救助站门口，赶紧送往医院，不治身亡。经检查，丙因失血过多而死亡，如果及时得到救助则不会死亡。下列说法正确的有？

A. 甲、乙没有正式编制，不是国家机关工作人员，因此不可能构成渎职犯罪

B. 甲、乙的行为构成不作为犯罪

C. 甲、乙的不作为与丙的死亡结果存在因果关系

D. 甲、乙构成玩忽职守罪

【不定项选择题】

93. 刘某的弟弟犯故意伤害罪，刘某找了财政局局长屈某去找公安局局长王某，让自己的弟弟只受到治安管理处罚，事成后，刘某给了屈某50万。屈某给了王某20万，刘某对此不知情。关于屈某和王某下列说法正确的是？

A. 屈某、王某受贿罪共犯，数额50万

B. 屈某受贿50万，王某受贿20万

C. 屈某侵占罪30万、行贿罪20万，王某受贿罪20万

D. 屈某受贿罪50万、行贿罪20万元，王某受贿罪20万

94. 2018年5月，甲乘坐火车期间，与对面座位旅客乙（女，18岁）搭话后相识。后甲趁乙上厕所之机，将她堵在厕所内并把门反锁，用匕首指着乙，让乙交出现金1800元及价值2700余元的一部手机，装在自己口袋内。后甲被诉至法院。刘法官认为，甲行为不属于“在公共交通工具上抢劫”，因为在火车的厕所抢劫，危害不大，不应当适用“在公共交通工具上抢劫”的刑罚，否则与刑法意图不符。黄法官则认为，火车的公共厕所属于“火车”，而“火车”属于法律规定的“在公共交通工具”，应当适用“在公共交通工具上抢

劫”的刑罚。下列说法不正确的是？

A. 刘法官进行了价值衡量，黄法官没有进行价值衡量

B. 刘法官的解释属于目的解释，黄法官的解释属于体系解释

C. 为了实现法的可预测性，任何情况下都必须坚持“文意解释”优先

D. 刘法官与黄法官的争议表明，规范与事实之间存在紧张关系

95. 甲租用房屋，准备组织他人卖淫，乙受甲指使从外地招募、运送了若干人员，但在被招募、运送的人员还没有开始从事卖淫活动时，即被抓获。关于本案下列说法正确的是？

A. 由于甲还没有着手实行组织卖淫行为，乙的行为成立协助组织卖淫罪未遂

B. 乙的行为成立协助组织卖淫罪（既遂）

C. 甲的行为虽然只是组织卖淫罪的预备行为，但同时也是协助组织卖淫罪的教唆犯

D. 甲、乙的行为形成共同犯罪

刑事诉讼法

【单项选择题】

1. 赵某涉嫌恐怖活动犯罪，于2月3日被公安机关依法逮捕，2月6日，赵某的律师提出欲与其会面，则下列说法正确的是？

A. 律师会见赵某需要经过公安机关的批准

B. 律师会见赵某可被监听

C. 公安机关应当在2月11日以前安排会面

D. 赵某事前聘请律师提供法律帮助须经侦查机关批准

2. 法院既不能适用简易程序，也不能适用速裁程序的情形是？

A. 被告人是未成年人的

B. 案件有重大社会影响的

C. 共同犯罪案件中部分被告人对罪名、量刑建议有异议的

D. 被告人与被害人或者其法定代理人没有就附带民事诉讼赔偿等事项达成调解或者和解协议的

3. 检察院在审查起诉时可能会遇到很多新情况、新问题，同时，检察院也可以根据具体案情作出不起诉决定。下列说法正确的是？

A. 检察院在审查起诉时发现，案件立案管辖出现错误，不应当由检察院自侦而应当由公安机关进行侦查，应当将案件移送给公安机关

B. 检察院在审查起诉时，作出存疑不诉不以补充侦查为前提

C. 被害人和被不起诉人都可以向作出不起诉决定的检察院提出申诉

D. 酌定不起诉的被不起诉人提出申诉的，人民检察院应当作出起诉决定

4. 中级人民法院判处死刑缓期二年执行的案件，由高级人民法院核准。根据刑事诉讼法和相关司法解释，下列说法正确的是？

A. 如死缓判决系高级人民法院自己做出，则无需另行核准

B. 在核准时认为原判事实正确，但适用法律有错误，应当裁定不予核准，发回重审

C. 复核期间出现新的影响定罪量刑的事实、证据，应当查清以后改判

D. 高级人民法院复核死缓案件，可以

将死缓改判为死刑立即执行

5. 胡某涉嫌参加恐怖活动罪被侦查机关立案侦查，侦查期间胡某委托刘某、马某作为其辩护人，关于刘某、马某的诉讼权利，下列哪些说法是正确的？

A. 刘某、马某凭律师执业证书、律师事务所证明和委托书有权会见在押的胡某

B. 刘某、马某会见胡某时，可以就参加恐怖活动的有关证据与胡某进行当面核实

C. 看守所对于刘某、马某和胡某的往来信件，可以对信件进行必要的检查，但不得截留、复制、删改信件

D. 刘某、马某可以单独会见胡某

6. 某贩卖毒品案件审理时，法院进行了以下活动：

①宣布庭前会议中对证据合法性审查的情况；②宣读起诉书；③控方证人出庭作证；④被告人对公诉方出示的毒品进行辨认并发表意见；⑤讯问被告人；⑥辩方证人出庭作证。下列对上述活动先后顺序的排列，正确的是？

A. ①②⑤③④⑥

B. ②①⑤③⑥④

C. ②①⑤③④⑥

D. ①②⑤④③⑥

7. 张某因故意杀人罪被F市检察院提起公诉，F市中级人民法院以证据不足，判决张某无罪。一年后，F市检察院发现新的证据，能证明张某构成故意杀人罪，应如何处理？

A. F市检察院建议F市中级人民法院撤销原无罪判决后，再提起公诉

B. F市检察院直接提起公诉

C. F市检察院抗诉提起再审

D. F市检察院建议F市中级人民法院主动再审

8. 根据我国刑事诉讼法的相关规定，下列有关回避的说法正确的是？

A. 陪审员和鉴定人都可成为回避的对象

B. 书记员和翻译人员的回避，由审判长决定，合议庭成员的回避，由院长或审判委员会决定

C. 对于驳回申请回避的决定，当事人及其法定代理人可以申请复议一次。复议的机关是作出驳回申请回避决定机关的上一级机关

D. 对侦查人员的回避作出决定前，侦查人员应当暂停对案件的侦查

9. 刑事诉讼中，遇到下列特殊情形，不同的司法机关处理方式正确的是？

A. 某区公安机关在侦查该区影星范某逃税案过程中，发现范某犯罪已过追诉时效期限，遂作出不立案的处理

B. 某区检察院对王某涉嫌盗窃犯罪案审查起诉过程中，认为王某没有犯罪事实，该检察院作出撤销案件的处理

C. 某县检察院对刘某诈骗秦某一案提起公诉，县法院在庭前审查时，发现刘某的行为仅构成侵占罪，秦某没有告诉，该县法院遂决定不予受理

D. 某县法院对赵某巨额财产来源不明案件进行法庭审理后，合议庭评议认为，根据已经查明的事实和认定的证据材料，能够确认赵某不构成犯罪，但在作出判决前，赵某因突发心脏病死亡。县法院遂宣告赵某无罪

10. 下列关于刑事诉讼中证明责任的表述，正确的是？

A. 甲故意伤害案中，辩护人提交了甲不在案发现场的证据，其对该事项承担证明责任

B. 侵占案中，被告人乙提交了财产属

于自己占有的证据，其对该事项承担证明责任

C. 丙故意杀人案中，丙提出排除在看守所之外讯问所获得的供述，检察院对侦查讯问程序的合法性承担证明责任

D. 丁因盗窃戊的财物，被提起公诉，戊对被盗窃的财物归其所有承担证明责任

11. 根据《刑事诉讼法》的规定，下列关于法律援助的说法正确的是？

A. 犯罪嫌疑人、被告人因经济困难或者其他原因没有委托辩护人的，办案机关可以通知法律援助机构指派律师为其提供辩护

B. 涉案人员只有到了审判阶段，法院才有义务为其提供法律援助

C. 被告人是尚未完全丧失辨认或者控制自己行为能力的精神病人的，法院应当指定承担法律援助义务的律师为其辩护

D. 被告人是可能判处无期徒刑而没有委托辩护人的，法院应当为其提供法律援助

12. 小明因贪污被K市监察委立案调查，调查终结后移送K市检察院，下列关于该案的说法，错误的是？

A. K市检察院若认为该案证人证言、小明的供述和辩解的内容主要情节一致，个别情节不一致的，可以自行补充侦查

B. K市检察院若认为物证、书证等证据材料需要补充鉴定的，可以自行补充侦查

C. K市检察院若退回X市监察委补充调查，以二次为限，补充调查完毕移送起诉后，K市检察院重新计算审查起诉期限

D. K市检察院对于经过一次退回补充调查的案件，认为证据不足，不符合起诉条件，可以作出不起诉决定

13. 在甲县居住的雷某在乙县自驾游期间因涉嫌危险驾驶罪被乙县公安机关查获。关于本案的办理，下列说法是正确的是？

A. 因为雷某涉嫌的是危险驾驶罪，所以对其不适用逮捕

B. 如乙县公安机关决定对雷某取保候审，可以要求雷某不得离开乙县

C. 如乙县公安机关决定对雷某取保候审，可以要求雷某上交驾驶证件、身份证

D. 乙县公安机关拘留雷某后，至迟不超过24小时应当将雷某送看守所羁押

14. 在单位犯罪案件的审理程序中，如被告单位的诉讼代表人与被指控为单位犯罪直接负责的主管人员是同一人，应当由下列哪一主体另行确定被告单位诉讼代表人？

A. 被告单位

B. 被告单位的直接主管机关

C. 人民检察院

D. 法院

15. 下列哪一案件可以适用当事人和解的公诉案件诉讼程序？

A. 甲因盗窃罪被判有期徒刑一年，刑满释放后的第三年，又涉嫌敲诈勒索张一，数额较大

B. 乙为出租车司机，在车上捡到乘客王二的新款iPhone手机后拒不交还

C. 丙为某监狱狱警，在押送犯人李三回监狱的过程中，由于饮酒昏睡，致使犯人脱逃

D. 丁虐待自己的父亲赵四，致其身体残疾，经鉴定为重伤二级

16. 犯罪嫌疑人王某涉嫌故意伤害被公安机关立案侦查。在案件办理过程中，王某提出与被害人张某就伤害赔偿等问题进行和解。关于和解的程序，下列说法错误的是？

A. 犯罪嫌疑人、被告人在5年以内曾经故意犯罪的，不适用这一程序

B. 检察院主持制作的和解协议书，应当由双方当事人和检察人员签字，但不加盖人民检察院印章

C. 法院主持制作的和解协议书，应当由双方当事人和审判人员签名，但不加盖人民法院印章

D. 被害人或者其法定代理人、近亲属提起附带民事诉讼后，双方愿意和解，但被告人不能即时履行全部赔偿义务的，人民法院应当制作附带民事调解书

17. 关于审判组织的说法，下列选项正确的是？

A. 张某盗窃案，某县法院审理时，可以由审判员五人组成合议庭

B. 秦某故意杀人案，某中级人民法院第一审时，可以由审判员和人民陪审员五人组成合议庭

C. 高级法院审理一审案件时，可以由审判员和人民陪审员七人组成合议庭

D. 最高人民法院审理一审案件时，可以由审判员和人民陪审员七人组成合议庭

18. 某区法院对宋某抢劫一案作出了刑事附带民事裁判，一审后附带民事诉讼的原告高某，只对附带民事诉讼部分提出了上诉，刑事部分生效后，二审法院在审判过程中发现第一审判决或者裁定中的刑事部分确有错误，二审法院应当如何处理？

A. 撤销一审判决，发回重审

B. 二审对附带民事诉讼部分作出判决，对刑事部分按照审判监督程序进行再审

C. 法院应当只对刑事部分按照审判监督程序进行再审

D. 应当依照审判监督程序对刑事部分进行再审，并将附带民事部分与刑事部分一并审理

19. 关于非法证据的排除，下列说法错误的是？

A. 非法证据排除的程序，可以根据当事人等申请而启动，也可以由法庭依职权启动

B. 申请排除以非法方法收集的证据的，应当提供相关线索或者材料

C. 检察院应当对证据收集的合法性加以证明

D. 只有确认存在《刑事诉讼法》第54条（现第56条）规定的以非法方法收集证据情形时，才可以对有关证据应当予以排除

20. 甲在A市某超市门口盗窃乙的摩托车，被乙发现后逃跑，乙一直追到B市C区。甲将行人丙撞倒后逃离，丙死亡，甲在D市被抓获。下列关于该案管辖的说法，正确的是？

A. 应当由A市基层法院管辖

B. 应当由C区法院管辖

C. 可以由B市中级法院管辖

D. 可以由D市中级法院管辖

21. 下列关于监察机关办案程序的说法，正确的是：

A. 检察院在侦查甲徇私枉法案时，发现甲还涉嫌受贿罪，检察院应当将徇私枉法案和受贿案的线索一并移送监察机关

B. 上级监察委可以管辖下级监察委管辖范围内的案件

C. 监察机关对被调查人采取留置措施应经上一级监察机关批准

D. 监察机关在调查职务犯罪中可告知被调查人在审查起诉后认罪认罚可从宽处理

22. 下列关于证据运用的说法，正确的是：

A. 甲涉嫌爆炸，其身份证上的年龄已

满12周岁，但还有证据表明其未满12周岁，应以其身份证上的年龄为准

B. 乙涉嫌故意杀人，侦查机关对乙进行四次讯问，第二次采取了刑讯逼供，之后乙的两次供述不得作为定案根据

C. 丙涉嫌盗窃，在搜查过程中扣押的赃物，未附笔录或者清单，不得作为定案的根据

D. 某价格评估部门出具的价格认定书经查证属实，可以作为定案的根据

23. 下列哪一案件可由检察院立案侦查?

A. 某海警工作站站长刘某在办理刑事案件时询问证人苏某，对苏某进行殴打，致其重伤

B. 某县副县长张某隐瞒自己发热的事实参加打牌并致使多人感染新冠肺炎

C. 某县检察院副检察长周某在办公大楼建设招标过程中收受巨额贿赂

D. 警察王某利用职务之便为境外刺探国家情报

24. 关于庭前会议的下列表述，哪一选项正确?

A. 对庭前会议中没有异议的证据，不再质证

B. 控方申请庭前会议，法院认为无需召开庭前会议，仅告知控方

C. 经审判长委托，由法官助理召集控辩双方举行庭前会议

D. 附带民事诉讼当事人申请在庭前会议进行调解，法院以庭前会议审查程序事项为由，拒绝调解

25. 甲以投毒的方式杀害乙，公安机关分别对甲的精神状态、毒物的化学成分、乙的死因进行鉴定，作出了三份鉴定意见。甲申请有专门知识的人丙出庭对鉴定意见发表意见。乙的妻子和戊是该案的证人。下列关于该案审理程序的说法，正确的是:

A. 甲申请的有专门知识的人不能超过两人

B. 由控方先对有专门知识的人发问

C. 该案的证人戊拒不出庭作证，法院院长签发强制证人出庭令，由公安机关执行

D. 法院可以强制乙的妻子出庭作证

26. 刘某因挪用资金罪被大江市龙平区法院判处有期徒刑2年，刘某提出上诉，龙平区检察院以量刑畸轻为由抗诉，大江市中级法院以事实不清、证据不足为由，发回龙平区法院重审。龙平区法院重审后，改判挪用公款罪，维持有期徒刑2年。刘某提起上诉，大江市中级法院在第二次二审时，下列说法是正确的是?

A. 若大江市检察院认为抗诉不当，应要求龙平区检察院撤回抗诉

B. 若大江市中级法院发现龙平区法院重审时违反回避制度，应再次发回重审

C. 大江市中级法院不得改判刘某重于有期徒刑2年的刑罚

D. 大江市中级法院曾参与本案审判的合议庭人员应回避

27. 关于检察院依法对刑事诉讼实行法律监督原则的适用，下面正确的是?

A. 刘某向检察院申诉公安机关未对其被诈骗600万元一事立案，检察院经过监督程序通知公安机关立案

B. 对一起校园内猥亵儿童案件，公安机关接到报案后，在立案之前商请检察院派员提前介入，对如何询问被害儿童和收集证据进行指导

C. 法院审理宋某涉嫌故意杀人案时，公诉人发现审判长应回避而未回避，遂当庭提出纠正意见

D. 检察院在对马某盗窃案审查批捕时

发现，公安机关未退还马某之前取保候审交纳的保证金，因此作出不批准逮捕的决定

28. 南天公司涉嫌走私普通货物罪，琉星律所的秦某担任南天公司的诉讼代表人，南天公司的实际控制人杨某也被追究刑事责任，关于本案的诉讼代表人和辩护人，正确的是？

A. 秦某在本案中行使辩护职能

B. 杨某不可以委托琉星律所的其他律师担任其辩护人

C. 秦某担任诉讼代表人既可由南天公司委托也可由检察院指定

D. 秦某可一并担任南天公司和杨某的辩护人

29. 甲作为犯罪嫌疑人乙的辩护人期间，为帮助乙减轻罪行，从公安机关缉毒大队民警丙处获得某人非法持有毒品的线索，并在看守所会见期间以传递纸条的方式将信息告知乙，庭审阶段乙向法庭提供该线索，甲将其作为辩护依据，请求减轻乙罪行，导致法院错判。关于甲的行为以下表述正确是？

A. 甲构成虚假诉讼罪

B. 甲通过传递纸条方式告知乙线索，构成扰乱法庭秩序罪

C. 就乙提供非法持有毒品的线索进行辩护是不合法的辩护行为

D. 从丙处获取非法持有毒品的线索属于正当行使调查取证权

30. 黄某因网络诈骗多人被立案侦查。关于本案电子数据的收集与运用，下列哪一选项是正确的？

A. 黄某的硬盘数据未以封存状态移送，应作为非法证据予以排除

B. 侦查人员提取黄某的手机银行数据时应制作笔录并附电子数据清单

C. 黄某的服务器数据存在局部篡改，应先判断是否属于瑕疵证据

D. 侦查人员提取黄某电脑数据时应有见证人员在场并全程录像

31. 崔某系县环境监察部门负责人，负责当地水源保护区的污染防治工作，因不认真履行监管职责，在日常检查中多次发现某企业排放污水未加制止，导致当地水源严重污染，关于崔某涉嫌的渎职犯罪，下列哪一选项是正确的？

A. 崔某在行政执法时询问排污企业负责人的笔录在本案中不能作为证据使用

B. 在崔某被留置期间，检察院的刑事执行检察部门可对监管活动进行监督

C. 检察院应就崔某的失职行为与水源污染之间的因果关系加以证明

D. 监委会可在调查阶段告知崔某本案移送审查起诉后才能适用认罪认罚从宽制度

32. 某公司违法出版盗版刊物被国家新闻出版部门发现，检察院认为其犯罪情节轻微，作出不起诉决定，以下说法正确的是？

A. 国家新闻出版部门可以向法院提起自诉

B. 检察院提出检察意见，让国家新闻出版部门对其行政处罚

C. 检察院可以对某公司的全部违法出版物予以没收

D. 后来某公司又被发现继续违法出版，检察院可以撤销之前的不起诉决定，一并起诉

33. 田某因犯制造毒品罪被判处有期徒刑，刑满释放后不久，田某再次因涉嫌制造毒品被提起公诉，田某的辩护律师对关于毒品纯度、监听通话语音和笔迹同一性的三份鉴定意见有异议，申请法庭通知

有专门知识的人出庭，关于本案的处理，正确的是？

A. 田某此前制造毒品用于贩卖，可在本案中用于证明田某制造毒品的主观目的

B. 辩护人申请有专门知识的人出庭后，应当先由控方发问

C. 田某的辩护人最多只能申请两名有专门知识的人出庭

D. 检察院提起公诉时应一并提供田某曾犯制造毒品罪的裁判文书

34. 在某起组织、领导黑社会性质组织案件的庭审中，被告人伍某的辩护人申请法院通知之前提供了对伍某不利证言的项某出庭作证，下列表述不正确的有？

A. 法院决定对项某采取不公开个人信息的保护措施，可以在判决书中对项某使用化名

B. 项某作证时故意作虚假陈述，必要时，公诉人可以宣读证言笔录进行核对

C. 项某到庭后，应当先由公诉人对其发问

D. 公诉人对项某进行诱导性发问，辩护人可以提出异议

35. 王某承包工程后逃避支付工人劳动报酬且数额较大，检察院以拒不支付劳动报酬罪提起公诉，下列说法正确的是？

A. 王某的辩护人向法庭补充新的对被告人有利的量刑证据，法院可自行调查核实后作为量刑根据

B. 检察院提起公诉时，可建议法院对王某宣告从业禁止

C. 检察院在法庭审理结束后想要调整量刑建议，法院可以准许

D. 本案适用速裁程序审理后，法院可不在裁判文书中说明量刑理由

36. 下列关于刑事庭审中休庭、延期审理和中止审理的适用，正确的是？

A. 孟某故意杀人案，在审判阶段，孟某在看守所自杀，法庭决定休庭

B. 蔡某诈骗案，检察院当庭口头补充指控起诉书中没有的新的犯罪事实，法院裁定中止审理

C. 赵某自诉王某诽谤案，赵某因接触新型冠状病毒感染者被隔离，因未委托代理人出庭，法院决定延期审理

D. 关某强奸案，被告人以公诉人在法院工作为由当庭申请其回避，法院决定休庭

37. 甲涉嫌盗窃，在审查起诉时认罪认罚，检察院建议量刑 4 年，法院经简易程序审理后认为量刑适当，但法院发现甲有遗漏的其他盗窃事实，遂通知检察院，但检察院未作出书面答复，下列哪一说法是正确的？

A. 法院经过审理判处甲有期徒刑 4 年

B. 法院就新发现的盗窃事实自行调查

C. 法院决定将简易程序转为普通程序审理

D. 法院宣布对遗漏的盗窃事实进行法庭调查

38. 下列关于刑事诉讼活动中涉案财物的处理，以下做法不正确的是？

A. 王某受贿案，在审查起诉时王某死亡，检察院作出不起诉决定后将已冻结的涉案财物上缴国库

B. 张某贩毒案，检察院提起公诉时没有向法院移送涉案毒品，仅移送了原物照片和清单

C. 孙某非法吸收公众财产案，公安机关在执行扣押时为其所扶养的亲属保留部分生活必需的物品

D. 李某盗窃银行案，公安机关根据法院生效的判决书将未随案移送的被盗金条返还给被害单位

39. 谷某诽谤李某从事淫秽色情行业，对李某造成不良影响，李某对谷某向某县法院提起自诉，某县法院进行审理。之后，由于谷某通过网络诽谤多人，在社会上影响恶劣，对网络环境造成严重破坏，某县公安机关对谷某以诽谤罪立案侦查，并由某县检察院向某县法院提起公诉。关于本案自诉和公诉的说法，哪个是正确的？

A. 在自诉案件中，若谷某承认指控并同意适用速裁程序进行审理，可以适用速裁程序

B. 在提起公诉案件后，可以将自诉与公诉案件一并审理

C. 在公诉案件中，若谷某认罪认罚并同意适用速裁程序进行审理，即可适用速裁程序

D. 若谷某真心悔过，双方达成和解，无论是自诉案件还是公诉案件，谷某都可以被判无罪

40. 甲因盗窃乙的财物在某县法院受审，经过审理，某县法院于 3 月 5 日当庭宣判，次日送达判决书，甲服判，乙不服申请检察院抗诉，检察院未同意。请问本案判决的生效时间是？

A. 3 月 15 日

B. 3 月 16 日

C. 3 月 17 日

D. 3 月 18 日

41. 周某因诈骗罪被风林市东江区人民法院判处有期徒刑并处罚金，后周某上诉，风林市中级人民法院二审裁定维持原判。东江区公安机关在侦查阶段查封了周某一处位于市南区的房产，该房产此前已抵押给了风林银行。关于涉案财产的处置，表述正确的是？

A. 风林银行主张优先受偿，法院将其列入赔偿被害人被骗损失之后执行

B. 由风林市中级人民法院执行周某的涉案财产

C. 市南区人民法院可接受委托执行周某的房产

D. 东江区公安机关出具解除查封房产的手续后，法院才可以执行该房产

42. 刘某因非法吸收公众存款罪被判处有期徒刑 7 年，服刑期间积极退赔众多被害人损失，执行机关向法院提出减刑建议，以下说法正确的是？

A. 认定刘某的悔改表现应当从严把握

B. 法院可以书面审理刘某减刑案件

C. 法院可以在刘某服刑的监狱开庭审理

D. 对减刑证据应由刘某承担证明责任

43. 甲因涉嫌为境外窃取国家秘密罪被立案侦查，甲逃往境外，检察院按缺席审判程序向法院提起公诉，法院进行缺席审判。下列表述正确的是？

A. 法院可以视情况选择开庭审理或者不开庭审理

B. 在审理过程中，甲的妻子和儿子申请参加诉讼发表意见，法院应当准许

C. 法院作出一审判决后，甲的妻子可以独立上诉

D. 法院作出一审判决后，在上诉期间内，甲回国投案，若甲对一审判决没有异议，应当将甲立即交付执行

44. 司某晚上下班开车回家进入地下车库，在拐弯处将醉酒卧地的边某碾压致死，公安机关对司某以过失致人死亡罪立案侦查。经查，碾压边某的地方属于司机的视野盲区，公安机关认为该案属于意外事件，于是撤销案件。下列说法不正确的是？

A. 边某的近亲属可以向法院提起自诉

B. 公安机关撤销案件符合《刑事诉讼

法》第十六条的宗旨和目的

C. 侦查机关可以进行侦查实验，应当对实验过程录音录像

D. 侦查机关应当将撤销案件的决定告知边某近亲属

45. 宫某因绑架杀人被公安机关立案侦查，下列关于法律援助的说法正确的是？

A. 若宫某没有委托辩护人，也表示不需要法律援助，公安机关可不为其通知法律援助

B. 值班律师可应宫某申请或主动为其提供法律咨询

C. 值班律师可在为宫某提供法律咨询后签订合同转为辩护人

D. 如为宫某提供法律援助辩护人，该辩护人需要具备三年以上相关执业经历

46. 某国家机关工作人员甲，明知其领导乙的妻子丙给自己的钱是受贿所得，但甲还是按照乙的意思进行转移，被以洗钱罪进行侦办。下列表述正确的有？

A. 法院审理甲时，丙出庭称："我把钱给甲时，甲说'知道了，明白了。'"丙的陈述属于传闻证据

B. 甲向侦查人员承认自己曾向乙行贿，该供述与本案具有关联性

C. 同单位人员丁向法庭称："我觉得甲应该知道这些钱远远超过乙的收入"，该陈述属于猜测性证言，经补正可作为证据使用

D. 甲向法庭说："他们指控我洗钱的1093万都是我的合法所得！"该辩解是直接证据

47. 杨某醉酒驾驶电动自行车与行人宋某发生碰撞，公安机关对杨某以危险驾驶罪立案侦查，侦查终结后移送检察院审查起诉。下列选项中，检察院可以作出存疑不起诉决定的依据是？

A. 鉴定机构承认杨某的血液样本被污染

B. 交警认定杨某对事故负主要责任，宋某负次要责任

C. 杨某辩称自己知道醉酒不能驾驶轿车，但不知道不能驾驶电动自行车

D. 杨某驾驶的电动自行车符合法律规定的非机动车的标准

48. 张某和唐某系夫妻关系，唐某和李某（已婚）以夫妻名义共同生活，张某向法院对李某以重婚罪提起自诉，法院告知张某也可以对唐某提起自诉并告知其放弃告诉的法律后果。下列表述正确的是？

A. 如果张某到公安机关报案，公安机关不予接受

B. 如果张某到公安机关报案，公安机关经过审查认为属于重婚案件，应当告知张某可以向法院起诉

C. 如果法院经过审理判决李某无罪，张某对唐某以重婚罪提起自诉的，法院应当受理

D. 若张某因客观原因无法取得唐某与李某之间的转账记录，申请法院调取的，法院应当及时调取

49. 甲涉嫌盗窃和诈骗，某县法院经过审理，一审判甲犯盗窃罪，处5年有期徒刑；犯诈骗罪，处5年有期徒刑，决定合并执行8年有期徒刑。甲不服上诉，某市中级法院经过审理认为案件事实不清、证据不足，裁定发回重审。某县法院经过审理，对甲以诈骗罪判处有期徒刑6年，对盗窃罪未予认定。某县检察院认为判决确有错误，提起抗诉，某市中级法院开庭进行审理，下列说法正确的是？

A. 某市中级法院可以改判甲犯盗窃罪和诈骗罪，但决定合并执行的刑罚不能超过8年有期徒刑

B. 某市中级法院可以改判甲犯盗窃罪和诈骗罪，但决定合并执行的刑罚不能超过6年有期徒刑

C. 某县检察院抗诉，某市中级法院经过审理，若改判甲犯盗窃罪，对该罪的量刑不能超过5年

D. 某县检察院抗诉，某市中级法院经过审理，若改判甲犯诈骗罪，对该罪的量刑不能超过6年

50. 孙某与唐某因故意杀害他人被法院判处死刑立即执行，最高人民法院进行死刑复核时，唐某提出法律援助请求，法律援助机构指派王律师为其提供法律援助。孙某未提出法律援助请求。之后唐某又委托律师华某担任自己的辩护人。最高人民法院核准死刑后，执行死刑前，法院发现孙某还涉嫌其他犯罪，于是裁定停止死刑执行。下列表述正确的是？

A. 最高人民法院核准唐某死刑后，华某不能再为唐某进行辩护

B. 唐某自行委托律师后，应停止对其提供法律援助

C. 确认孙某实施了其他犯罪，最高人民法院应裁定继续执行死刑

D. 最高人民法院核准孙某死刑案件，孙某申请法律援助的，最高人民法院应当在核准死刑并签发死刑执行命令后，通知原审法院为孙某指派法律援助律师

51. 小王和小李均系未成年人，涉嫌共同抢劫犯罪。小李在审查起诉阶段被酌定不起诉，小王被提起公诉后，法院决定对其变更强制措施为取保候审。法院随后由两名审判员和一名人民陪审员组成合议庭审理。关于本案审判程序，下列哪一选项是正确的？

A. 小王的辩护人向法庭提交的有关小王从小父母离异，缺失家庭教育的材料，可以作为本案定案根据

B. 小王若无法提供保证人，法院应当指定合适成年人作为小王的保证人，必要时可以安排小王接受社会观护

C. 本案人民陪审员可从熟悉未成年人身心特点、关心未成年人保护工作的陪审员中直接指定

D. 小李可以证人身份出庭作证

52. 叶某持刀当街砍人，群众报警，某县公安机关将叶某抓获，经过鉴定发现叶某系依法不负刑事责任的精神病人，可以强制医疗。某县公安机关将叶某移交某县检察院，某县检察院经审查认为叶某符合强制医疗条件，遂向某县法院提出强制医疗申请。下列表述正确的是？

A. 某县法院应当通知法律援助机构为叶某指派辩护人

B. 某县公安机关应当对叶某撤销案件

C. 某县检察院应当将案件移送某市检察院，由某市检察院向某市中级法院提出强制医疗申请

D. 某县检察院可以对叶某采取临时保护性约束措施

53. 家住A市的黄某在B市出差，后乘坐由B市始发开往D市的高铁。黄某在车开出后盗窃其他旅客的财物，得手后在下一站C市高铁站下车，后乘坐长途大巴回到A市。侦查人员最终在A市黄某家中将其抓获。请问对本案拥有管辖权的法院是？

A. 负责该高铁乘务的铁路公安机关对应的审判铁路运输刑事案件的人民法院

B. C市高铁站所在地负责审判铁路运输刑事案件的人民法院

C. A市的人民法院

D. B市的人民法院

54. 王某担任某刑事案件一审法院合

议庭中的审判员，小林是书记员。一审作出判决后，被告人上诉，二审法院经过审理认为一审法院存在严重的程序违法，将案件撤销原判，发回重审。此时，王某已成为一审法院的审判委员会委员。下列表述正确的有？

A. 一审法院重新审理的，小林不能再担任本案书记员

B. 一审法院重新审理后，若案件上审判委员会讨论，王某可以参与该案的讨论

C. 一审法院重新审理后，若案件上审判委员会讨论，王某可以参与该案的讨论，但不能参加表决

D. 一审法院重新审理的，应当开庭审理

【多项选择题】

55. 根据《中华人民共和国监察法》，下列选项中列举的人员属于监察范围的是？

A. 某省委办公厅机关的公务员

B. 某市监察委员会机关的公务员

C. 国有企业财务人员

D. 公办的教育、科研、文化、医疗卫生、体育等单位的人员

56. 甲涉嫌集资诈骗罪，其认罪认罚，检察院对甲提出从宽的量刑建议。下列关于该案的说法，正确的是：

A. 甲不同意适用速裁程序，不影响对其认罚的认定

B. 甲认罪认罚，但隐匿、转移财产，则不能适用认罪认罚从宽制度

C. 检察院需经法院同意后，才可调整量刑建议

D. 检察院在庭审后调整量刑建议，法院认为调整后的量刑建议适当的，应当予以采纳

57. 某检察院认为某法院审理案件违反法定程序，在庭审后提出书面纠正意见。关于这一做法的表述，正确的是：

A. 体现了检察监督原则

B. 体现了程序的独立价值

C. 体现了分工负责，互相配合，互相制约原则

D. 有助于实现严格遵守法律程序原则

58. 居住于我国A省的甲在我国海域内乘坐从B省大江市到大河市的轮船，在途经大海市时，在轮船卫生间内拍摄淫秽视频，到达大河市后，乘坐交通工具到达大山市，在大山市的酒店内把淫秽视频上传到网络。甲因涉嫌传播淫秽物品罪被立案侦查。下列哪些法院对该案享有管辖权？

A. 大江市人民法院

B. 大河市人民法院

C. 大海市人民法院

D. 大山市人民法院

59. 甲和乙涉嫌共同诈骗丙，甲委托张律师担任其辩护人，乙委托其在检察院担任检察官的儿子小乙担任辩护人。下列表述正确的是：

A. 张律师和小乙都可以向丙核实案情

B. 小乙在审判阶段会见乙，需经法院同意

C. 张律师和小乙都可以申请取保候审

D. 小乙在侦查阶段可以会见乙

60. 甲盗窃乙收藏的一批限量版黑胶唱片，侦查机关从甲的住处缴获被盗的黑胶唱片。下列说法正确的是：

A. 乙家防盗门上的划痕是原始证据

B. 丢失的黑胶唱片清单是实物证据

C. 丢失的黑胶唱片是间接证据

D. 侦查阶段询问证人的录音录像是传闻证据

61. 顾某涉嫌诈骗罪被立案侦查，在第一次讯问时拒不认罪，侦查人员第二次

讯问顾某时，采用殴打、威胁等方式获得顾某的有罪供述。此后的两次讯问中顾某均作出了与第二次相同的有罪供述。下列关于顾某供述的说法正确的是：

A. 检察人员在审查起诉阶段讯问顾某时，告知顾某诉讼权利及认罪的法律后果，由此获得的与侦查阶段相同的有罪供述可作为定案根据

B. 庭前会议中，检察院可主动撤回侦查人员第二次讯问顾某所得的有罪供述

C. 庭前会议中，法院可排除第三、四次讯问所得供述

D. 法院在审判阶段排除侦查阶段的重复性有罪供述，应在判决书中写明理由

62. 李某和张某抢劫，下列关于该案证据种类的说法，正确的是：

A. 张某说，李某之前还实施过盗窃，张某的陈述是供述

B. 李某说，抢劫是张某策划的，李某的陈述是辩解

C. 李某说，我与张某一起去抢劫，李某的陈述是供述

D. 李某说，在抢劫中张某拿走了一半的钱，该陈述是证人证言

63. 涉嫌盗窃，甲将盗窃的犯罪事实告诉其妻子。法院依职权通知甲的妻子出庭作证，甲的妻子在法庭上讲述了甲盗窃的过程。下列关于该案的表述，正确的是：

A. 甲的妻子没有作证的义务

B. 甲的妻子在法庭上的证言是直接证据和传闻证据

C. 甲的妻子若不出庭作证，其庭前的证言也可能作为定案根据

D. 在法庭上，应由公诉人先对甲的妻子发问，接着由被害人对甲的妻子发问

64. 下列哪些情形，属于法院应当立即释放但也可以依法变更强制措施的情形？

A. 甲涉嫌绑架被逮捕，案件起诉至法院时发现其怀有身孕

B. 乙涉嫌非法拘禁被逮捕，被法院判处有期徒刑 2 年，缓期 2 年执行，判决尚未发生法律效力

C. 涉嫌妨害公务被逮捕，在审理过程中突发严重疾病

D. 丁涉嫌故意伤害被逮捕，因对被害人伤情有异议而多次进行鉴定，致使该案无法在法律规定的一审期限内审结

65. 关于可以变更为取保候审、监视居住或解除强制措施，下列哪些选项是正确的？

A. 甲被逮捕后发现患有严重疾病

B. 乙被逮捕后经检查正在怀孕

C. 被逮捕后侦查羁押期限届满仍须继续查证

D. 丁被逮捕后一审法院判处有期徒刑 1 年缓刑 2 年，判决尚未发生效力

66. 市和谐家园小区发生多起入室盗窃，被害人向甲市公安局报案，下列哪些情形下，符合立案条件？

A. 几家住户的门锁有被撬痕迹

B. 从某住户门口提取到陌生人指纹

C. 某住户被盗 100 元老年券

D. 某被盗单元的监控录像显示形迹可疑的陌生人进入该单元，但看不清该人的面部特征

67. 涉嫌组织领导黑社会性质组织罪，公安机关对吴某和于某的电话进行监听。关于该案的说法，正确的是？

A. 监听获得的个人隐私不得用于该案的审判

B. 监听获得的个人隐私与案件无关的必须及时销毁

C. 在对吴某和于某适用监听后，需要对与犯罪关联的周某适用监听，应重新报

批准

D. 监听从立案时起3个月内有效

68. 某地影响较大的一起涉嫌危害公共安全犯罪案件被公安机关移送审查起诉，办案检察官经全面审查移送材料，听取辩护律师的意见，收集相关证据，提出该案犯罪事实不清、证据不足的意见，最终被公安机关接受。对检察官的以上办案行为，下列哪些说法正确？

A. 听取辩护律师意见，有助于保障犯罪嫌疑人的辩护权及律师诉讼权利

B. 检察官坚持正确意见，体现了“坚持担当精神，强化法律监督”的职业道德准则

C. 依据事实和证据查明罪与非罪，收集证据，体现检察官以法律为准绳，秉持客观公正的办案立场

D. 检察官审查认罪认罚情况，有助于了解犯罪嫌疑人真实意愿，确保认罪认罚制度正确实施

69. 人民审员闵某是某故意杀人案的七人合议庭成员之一，关于闵某的权利，下列说法正确的是：

A. 经审判长许可，闵某对证人发问

B. 在评议时，闵某可对法律适用发表意见

C. 在开庭前，闵某可以阅卷

D. 案件审结后，法院应将裁判文书副本及时送交闵某

70. 盗窃罪被K市F区法院一审判处有期徒刑5年，甲提出上诉，K市中级法院二审裁定维持原判，驳回上诉。甲向K市中级法院提出申诉。下列关于申诉的说法，正确的是：

A. 可以由甲的妻子申诉

B. K市中级法院可以指定F区法院对申诉进行审查

C. 法院对申诉立案后，对侦查人员提出的意见可召开听证会进行审查

D. 法院审查申诉时，可以听取甲及其辩护人的意见

71. 李某因涉嫌抢夺罪被立案侦查，后被移送审查起诉，下列关于认罪认罚的说法正确的有？

A. 李某在审查起诉阶段拒绝签署认罪认罚具结书，不影响其在审判阶段认罪认罚

B. 李某在侦查阶段被逮捕后，若其认罪认罚，检察院应当开展羁押必要性审查

C. 若检察院在审查起诉阶段发现李某在侦查阶段认罪认罚不是真实意愿，可以重新对李某开展认罪认罚工作

D. 在侦查阶段，李某认罪认罚，但没有委托辩护人，也拒绝值班律师提供法律帮助，侦查机关应当通知法律援助机构为其提供法律援助辩护

72. 孕妇张某家住A市，因涉嫌组织卖淫被立案侦查，经公安机关批准被监视居住，张某委托律师李某作为辩护人。下列表述正确的有？

A. 李某可不经公安机关批准即可会见张某

B. 公安机关可不定期检查张某在监视居住期间遵守相关规定的情况

C. 公安机关可以暂扣张某的护照

D. 张某即使有固定住所，仍可对其指定居所监视居住

73. 陈某利用职务便利收受贿赂50万元，监察机关依法将其留置，调查终结后移送检察机关审查起诉。下列说法正确的有？

A. 经过检察机关决定，陈某被先行拘留时，检察机关应告知其有权委托辩护人

B. 检察机关认为本案事实不清，将案

件退回监察机关补充调查，检察机关可商请监察机关重新留置陈某

C. 因怀疑口供真实性，检察机关商请监察机关调取陈某留置时的讯问录像

D. 监察机关可商请检察机关派员在调查阶段介入本案

74. 董某涉嫌受贿罪被A市监察委员会采取留置措施，调查期间董某始终认罪认罚并积极退赃，调查终结后，本案移送A市检察院审查起诉，关于本案处理，下列哪些选项是正确的？

A. 检察院认为该案需要指定审判管辖，在审查起诉期间协商同级法院办理指定管辖事宜

B. 检察院在受理审查起诉后，对董某先行拘留，则留置措施自动解除

C. 董某未委托辩护人，检察院应当通知值班律师为其提供法律帮助

D. 经上一级监察委员会批准，A市监察委员会在移送检察院时对董某提出从宽处罚的建议

75. 刘某酒后驾车驶入非机动车道后，造成行人于某轻微擦伤。刘某因涉嫌危险驾驶罪被立案侦查并移送审查起诉。对于该案，以下说法不正确的有？

A. 如刘某认罪认罚，而检察院认为其可能被免除刑罚，可作不起诉决定

B. 如检察院发现缺少案发时刘某血液酒精检测报告，经一次退回补充侦查后，即可作不起诉决定

C. 如于某拒绝谅解刘某，不能对刘某作酌定不起诉决定

D. 如刘某如实供述并具有重大立功表现，经上一级检察院批准，可作不起诉决定

76. 赵某系A市某生物公司实际控制人，明知本公司生产的胶囊有违禁成分仍大量销售，A市检察院以赵某生产、销售有毒有害食品罪提起公诉，关于本案的处理，下列说法正确的是？

A. 法院在审理时认为应追加起诉该生物公司，可直接指定赵某为诉讼代表人

B. 赵某可申请法院通知专业医师出庭说明该违禁成分对人体的益处

C. 法院经过审理若认为检察院指控的事实清楚，只是认定罪名不当，在判决时可直接自行将罪名更改为生产、销售不符合安全标准的食品罪

D. 由于受害者大多在B市，A市检察院可将案件移送给B市检察院公诉

77. 关于刑事诉讼中的证人出庭作证，下列哪些选项是正确的？

A. 被害人的配偶于某经法院通知无正当理由拒不出庭作证，法院强制其到庭作证

B. 法院认为证人刘某有篡改证言的可能性，将强制出庭令交由公安机关执行

C. 丁某对法院因其拒不出庭作证的拘留处罚决定提出复议，拘留处罚暂缓执行

D. 江某因身处国外短期无法回国而通过视频方式作证

78. 刑事庭审结束后、评议前，部分合议庭成员不能继续履行审判职责的，人民法院应当依法更换合议庭组成人员，重新开庭审理。下列说法正确的是？

A. 体现了集中审理原则

B. 更换合议庭成员需要全部更换

C. 体现审判的亲历性特征

D. 更换合议庭组成人员之前的审理程序归于无效

79. 陈某和张某在社交媒体上发布侮辱洪某的言论，损害洪某名誉权，洪某向法院提起自诉，并将陈某列为被告，关于自诉，下列哪些说法正确？

A. 洪某没有能力提供证据，法院可要求公安机关提供协助

B. 洪某经法院2次传唤无正当理由拒不到庭，法院裁定按撤诉处理

C. 法院在审理过程中，发现陈某曾实施诈骗，遂将诈骗案与侮辱案一并审理

D. 洪某告知法院放弃对张某提起自诉，法院责令张某作为第三人参与诉讼

80. 刘某因挪用资金罪被大江市龙平区法院判处有期徒刑2年，同级检察院以量刑畸轻为由抗诉，大江市中级法院以事实不清，证据不足为由将本案发回重审，龙平区法院改判挪用公款罪但刑期不变。刘某不服提起上诉，下列表述正确的有？

A. 如大江市检察院认为龙平区检察院抗诉不当，应要求龙平区检察院撤回抗诉

B. 刘某上诉，如大江市中级法院重审后发现龙平区法院一审时合议庭成员违反回避规定，应再次将本案发回重审

C. 刘某上诉，大江市中级法院不得改判刘某重于2年有期徒刑的刑罚

D. 刘某上诉，大江市中级法院曾参与本案审判的合议庭人员应当回避

81. 为勒索钱财，左某绑架王某之女并将其杀害，一审法院判处左某死缓，并赔偿附带民事诉讼原告人王某人民币35万元。检察院未提起抗诉，左某和王某均对附带民事部分提起上诉。关于本案的审理，下列说法正确的有？

A. 二审法院应将刑事部分和附带民事部分一并审理

B. 二审审结前可暂缓将左某送监执行

C. 二审期间王某增加独立诉讼请求，法院可以调解

D. 二审法院不得增加左某的赔偿数额

82. 阮某因抢劫罪被金兰市西风区法院判处有期徒刑11年，该判决经金兰市中级法院二审维持原判而生效，阮某不服并坚持申诉。关于对本案的处理，下列选项正确的是？

A. 阮某可委托妻子宋某代为提起申诉

B. 金兰市中级法院可指定西风区法院以外的基层法院审查阮某的申诉

C. 立案审查后，法院可组织听证，听取各方意见，并核定相关证据

D. 阮某以原二审承办法官已因醉驾被开除作为申诉理由，法院应启动再审

83. 关于未成年刑事案件的审判程序，下列哪些选项是正确的？

A. 曹某（14周岁）强奸杀人案，法院决定逮捕曹某，但应保证其继续接受义务教育

B. 在校大学生张某盗窃案，法院受理本案时张某刚满20周岁，不能由未成年人案件审判组织审理

C. 于某猥亵儿童案，法官询问被害人时应同步录音录像并尽量一次完成

D. 邓某利用孙某（13周岁）运输毒品案，孙某可在不暴露外貌声音的条件下出庭作证

84. 15周岁的男孩小马强行与13周岁的女孩小刘发生了性关系，公安机关对小马进行立案侦查。关于本案的处理，下列哪些选项是正确的？

A. 由于小马涉嫌的罪名较重，不适用附条件不起诉

B. 审查起诉期间，小马父亲对小马认罪认罚有异议，可将异议内容在认罪认罚具结书中注明，但不影响对小马从宽处罚

C. 在对小刘进行询问时，如果其法定代理人或者合适成年人不在场，其被害人陈述不得作为定案根据

D. 法庭审理中，法庭可以通知对小马在侦查阶段进行社会调查的社会工作者出

庭说明情况

85. 流浪人员苟某身份不明，无法联系到其亲属，经A县民政部门救助后，入住救助站，在救助站内将另一身份不明的流浪人员杀害，经鉴定，苟某因精神障碍无刑事责任能力，关于苟某的强制医疗程序，正确的是？

A. 法院可在决定强制医疗前对苟某采取临时性保护约束措施

B. A县民政部门可担任苟某的法定代理人并在审理时到场

C. 可邀请精神医学专家担任本案人民陪审员

D. 法院对苟某作出强制医疗决定时应一并确定强制医疗期限

86. 刘某持刀砍杀无辜路人，致多人伤亡。某市中级法院一审判决刘某犯故意杀人罪，刘某不服上诉后，某省高级法院在审理中经鉴定认为刘某符合强制医疗条件，某省高级法院应如何处理？

A. 直接作出强制医疗决定

B. 撤销一审判决，发回重审

C. 先改判其不负刑事责任，再启动强制医疗程序

D. 先裁定终止审理，再启动强制医疗程序

87. 关于认罪认罚从宽原则的表述，下面哪些选项是正确的？

A. 体现了无罪推定

B. 体现了刑事诉讼程序的独立价值

C. 体现了职权主义诉讼构造

D. 提高了犯罪嫌疑人、被告人刑事诉讼地位

88. 某区检察院审查起诉甲乙故意伤害丙一案，认定甲为防卫过当，乙为正当防卫，分别对甲乙作出不起诉决定。被害人丙在收到不起诉决定书7日内，向检察院提起申诉，同时向法院提起自诉，下列表述正确的有？

A. 丙向检察院申诉，应由某市检察院复查

B. 检察院在收到法院已经受理丙自诉的通知后，应当终止复查

C. 某区检察院作出不起诉决定后发现新的证据，证明乙不是正当防卫，需要追究刑事责任，应当重新侦查

D. 甲可以对不起诉决定提出申诉

89. 张某因涉嫌故意杀人在某市中级法院一审，法院由三名法官、四名人民陪审员组成七人合议庭审理，庭审结束后，合议庭提请院长决定提交审判委员会讨论。下列表述不正确的有？

A. 人民陪审员不能对案件的事实认定发表意见

B. 人民陪审员不能对案件的法律适用发表意见

C. 审判委员会讨论决定案件和事项时，审判长最后发表意见

D. 审判委员会讨论决定案件和事项时，审判委员会全体成员均应出席

90. 常某和郑某交往期间，骗取郑某8万元，公安机关对常某以涉嫌诈骗立案侦查。审查起诉阶段，常某认罪认罚，积极退还部分款项并取得郑某谅解。法院决定适用速裁程序审理，在审理过程中，常某辩称欺骗郑某感情为真，但8万元款项属于民间借贷并在积极退赔中，自己没有非法占有的意图。下列表述不正确的有？

A. 法院当庭对常某在量刑方面从重处罚

B. 常某的表态仅影响“认罚”，不影响“认罪”

C. 法院可以将速裁程序转为简易程序继续审理

D. 法院可以将速裁程序转为普通程序继续审理

91. 郭某和刘某因共同贩卖毒品被法院一审分别判处有期徒刑7年和6年，郭某不服上诉，刘某未上诉，二审法院经过审理认为，本案事实清楚，证据充分且原审量刑适当，但发现郭某还涉嫌容留他人吸毒，刘某没有参与。下列表述正确的有？

A. 二审法院审理过程中，刘某要求出庭的，二审法院应当准许

B. 刘某出庭参加二审的，可以参加质证

C. 二审法院可以对郭某案延期审理，对刘某案维持原判

D. 二审法院可以对郭某分案处理，对郭某案发回重审，对刘某案维持原判

92. 在监狱服刑的罪犯在被暂予监外执行期间，出现下列哪些情况，在监狱之外的时间不能折抵刑期？

A. 通过贿赂手段违法适用暂予监外执行的

B. 因怀孕被暂予监外执行的

C. 在暂予监外执行期间逃跑的

D. 因重病保外就医的

93. 郭某和王某（17岁），将未成年少女小孙和小赵送至KTV，二人被强迫卖淫，郭某和王某因涉嫌协助组织卖淫罪被检察院提起公诉，下列说法正确的有？

A. 在审查起诉阶段，若认为王某是从犯，有悔罪表现，可能判处一年有期徒刑，检察院可对其酌定不起诉

B. 在审判阶段，法院可以组织相关机构对小孙、小赵进行心理疏导

C. 在审判阶段，对小赵的询问应由女性工作人员进行

D. 在审判阶段，询问小孙时，应当通知其父母到场

行政法

【单项选择题】

1. 下列有关公证机构和公证的说法中，正确的是？

A. 公证机构设立需要有3名以上公证员，由所在地的司法行政部门批准

B. 公证机构的负责人应有3年以上执业经历，由所在地的司法行政部门核准，报省级司法行政部门任命

C. 公证机构可以按照法律规定，办理提存，与公证事项相关的保管、代写、咨询等

D. 因当事人的原因致使该公证事项在3个月内不能办结的，应当终止公证

2. 下列哪一类人员可以被录用为公务员？

A. 因犯罪受过刑事处罚的

B. 被开除公职的

C. 一年内受过两次行政处罚的

D. 被依法列为失信联合惩戒对象的

3. 下列哪一协议类型不属于行政协议之诉的受案范围？

A. 政府特许经营协议

B. 土地、房屋等征收征用补偿协议

C. 矿业权等国有自然资源使用权出让协议

D. 行政机关之间因公务协助等事由而订立的协议

4. 市规划局向某房地产开发公司发放建设工程规划许可证。后接到群众举报，该公司许可证系提供虚假材料欺骗所得，经查证属实。关于对许可证的处理，该局下列做法正确的是？

A. 撤回

B. 撤销

C. 吊销

D. 待有效期限届满后注销

5. 根据《行政处罚法》的规定，对于行政处罚的罚款、没收违法所得或没收非法财物拍卖所得的款项，下列选项正确的是?

A. 对于错误的罚款，财政部门可以返还给作出处罚决定的行政机关，由其返还给当事人

B. 部分上缴

C. 由收缴罚款的银行上缴作出处罚决定的机关

D. 任何机关或个人不得以任何形式截留、私分或者变相私分

6. 关于公务员的交流制度，下列说法错误的是?

A. 国有企业、高等院校和科研院所以及其他不参照本法管理的事业单位中从事公务的人员，可以调入机关担任领导职务或者四级调研员以上及其他相当层次的职级

B. 国家实行公务员交流制度，交流的方式包括调任、转任

C. 公务员应当服从机关的交流决定

D. 对省部级正职以下的领导成员可以有计划、有重点地实行跨地区、跨部门转任

7. 赵某向自然资源部申请公开M公司的XX号采矿许可证的申请材料，自然资源部向M公司口头询问是否公开相关申请资料的意见，M公司回复不同意公开。自然资源部作出公开申请资料的决定，M公司不服提起行政诉讼。下列说法错误的是?

A. 自然资源部向M公司征询意见的时间不计入答复期限

B. 赵某的申请应当写明申请政府公开信息的名称、用途

C. 自然资源部不应采用口头方式询问M公司是否同意公开资料

D. 如法院经审理认为自然资源部决定合法，应依法作出驳回原告诉讼请求的判决

8. 国家医疗保障局为国务院直属机构，下列说法错误的是?

A. 主管某项专门业务，具有独立的行政管理职能

B. 有权制定规章

C. 在业务上接受国家卫生健康委员会的管理

D. 要成立法规司，由国务院批准

9. 农业农村部准备制定一部调整农业政策的重要规章，下列选项错误的是?

A. 应当按照规定及时报告同级党委(党组)

B. 可以委托中国农业大学起草

C. 法制机构可以将未附调研报告的规章送审稿退回起草单位

D. 公布后30日内，由农业农村部办公厅向有关机关备案

10. 甲在没有取得规划许可证的情况下，在合法经营的商铺外擅自搭建地面工棚，区规划和自然资源局查封了施工现场和正常经营的商铺，该行为违反了哪个行政法基本原则?

A. 合理行政原则

B. 高效便民原则

C. 诚实守信原则

D. 权责统一原则

11. 2021年2月，国务院议事协调机构国务院扶贫开发领导小组改组为国务院直属机构国家乡村振兴局，下列哪个选项是正确的?

A. 国家乡村振兴局的设立由国务院决定

B. 国家乡村振兴局无权设立规章

C. 国务院扶贫开发领导小组有独立的人员编制

D. 国务院扶贫开发领导小组主管特定业务，行使行政管理职能

12. 区林业局非领导成员王某在年度考核中被评定为考核不称职，下列说法，哪个选项是错误的？

A. 林业局可以此为由辞退王某

B. 定期考核应以一年为期

C. 定期考核的结果应当以书面形式通知王某

D. 王某可以此为由向区林业局申请复核

13. 市监察委以市卫健委副主任刘某在抗疫期间玩忽职守记政务大过处分，下列哪个说法是正确的？

A. 在处分期间可以晋升工资档次

B. 应按照规定降级

C. 如果刘某不服，可依《公务员法》向公务员主管部门申诉

D. 刘某所在机关不得再以同一行为进行行政处分

14. 为了促进中国（上海）自由贸易试验区改革开放的顺利发展，有关部门决定在上海暂停实施行政法规《国际海运运输条例》部分规定，应由下列哪个主体作出决定？

A. 上海市政府

B. 上海市人大

C. 全国人大常委会

D. 国务院

15. 2021 年 3 月 20 日公布了由国家市场监督管理总局局长和生态环境部部长共同签署的《机动车排放召回管理规定》，该规定自 2021 年 7 月 1 日起施行，该规定为国家市场监督管理总局、生态环境部第 40 号令。关于该规定，下列哪一选项是正确的？

A. 该规定的解释主体为国家市场监督管理总局

B. 该规定仅须在国务院公报上刊载

C. 公民若认为该规章违反法律规定，可以向国务院书面提出审查的建议

D. 审议该规定草案时，须由起草单位作说明

16. 某船舶公司向区政府申请筹建和经营渡口，区政府向当地海事管理机构征求意见，海事管理机构复函认定船舶公司目前不具备筹建和经营渡口的条件，区政府经过勘验、调查、取证后作出了不予许可的决定，船舶公司对不予许可不服，申请复议，下列哪一选项是正确的？

A. 专家评审时间不计入行政许可期限

B. 复议决定一经作出即发生效力

C. 船舶公司可以对复函提起诉讼

D. 复议机关应通知海事管理机构作为第三人参加复议

17. 县生态环境局经现场检查认定某公司养殖场存在影响空气环境问题，作出《责令停产整治决定书》，责令其停止经营性养殖活动 3 个月。该公司不服，提起行政诉讼。关于本案，下列哪一选项说法正确？

A. 责令停产整治是责令相对人对违法活动进行改正

B. 《责令停产整治决定书》不属于行政处罚

C. 若责令某公司关闭，县生态环境局应报经有批准权的政府批准

D. 起诉期限为 15 日

18. 甲（20 周岁）因口角将乙打伤，

公安机关决定对甲处以行政拘留7日，甲乙均不服提起行政诉讼，以下哪个选项是正确的？

A. 甲乙均提起行政诉讼，法院必须合并审理

B. 可以对甲不执行行政拘留

C. 若甲被公安机关询问，询问查证时间不得超过48小时

D. 甲的行为属于妨碍社会管理的行为

19. 县公安局认定王某殴打了李某，经过听证后对王某作出拘留7日、罚款300元的处罚决定，王某向法院起诉，请求撤销处罚决定，同时，李某认为处罚过轻，也向法院起诉，法院经过审理认为县公安局处罚决定过轻，于是判决对王某拘留10日、罚款300元，对此，下列哪一选项是正确的？

A. 因法院加重了对王某的处罚，所以法院判决是违法的

B. 县公安局组织听证属于程序违法情形

C. 县公安局可以传唤李某提供证言

D. 一审期间县公安局可以改变行政处罚决定

20. 河务局认定某公司在河滩区违法存放工程弃土，决定对其处罚10万元。该公司既未申请行政复议，也未提起行政诉讼，也未在指定期限内缴纳罚款。河务局向法院申请强制执行。下列哪个说法是正确的？

A. 河务局应向该公司所在地基层法院申请强制执行

B. 应当由法院执行庭对被执行行为的合法性进行审查

C. 申请法院强制执行前，河务局应履行催告义务

D. 法院审查符合执行条件，应当判决准予执行

21. 市政府成立事故调查组作出调查报告，认为某企业未认真履行工程监管职责，导致某工程发生了坍塌事故，市应急管理局对该企业作出罚款20万元的处罚决定，该企业对处罚决定不服，提起诉讼。以下哪个说法是正确的？

A. 被告为市应急管理局

B. 被告为市政府和市应急管理局

C. 被告为市政府，市应急管理局为第三人

D. 被告为市政府

22. 区市场监管局认定甲公司侵害乙公司享有的作品信息网络传播权，经听证后作出责令甲公司立即停止侵权行为、处以非法经营额5倍罚款的决定，甲公司申请行政复议，区政府变更为处以非法经营额2倍罚款的复议决定，乙公司对复议决定不服，提出行政诉讼，关于本案，下列哪一选项是正确的？

A. 区市场监管局应根据听证笔录作出决定

B. 被告为区市场监管局和区政府

C. 法官对本案不能适用变更判决

D. 法官对本案不能适用简易程序

23. 市政府与房屋所有人王某签订棚户区改造《征收补偿协议书》，约定双方发生争议，依据《仲裁法》申请仲裁委员会进行仲裁，后王某以受胁迫签订协议为由，诉请法院解除协议，关于本案，下列哪一选项是正确的？

A. 本案不适用调解

B. 法院可以存在仲裁约定为由确认《征收补偿协议书》无效

C. 因《征收补偿协议书》约定仲裁条款，法院应裁定不予受理

D. 王某应对解除协议的主张承担举证

责任

24. 在不使用行政强制措施也能实现行政管理目的的情况下，应当放弃实施行政强制措施。以下哪个原则体现了此种说法？

A. 比例原则

B. 公平公正原则

C. 考虑相关因素原则

D. 行政效率原则

25. 李某是某区政府公务员，因工作疏忽造成损失，机关对其进行了诫勉。关于公务员的诫勉，下列哪一说法是正确的？

A. 诫勉的性质是公务员行政处分

B. 诫勉是机关对公务员的监督措施

C. 被诫勉的公务员十二个月内不得涨工资

D. 公务员可以对诫勉行为提出申诉

26. 老孙和小孙是父子关系，老孙是户主。小孙以老孙的名义与区政府签订了房屋征收补偿协议。后老孙以不知情为由向法院提起诉讼，请求确认该协议无效。对此，下列哪一说法是错误的？

A. 法院不能以民事诉讼确认行政协议

B. 若协议约定案件由区法院管辖，则该约定内容无效

C. 若无效的事由在一审法庭辩论终结前消除，法院可驳回原告起诉

D. 法院应当审查区政府签订协议行为的合法性

27. 某市生态环境局以超标排污为由，以邮政快递方式向某化工厂送达行政处罚决定。后化工厂向区政府提出行政复议申请。关于行政复议申请期限的计算，下列哪一说法是正确的？

A. 从具体行政行为作出之日起计算

B. 从受送达人签收之日起计算

C. 从受送达人在邮件签收单或送达回执上签名之日起计算

D. 从受送达人实际知道具体行政行为内容之日起计算

28. 区文化和旅游局招录 1 名一级主任科员，对此，下列哪个选项是正确的？

A. 招录机关根据报考资格条件对报考申请进行审查，并对报考者申请材料的真实性负责

B. 公务员试用期考核不合格被取消录用，可以提起诉讼

C. 招录的公务员要具有正常履行职责的身体条件和心理素质

D. 由区人力资源和社会保障局负责组织招录工作

29. 区财政局二级主任科员王某工作年限满 30 年，针对王某提前退休的申请，下列哪个选项是正确的？

A. 王某的提前退休申请要经过任免机关批准

B. 王某不能按照公务员退休待遇领取退休金

C. 王某提前退休的申请应当不能通过

D. 王某退休后 3 年内不得到与原工作业务直接相关的企业任职

30. 生态环境局局长王某因截留征收的排污费被给予记大过的处分，下列哪个选项是正确的？

A. 不再享有参加培训的权利

B. 处分自作出之日生效

C. 18 个月后王某处分自动解除

D. 应当按照规定降低王某级别

31. 关于中国人民银行和中国银保监会联合制定的规章《银行卡清算机构管理办法》，下列哪个选项是正确的？

A. 应当列入国务院年度立法计划

B. 该规章不得设定减损公民、法人和其他组织权利的规范

C. 应当由中国人民银行和银保监会的部门首长共同署名公布

D. 应当由国务院法制机构负责备案

32. 2021 年 4 月 21 日，国务院第 132 次常务会议通过修订后的《中华人民共和国土地管理法实施条例》，关于该条例，下列哪个选项是正确的？

A. 为授权立法

B. 该条例实施后需要作出补充规定，国务院各部门可以向国务院提出条例解释要求

C. 该条例应当签署总理令公布

D. 因该条例属于修订，不适用《行政法规制定程序条例》

33. 甲公司获得《建工规划许可证》后，小区业主因采光问题向市规划与自然资源局投诉，该局调查后发现甲公司在获得许可时存在欺骗行为，遂撤销许可。甲公司起诉，法院依职权勘验现场形成勘验笔录，下列哪个选项是正确的？

A. 甲公司应就不存在欺骗行为承担举证责任

B. 撤销后 1 年内甲公司不得再申请许可

C. 法庭应当出示勘验笔录，可说明情况并听取当事人意见

D. 只有作出许可决定的行政机关有权撤销

34. 关于行政许可的撤销与注销，下列哪个说法是正确的？

A. 二者均为裁量行政行为

B. 二者均属于可诉性行政行为

C. 二者均为依申请行政行为

D. 二者均属于行政处罚

35. 澳大利亚人汤姆在中国殴打他人，区公安局对其作出罚款 200 元、行政拘留 7 日的处罚决定，汤姆不服，提起行政诉讼，对此，哪个选项是正确的？

A. 本案应当由基层法院管辖

B. 区公安局可以附加限期出境的处罚

C. 汤姆可以委托外籍律师为其诉讼代理人

D.《治安管理处罚法》没有对外国人作出特殊规定

36. 县公安局以张某殴打他人并致轻伤为由，决定对张某行政拘留 5 日并处罚款 200 元，张某不服向县政府申请行政复议，县政府维持处罚决定。张某向法院起诉。关于本案，下列哪一选项是正确的？

A. 张某申请行政复议期限为 90 日

B. 县公安局对张某作出治安处罚期限为 90 日

C. 本案被告为县政府

D. 张某申请行政复议时可向县公安局提出暂缓执行行政拘留的申请

37. 廖某因房屋在城区规划范围内被征收，廖某以邮寄平信的方式向市自然资源与规划局申请公开涉及项目地块的控制性规划，该局以廖某所申请信息不存在为由拒绝，廖某不服提起诉讼，法院受理了本案，下列哪个选项是正确的？

A. 市自然资源与规划局收到申请的日期为该局信件签收日

B. 廖某需对申请信息的存在承担证明责任

C. 市自然资源与规划局有权要求廖某对申请的信息与自身特殊需要作出说明

D. 如果廖某对市自然资源与规划局的答复不服，可以向市政府申请复议

38. 潘某向县财政局就 2021 年县退耕还林补贴信息申请公开，经县政府批准后，县财政局以自己的名义作出了不予公开的决定，潘某不服提起行政诉讼，下列哪个说法是正确的？

A. 本案管辖法院为县人民法院

B. 法院应当通知县政府参加诉讼

C. 潘某应当就其与申请信息具有利害关系举证

D. 潘某不能口头申请信息公开

39. 马某不服大学对其职称处理决定向市教育局投诉，市教育局提出初步意见后报请市政府审阅。马某了解该初步意见内容后，对初步意见不服向法院起诉。对此，下列哪一种说法是正确的？

A. 因初步意见为过程性行为，不属于行政诉讼受案范围

B. 因初步意见涉及大学内部事务，不属于行政诉讼受案范围

C. 因初步意见为基于层级监督关系对下级行政机关作出的行为，不属于行政诉讼受案范围

D. 因初步意见是对马某的复核意见，不属于行政诉讼受案范围

40. 某市政府发布文件，要求本市人员超过 200 人的企业每年缴纳 1 万元的环境整治费，由环境生态部门收取。甲企业对环境生态局收取的 1 万元环境整治费不服，向法院提起诉讼，下列哪一选项是正确的？

A. 该文件是具体行政行为

B. 甲企业可以直接对该文件提起行政诉讼

C. 环境整治费性质为行政处罚

D. 甲企业可以环境生态局为被告向法院起诉

41. 徐某的丈夫在私立医院花费 10 万元后去世，徐某申请甲省乙县社会医疗保险事业局给予办理新农合医疗费用报销，该局以乙县政府制定的《新农村合作医疗管理办法》（以下简称《管理办法》）规定的私立医院费用不能报销为由不予报销。由于甲省政府《甲省新型农村合作医疗定点医疗机构暂行管理规定》并未制定私立医院的报销限制，徐某对不予报销行为提起行政诉讼，并一并请求法院审查乙县政府的《管理办法》，下列哪个选项是正确的？

A. 徐某没有原告的资格

B. 应该以乙县政府为被告

C. 法院不能以《管理办法》确认不予报销是合法行为

D. 法院应确认《管理办法》违法并予以撤销

42. 甲省住建厅、省自然资源厅和省交通厅联合下发《甲省推动城市停车设施发展实施意见》(以下简称《实施意见》)，规定了以市场为导向，科学制定差异化收费标准。甲省乙市交通局对达瑞公司的停车场核定征收标准为停车后前半小时为 1.2 元，半小时至三小时为 2.4 元/小时，三小时后为 4 元/小时，达瑞公司对征收标准不服，提起诉讼，下列说法正确的是？

A. 达瑞公司可以直接就《实施意见》提起诉讼

B. 达瑞公司可以在起诉征收标准时，一并请求法院对《实施意见》进行审查

C. 法院审理本案应当依据《实施意见》

D. 法院审理本案应当参照《实施意见》

43. 李某向市国土局申请公开其房屋所在区域 1997 年进行征收的相关政府信息，但市国土局超过法定期限未予公开，李某不服提起诉讼，法院适用简易程序对本案进行了审理，下列选项正确的是？

A. 如果双方协商举证期限的，法院应当适用其协商的期限

B. 法院可以短信送达裁判文书

C. 法院可以电话传唤当事人到庭参加诉讼

D. 本案应当在立案之日起 60 日内审结

44. 李某向民政局申请抚恤金遭拒，李某不服，提起行政诉讼，在诉讼过程中，李某申请先予执行，下列哪个说法是正确的？

A. 法院可以主动作出先予执行裁定

B. 如果法院作出先予执行裁定，民政局不服可以申请复议

C. 李某申请先予执行，应提供担保

D. 李某的先予执行申请，不属于《行政诉讼法》规定的先予执行范围

45. 甲公司向省自然资源厅申请颁发城乡规划编制单位甲级资质证书，省自然资源厅受理申请后一直未作出答复。后甲公司向法院提起行政诉讼，请求判令省自然资源厅履行颁发资质证书的法定职责。案件审理期间，省自然资源厅向甲公司颁发了资质证书，甲公司坚持不撤诉。关于本案，下列说法正确的是？

A. 省自然资源厅可以依照行政法规的规定收取办理许可的费用

B. 甲公司的起诉期限是省自然资源厅受理申请之日起的 6 个月

C. 诉讼中省自然资源厅颁发资质证书需要经法院准许

D. 法院应当判决驳回原告的诉讼请求

46. 何某因盗窃罪入狱，2020 年 2 月 12 日与同监室的其他服刑人员发生肢体冲突，导致右眼受伤，2021 年 3 月 15 日出狱后，进行了右眼的伤情鉴定，2021 年 6 月 25 日，申请国家赔偿，以下哪个选项是正确的？

A. 何某申请国家赔偿超过时效

B. 如果要申请国家赔偿，应当先向监狱管理机关申请

C. 如果赔偿义务机关拒绝赔偿，可以进行行政赔偿诉讼

D. 伤情鉴定费属于国家赔偿范围

47. 甲乙两村就土地权属发生争议，请县政府解决。县政府经查后认为土地应属于甲村，乙村不服提起行政诉讼，请求撤销县政府决定并确定土地权属。下列哪个说法是正确的？

A. 乙村起诉期限为 15 日

B. 法院应当单独立案

C. 对于土地权属争议，法院应当另组合议庭予以审理

D. 本案由中级法院管辖

48. 甲公司向知识产权局递交专利侵权纠纷处理请求，称乙公司制造的产品侵犯其发明专利权，请求知识产权局责令乙公司停止侵权。知识产权局作出决定，认定乙公司对甲公司不构成专利侵权。甲公司向法院请求撤销该局决定，并一并请求判令乙公司停止制造销售侵犯其发明专利权的产品，下列哪个选项是正确的？

A. 法院应对甲公司请求乙公司停止侵犯其发明专利权行为单独立案

B. 本案应按行政案件标准收取诉讼费

C. 法院应另行组成合议庭审理

D. 法院审理甲公司提出的民事争议适用民事法律规范的相关规定

49. 市监局查处某奶茶公司外包装标签违法，决定没收奶茶包装和生产设备，并罚款 20 万元，奶茶公司不服提起诉讼，市监局向法院提供了现场笔录、外包装和询问该公司员工李某的询问笔录等证据，下列哪个选项是正确的？

A. 现场笔录应当加盖市监局公章

B. 询问笔录应加盖该公司公章

C. 该公司应在法庭辩论终结前提供上

述证据

D. 该公司对现场笔录的真实性有异议，可要求市监局的相关执法人员出庭说明

【多项选择题】

50. 陈某为综合执法局工作人员，在执法过程中与公民李某发生肢体冲突，将李某打成轻微伤。区公安局对陈某作出拘留5天，罚款500元的处罚决定，陈某向区政府复议，区政府认为陈某打伤李某属于职务行为，遂撤销区公安局的处罚决定。李某不服，提起诉讼。下列哪些选项是正确的？

A. 本案争议焦点是陈某的行为是否是职务行为

B. 被告可就打人一事提起反诉

C. 本案被告是区政府

D. 李某可以成为行政复议第三人

51. 甲省乙市政府发布通知，对直接介绍外地企业到本市投资的单位和个人按照投资项目实际到位资金金额的千分之一奖励。经张某引荐，某外地企业到该市投资，但市政府拒绝支付5万元的奖励金。下列选项正确的是？

A. 市政府的行为违反诚实守信原则

B. 张某应当向省政府申请行政复议

C. 如果张某提起行政诉讼，行政机关负责人不出庭法院可以传唤其出庭

D. 如果张某提起行政诉讼，法院应当适用简易程序进行审理

52. 辉煌公司向河水中超标排放污水，区环保局向其《送达限期整改通知》，要求其在规定时间内达标排放。期限届满，经过检测辉煌公司排放污水仍然不符合国家标准，于是，区环保局对该公司作出水污染防治设施验收不合格认定书，后责令该公司停业整顿。辉煌公司就责令停业整顿提起行政诉讼，对此，下列说法不正确的是？

A. 《送达限期整改通知》性质为行政指导

B. 不合格决定书不属于行政诉讼受案范围

C. 区环保局作出责令停业整顿决定前，应当告知辉煌公司有申请听证的权利

D. 法院可以作出先予执行裁定

53. 关于具体行政行为的效力，下列说法正确的是？

A. 可撤销的具体行政行为在被撤销之前，当事人应受其约束

B. 具体行政行为废止前给予当事人的利益，在该行为废止后应收回

C. 为某人设定专属权益的行政行为，如此人死亡其效力应终止

D. 对无效具体行政行为，任何人都可以向法院起诉主张其无效

54. 甲公司与乙公司发生纠纷向工商局申请公开乙公司的工商登记信息。该局公开了乙公司的名称、注册号、住所、法定代表人等基本信息，但对经营范围、从业人数、注册资本等信息拒绝公开。甲公司向法院起诉，法院受理。关于此事，下列说法不正确的是？

A. 甲公司应先向工商局的上一级工商局申请复议，对复议决定不服再向法院起诉

B. 工商局应当对拒绝公开的依据以及履行法定告知和说明理由义务的情况举证

C. 本案审理不适用简易程序

D. 因相关信息不属政府信息，拒绝公开合法

55. 刁某没有办理出租汽车经营许可证擅自从事出租汽车营运业务，被交通管

理部门扣押了运营车辆，后作出罚款处罚决定，刁某不服，在法定期限内，既不申请复议，也不提起诉讼，而是申请暂缓扣押，交管部门经催告，仍不履行，于是将扣押的车辆拍卖抵缴罚款数额，下列说法错误的是？

A. 出租汽车经营许可属于普通许可

B. 交管部门应当对刁某申请暂缓扣押的请求进行审核

C. 若拍卖所得价款超过罚款数额，则应将超过部分退还刁某

D. 拍卖属于行政强制执行，刁某若以交管部门没有相应职权为由起诉，法院应该支持其诉求

56. 关于部门规章权限，下列哪些选项是正确的？

A. 可以制定行政处罚对违法所得的计算的特别规定

B. 可以在上位法设定的许可事项范围内，对实施行政许可作出具体规定

C. 可以对行政处罚的地域管辖进行特别规定

D. 尚未制定法律、行政法规的，国务院部门规章对违反行政管理秩序的行为，可以设定警告，通报批评或者一定数额罚款的行政处罚

57. 下列哪些行为属于具体行政行为？

A. 市场监管局发文要求电商平台合法经营、规范经营

B. 中国证监会对某公司负责人采取终身禁入证券市场措施

C. 证监局向某证券公司出具警示函，指出其执业中存在的问题并责令采取整改措施

D. 防汛指挥部发布大雨蓝色预警，请市民出行注意安全

58. 区税务局认定甲公司构成外贸出口“真代理、假进销”的违规行为，决定追缴其获得的出口退税500万元，后因甲公司逾期不缴纳税款，区税务局通知银行从其账户强制扣缴500万元，甲不服追缴决定向市税务局申请行政复议，复议决定维持原行政行为，甲诉至法院，下列哪些说法是正确的？

A. 甲公司申请行政复议期限为3个月

B. 追缴决定属于行政处罚

C. 区税务局和市税务局为共同被告

D. 强制扣缴属于行政强制执行

59. 甲市公安交通管理局发布《关于本市部分道路采取交通限制措施的通告》，决定于2021年7月20日至25日对部分路段采取交通限行措施，交警大队根据交通技术监督记录资料认定李某驾驶货运车在限行道路上行驶，决定对李某处罚款300元，李某对罚款不服，提起行政诉讼，下列哪些说法是错误的？

A. 甲市公安交通管理局和交警大队是共同被告

B. 交通技术监控记录资料未经审核不得作为罚款决定的证据

C. 对李某的处罚可以适用简易程序

D. 甲市公安交通管理局发布的通告是具体行政行为

60. 区政府发布六号文件指定甲公司实施全区的废弃物清理回收工作。区市场监督管理局为落实六号文件的要求，致函本区五家生猪屠宰处，要求其与甲公司签订废弃物回收协议，否则将予以行政处罚，五家生猪屠宰处对该致函不服，向法院起诉。下列哪些说法是正确的？

A. 六号文件属于行政规范性文件

B. 可以对六号文件直接提起行政诉讼

C. 本案的被告为区市场监督管理局

D. 区市场监督管理局的行为属于行政

确认

61. 李某因涉嫌盗窃和强奸在2020年8月20日被区公安分局立案侦查，2020年9月2日被区检察院批准逮捕，区法院一审判决犯盗窃罪李某有期徒刑1年缓期1年执行，犯强奸罪判决李某有期徒刑2年缓期2年执行，合并执行2年缓期2年执行。李某当日被释放。李某不服一审判决，提起上诉，市中院维持原判。李某仍不服，向省高院申请再审，省高院经审理认为李某无罪。关于本案，下列哪些说法是正确的？

A. 本案的赔偿义务机关为市中院

B. 因为李某被宣告缓刑，国家不承担赔偿责任

C. 李某聘请律师所花费的律师费不属于国家赔偿范围

D. 赔偿义务机关作出不予赔偿决定，李某可向赔偿义务机关的上一级机关申请复议

62. 某县财政局工作人员孙某在2020年度考核中被确定为不称职等次，下列哪些说法是正确的？

A. 对孙某可以按照规定程序降低一个职务层次任职

B. 孙某的考核等次确定不属于人事处理

C. 孙某的考核等次由县财政局负责人或授权的考核委员会确定

D. 孙某可以按照国家规定享受2020年年终奖金

63. 关于行政行为的效力，下列哪些说法是错误的？

A. 具体行政行为一经作出即生效

B. 被废止的行为废止后会溯及既往失去效力

C. 具体行政行为只拘束行政机关和相对人

D. 申请行政诉讼会导致具体行政行为丧失拘束力

64. 下列哪些属于行政强制措施？

A. 李某酒后驾车，公安局决定暂扣其驾驶执照6个月

B. 公安局发现武某酒醉影响公共秩序，将其带离现场并约束其至酒醒

C. 市监局发现张某销售未经检验检疫的猪肉，扣押未售出的猪肉

D. 税务稽查局认定某公司涉嫌转移财产逃税，扣押其相当于应缴税款的商品

65. 市公安交通管理部门现场查获方某驾驶小型汽车通过一平台接单，该车未取得《网络预约出租汽车运输证》，涉嫌从事非法网络约车经营活动，遂扣押涉案车辆，停放在一收费停车场。关于本案，下列哪些说法是正确的？

A. 如发现不应扣押，应及时作出解除扣押决定

B. 扣押行为应当由两名以上具备执法资格的执法人员实施

C. 扣押时应当制作现场笔录

D. 停车费由方某承担

66. 交警大队查获王某涉嫌驾驶拼装车辆，当场予以扣押，后经专业机构鉴定车辆确为拼装车，交警大队作出收缴决定，并予以报废，王某对于收缴决定不服提出行政诉讼，下列哪些说法是正确的？

A. 当场扣押后，应当在24小时之内向交警大队负责人报告并补办批准手续

B. 收缴决定是行政处罚

C. 报废是行政处罚

D. 如王某证明鉴定意见错误，则法院不予采纳

67. 吴某以电子邮件方式向区政府申请公开作出强制拆除决定前的会议纪要，

区政府以该信息不存在为由拒绝公开。吴某不服，提起行政诉讼，下列哪些说法是正确的？

A. 会议纪要属于过程性信息，区政府以信息不存在为由拒绝公开的理由错误

B. 若吴某能提供证据证明该会议纪要存在，法院应当判决区政府公开

C. 区政府收到信息公开申请的时间为收到电子邮件的时间

D. 区政府应承担举证责任证明已尽充分的检索、查找义务

68. 下列属于行政诉讼受案范围的有？

A. 张某以个人最低生活保障信息有误为由，向县民政局申请信息更正，民政局不予更正

B. 李某因农业生产，向环保局提出申请公布某化工厂的环境影响评价材料，环保局未予答复

C. 王某因个人科研需要，向县政府提出申请公布近十年人口增长与 GDP 之间相关性函数，县政府拒绝公开

D. 赵某向市政府申请公开 2015 年～2021 年市政府公报，市政府拒绝公开

69. 王某向自然资源部申请某项政府信息，自然资源部以信息不存在为由不予公开，王某不服，向法院提起行政诉讼，以下哪些说法是正确的？

A. 本案应当由中级人民法院审理

B. 被告应当承担证明该信息不存在的举证责任

C. 法院可以依据简易程序对于本案进行审理

D. 如果王某能够提供相关线索的，可以申请法院调取证据

70. 甲向某区公安分局申请公开 2020 年 12 月作出的某项行政处罚决定，区公安分局作出不予公开的决定，甲遂向区政府申请复议，区政府以区公安分局作出的决定超期为由，作出确认违法复议决定。甲不服，遂提起行政诉讼。下列哪些说法是正确的？

A. 本案被告为区公安分局和区政府

B. 甲申请公开的信息属于区公安分局应当主动公开的事项

C. 本案可由区公安分局所在地法院管辖

D. 区政府应当对复议决定的合法性承担举证责任

71. 区消防支队发现张某经营的商场无喷淋报警系统，存在火灾隐患，于是制作消防监督检查笔录，并根据区政府制定的《关于消防安全隐患整治通告》（以下简称《通告》）作出查封张某所经营的商场的决定，张某不服，提起行政诉讼，并要求对《通告》进行审查，下列哪些说法是正确的？

A. 在查封决定作出前，区消防支队应当告知张某有权申请听证

B. 如果法院经审理认为《通告》违法，法院应在裁判生效后报上一级法院备案

C. 如果张某对检查笔录的真实性有异议，可要求区消防支队的相关执法人员作为证人出庭作证

D. 区消防支队应当场交付决定书

72. 甲企业往河水里超标排放污染物质，区生态环境局向其送达责令限期治理决定书，要求甲企业在 2021 年 10 月 15 日前达标排放。期限届满后，该企业未达标排放，区生态环境局作出了责令停产停业处罚决定。对此下列哪些说法是错误的？

A. 责令限期治理决定书是行政指导

B. 责令限期治理决定书不可诉

C. 作出处罚决定前，区生态环境局应

当进行听证

D. 甲公司拒绝在现场笔录上签字，则该笔录不具有法律效力

73. 2019 年 2 月 27 日，国务院颁布《国务院关于取消和下放一批行政许可事项的决定》（国发〔2019〕6 号，以下简称《决定》），《决定》取消 25 项行政许可事项，下放 6 项行政许可事项的管理层级，关于该《决定》，下列哪些说法是正确的？

A. 该《决定》是行政法规

B. 该《决定》可以作为制定部门规章的依据

C. 该《决定》可以作为法官裁判的依据

D. 该《决定》体现了高效便民的原则

74. 县政府印发《关于招商引资政策意见》（以下称《意见》），允诺招商成功后按照实际投资金额 1% 给予奖励。李某介绍一公司与县招商局签订投资协议，以建设经营移交方式（BOT）投资 5000 万元建设垃圾焚烧厂并运营至今。经李某多次请求，县政府支付李某 10 万元，但拒绝给付余款，李某提起行政诉讼。下列哪些说法是正确的？

A. 县政府拒绝支付余款的行为违反了信赖利益保护原则

B. 李某获得的 10 万元不用缴纳个人所得税

C. 如投资协议履行出现争议，公司可以提起行政诉讼

D. 《意见》属于具体行政行为

75. 因高某房屋位于国道建设征地拆迁范围内，区政府与高某协商达成 100 万元的补偿协议，双方签订《房屋拆迁补偿协议书》后，区政府发现对高某房屋面积计算有误，决定将补偿数额变更为 80 万元，协议其他事项不变，高某不同意变更数额，向法院起诉区政府变更行为，关于本案，下列哪些选项是错误的？

A. 高某的起诉期限应适用行政诉讼法及司法解释规定

B. 区政府单方变更协议行为违法

C. 高某应当先行政复议才能提起行政诉讼

D. 高某未按照约定履行协议，区政府可以提起反诉

76. 某森林公安局发现某一公司在未取得合法林地征用手续情况下用挖掘机开挖公路，责令其恢复原状并罚款 3 万元，该公司缴纳罚款后，森林公安局予以结案。某县检察院发现这一情况后，向森林公安局发出检察建议，建议采取有效措施，恢复森林植被。后检察院以森林公安局未履行法定职责为由向法院提起诉讼。对此，下列哪些说法是正确的？

A. 该公益诉讼属于行政公益诉讼

B. 民间公益诉讼组织不提起诉讼，检察院才能提起行政公益诉讼

C. 检察院的检察建议是提起行政公益诉讼的前置程序

D. 行政公益诉讼的起诉期限为 6 个月

77. 田某到某县郊区旅社住宿，拒不出示身份证件，与旅社工作人员争吵并强行住入该旅社。该郊区派出所以扰乱公共秩序为由，决定对田某处以 200 元罚款。以下哪些说法是正确的？

A. 对于处罚决定不服，田某可以向县政府申请行政复议

B. 作出处罚决定前，应当告知田某作出处罚的事实、理由和依据

C. 对于处罚决定不服，田某可以向县公安局申请行政复议

D. 对于处罚决定不服，田某可以向市公安局申请行政复议

78. 甲公司未按照规定申报上年度营业所得税，市税务局责令甲公司补缴2万元税款并罚款1万元。甲公司不服，申请行政复议，下列哪些说法是正确的？

A. 甲公司未按时补缴税款，市税务局可以书面通知银行划扣其存款

B. 对于补缴税款的决定，甲公司可以不经过复议，直接提起行政诉讼

C. 复议的申请期限为60日

D. 复议机关为市政府

79. 市人社局根据一企业对其职工李某的退休金进行审批，审核后作出《企业职工退休金的审批表》，允许该职员2020年7月退休，核定退休金起算时间为1986年7月，李某认为起算时间计算错误，申请复议，复议机关认为材料不全，通知李某补正。对此，下列哪些说法是正确的？

A. 起算年限时间由市人社局与李某协商确定

B. 补正申请材料所用时间不计入复议审理期限

C. 李某可以向市政府申请复议

D. 市人社局支付养老金是行政确认行为

80. 行政复议中，有哪些事项需要依照民事诉讼法的规定执行？

A. 行政复议期间计算

B. 行政复议送达

C. 行政复议执行

D. 行政复议审理期限

81. 李某因涉嫌盗窃和强奸在2020年8月20日被区公安分局立案侦查，2020年9月2日被区检察院批准逮捕，区法院一审判处盗窃罪有期徒刑1年缓期1年执行，判处强奸罪有期徒刑2年缓期2年执行，合并执行2年缓期2年执行。李某当日被释放。李某不服一审判决，提起上诉，市中院维持原判。李某仍不服，向省高院申请再审，省高院经审理认为李某无罪。关于本案，下列哪些说法是正确的？

A. 本案的赔偿义务机关为市中院

B. 因为李某被判缓刑，国家不承担赔偿责任

C. 李某聘请律师所花费的律师费不属于国家赔偿范围

D. 赔偿义务机关作出不予赔偿决定，李某可向赔偿义务机关的上一级机关申请复议

82. 县公安局以涉嫌故意伤害罪为由对朱某刑事拘留，县检察院批准逮捕后，对朱某提起公诉，后县检察院以证据不足为由撤回起诉，朱某申请国家赔偿。下列哪些说法是正确的？

A. 赔偿义务机关作出不予赔偿决定，朱某可向赔偿义务机关的上一级机关申请复议

B. 赔偿义务机关应为县检察院

C. 赔偿义务机关不可就赔偿项目与朱某协商

D. 精神损害抚慰金不得低于侵犯人身自由赔偿金的2倍

83. 下列哪些单位属于国务院的行政机构？

A. 中国证监会

B. 国家民族事务委员会

C. 审计署

D. 国有资产监督管理委员会

84. 关于行政许可的撤销与注销，下列哪些说法是错误的？

A. 均为行政处罚

B. 均为不可诉行为

C. 均为依申请行为

D. 均为可裁量行为

85. 国家邮政局是交通运输部管理的

国家局，关于国家邮政局的说法，下列哪些选项是正确的？

A. 国家邮政局的设立由国务院机构编制管理机关提出方案，报国务院决定

B. 国家邮政局的设立由国务院机构编制管理机关提出方案，报交通部决定

C. 国家邮政局主管特定业务，行使行政管理职能

D. 国家邮政局没有规章制定权

86. 对具体行政行为的表述，哪些选项是错误的？

A. 具体行政行为一经成立即生效

B. 具体行政行为违反程序的均无效

C. 生效的具体行政行为只约束行政机关和行政相对人

D. 具体行政行为被废止的，自废止之日失去效力

87. 2021 年 12 月 7 日，《农业农村部行政许可实施管理办法》（以下简称《办法》）以农业农村部 3 号令形式公布，自 2022 年 1 月 15 日起实施，以下哪些说法是正确的？

A.《办法》可设定临时许可

B.《办法》可以在上位法设定的行政许可事项范围内，对实施该行政许可作出具体规定

C.《办法》应于 2022 年 1 月 15 日起 30 日内向国务院备案

D. 在国务院公报和农业农村部公报上刊载的文本为标准文本

88. 某省人民政府决定将部分县级人民政府有关部门行使的 100 项行政处罚权下放至街道办事处行使，下列哪些选项是正确的？

A. 管辖权下放决定应当公布

B. 承接行政处罚权的街道办事处应当以自己的名义实施行政处罚

C. 县级人民政府有关部门可以继续作出该 100 项行政处罚决定

D. 应当定期组织评估街道办事处的处罚行为

89. 因为辉煌公司存在偷税行为，区税务局决定对其罚款 30 万，该公司不服要求听证，对此，下列哪些说法是正确的？

A. 辉煌公司承担听证会的费用

B. 辉煌公司听证可委托代理人

C. 税务局应当制作听证笔录

D. 辉煌公司可以不经过复议直接起诉

90. 某市场监督管理局认定李某非法经营网吧，决定查封经营场所并扣押用以经营的电脑主机，后决定没收电脑主机，以下哪些说法是正确的？

A. 查封经营场所只能由全国人大及其常委会制订的法律所设定

B. 国务院部门规章不能设定扣押

C. 没收电脑属于财产罚

D. 某市场监督管理局不得委托其他机关实施查封和扣押

91. 区市监局接到消费者对某熟食店举报后，派员上门执法，发现熟食店卫生不合格，当场作出查封该店和责令该店停产停业 6 个月的决定书。以下说法正确的有？

A. 应当由 2 名以上行政执法人员实施查封行为

B. 责令停产停业属于行政强制措施

C. 可以当场作出责令停产停业决定

D. 查封应制作并当场交付查封决定书和清单

92. 9 月 5 日区城管局认定甲在道路上违法经营，扣押了相关经营物品，9 月 8 日区城管局向甲交付了扣押决定书和清单，10 月 30 日，区城管局对扣押物品予以没收后进行了销毁，下列哪些选项是正确的？

A. 区城管局交付扣押物品决定书和清单的行为违法

B. 扣押发生的保管费用由甲承担

C. 没收扣押物品属于行政处罚

D. 区城管局对物品的销毁应有法律、行政法规依据

93. 区市场监督管理局认定麝月公司发布虚假广告，作出罚款10万元的处罚决定，该公司逾期不缴纳。该局决定对其每日3%加处罚款，麝月公司不服加处罚款决定，提起行政诉讼，关于本案，下列哪些说法是正确的？

A. 加处罚款属于间接强制执行

B. 作出加处罚款决定前应当履行听证程序

C. 加处罚款数额不得超出10万元

D. 加处罚款数额在诉讼期间不予计算

94. 钱某打架斗殴，县公安局传唤后对其处以行政拘留5日的行政处罚。钱某以邮政快递的方式向县公安局申请对其违法的证据进行信息公开，县公安局作出不予公开的决定。钱某不服，提起诉讼，下列哪些选项是正确的？

A. 县公安局签收之日为收到申请之日

B. 当场发现钱某打架斗殴的，公安机关可以口头传唤

C. 钱某申请公开时，应该提供身份证明

D. 若钱某申请的是行政执法案卷信息，可以不公开

95. 甲乡乙村村民张某向乡政府申请政府信息公开，要求公开乙村年度财务信息，乡政府答复："我单位仅负责监督村委财务公开工作，并没有备案（保存）你村年度财务信息。"张某不服提起行政诉讼，法院判决撤销该答复并责令乡政府重新处理。判决生效后，乡政府向张某重新答复为："我单位并未保存您申请的乙村年度财务信息，建议您向村委申请公开。"对此，下列哪些选项是正确的？

A. 张某申请信息公开应提供个人身份证明和联系方式

B. 对于张某对第一次答复不服提起的诉讼，法院不能适用简易程序审理

C. 如果张某以邮寄方式提交政府信息公开申请的，以乡政府签收之日为收到申请之日

D. 乡政府第二次答复违法

96. 陈某一个月内连续30次向区政府申请公开某项政府信息，明显超过合理次数和范围，下列哪些选项是正确的？

A. 区政府可以要求陈某说明理由

B. 如果陈某申请理由不合理，区政府可以拒绝公开

C. 区政府不得收取信息处理费

D. 政府对于陈某申请的部分信息应当变为主动公开

97. 贝果公司在生产经营中存在用非食品原料生产食品的违法行为，区市监局对其作出没收用于违法生产经营的非食品原料、没收违法所得7689元、罚款10万元的行政处罚。贝果公司不服向区政府申请复议，区政府将罚款改为8万元后，维持了其他处罚。贝果公司不服提起诉讼。下列哪些说法是错误的？

A. 本案被告是区市监局

B. 本案可以由区市监局所在地的中院管辖

C. 没收违法生产经营的非食品原料是行为罚

D. 如果贝果公司以区政府为被告提起诉讼且拒绝追加被告，法院应当追加区市监局为共同被告

98. 县公安局决定对宋某施行强制隔

离戒毒，宋某不服，在强制隔离戒毒期间提起行政诉讼，下列哪些说法是正确的？

A. 强制隔离戒毒只能由法律设定

B. 强制隔离戒毒是行政强制执行

C. 宋某可以口头委托近亲属以宋某名义提起行政诉讼

D. 可以向宋某经常居住地法院提起行政诉讼

99. 李某起诉请求确认某项行政处罚无效，法院审查认为该处罚属于程序违法的可撤销情形，并不属于无效情形，释明后原告李某拒绝变更诉讼请求，法院应当如何处理？

A. 判决驳回李某的诉讼请求

B. 裁定驳回李某起诉

C. 如果李某请求撤销该处罚但超过法定起诉期限的，法院应当判决驳回李某的诉讼请求

D. 如果李某请求撤销该处罚但超过法定起诉期限的，法院应当裁定驳回起诉

100. 某公司通过出让方式取得建设用地，与市自然资源局签订国有土地出让合同约定动工期限。后某公司超1年未动工，经市政府批准，市自然资源局以自己的名义对某公司作出征缴闲置土地费决定书，决定征缴闲置土地费80万元。以下哪些说法是正确的？

A. 国有土地出让合同属于不可撤销合同

B. 某公司如对征缴决定书不服申请行政复议，被申请人为市政府

C. 某公司如对征缴决定书不服提起行政诉讼，被告为市自然资源局

D. 征缴决定书属于行政确认

101. 2016年8月，区政府决定对某棚户区改造项目涉及土地上的房屋予以征收，方某房屋在征收范围内，方某与区政府签订了房屋征收补偿协议。区政府未按照约定发放补偿款，方某认为区政府违约诉至法院。法院审查后认为该协议无效，告知方某变更诉讼请求，方某予以拒绝。下列说法正确的是？

A. 区政府征收行为属于公益征收

B. 该案件的起诉由中院管辖

C. 因方某拒绝变更诉讼请求，法院可以判决驳回方某诉讼请求

D. 因被诉行政行为作出时间为2016年，法院应当裁定不予立案

102. 某汽车公司涉嫌纵向垄断，国家市场监督管理总局对其作出罚款1亿元的处罚决定，汽车公司不服，提起行政复议，下列哪些选项是正确的？

A. 如果复议过程中，国家市场监督管理总局将罚款变更为8000万，复议应当中止

B. 复议机关是国家市场监督管理总局

C. 汽车公司对复议决定不服，可以向国务院申请裁决

D. 复议机关可以听证方式审理

103. 某船舶公司向县政府申请筹建和经营渡口，县政府向县海事局征求意见，县海事局复函认定船舶公司目前不具备筹建和经营渡口的条件，县政府经过勘验、调查、取证后作出了不予许可的决定，船舶公司对不予许可不服，申请复议，下列哪些选项是正确的？

A. 某船舶公司对其申请材料实质内容的真实性负责

B. 设立渡口许可属于关系公共利益的特定行业的准入类特许

C. 船舶公司可以对复函提起诉讼

D. 县政府和县海事局为共同被告

104. 区政府相关人员在对孙某的房屋强制拆除时未做保全措施致屋内物品毁损，

法院判决确认强拆行为违法，孙某向区政府申请赔偿未得到回复，孙某向法院提出行政赔偿诉讼，请求赔偿房屋、屋内损失，并要求区政府对相关违法人员追责，下列哪些说法是正确的？

A. 孙某应当对房屋内物品损失提供证据，但因区政府原因导致孙某无法举证时，由区政府承担举证责任

B. 区政府向相关违法人员追责不属于法院审查范围

C. 孙某提出行政赔偿诉讼的起诉期限为 6 个月

D. 本案应当由中级人民法院管辖

105. 区公安局以涉嫌盗窃为由对张某作出拘留决定，后区检察院对其作出批捕，但经审查情节显著轻微，区检察院作出不起诉决定后立即释放了张某，张某申请国家赔偿，赔偿义务机关拒绝了张某的赔偿请求。下列哪些说法是正确的？

A. 赔偿义务机关为区检察院

B. 赔偿义务机关拒绝赔偿决定符合法律规定

C. 针对拒绝赔偿决定可向上一级机关申请复议

D. 法院赔偿委员会作出赔偿决定，由法院 3 名以上审判员组成

106. 2017 年 1 月 1 日，陈某虚开增值税被区公安分局刑事拘留，同年 4 月 26 日陈某被取保候审，同年 5 月 11 日区检察院决定批准逮捕陈某。2017 年 7 月 11 日，区法院判处陈某有期徒刑 3 年，陈某上诉，市中级法院发回重审。2018 年 8 月 12 日，区检察院以证据不足为由决定不起诉，陈某向区法院申请国家赔偿，关于本案，下列哪些说法是正确的？

A. 如果区法院拒绝赔偿，陈某可向中级人民法院赔偿委员会申请赔偿

B. 国家应赔偿 2017 年 4 月 26 日至 5 月 11 日羁押期间的人身自由赔偿金

C. 陈某申请国家赔偿的时效为 1 年，自 2018 年 8 月 12 日起算

D. 陈某在羁押期间内自伤的，国家机关不予赔偿

107. 某县公安局于 2021 年 9 月 25 日以方某涉嫌故意伤害李某为由将其刑事拘留，2021 年 10 月 11 日县检察院决定批准逮捕方某。县检察院在审查起诉阶段，认为李某不构成犯罪，决定不起诉，后县公安局撤销案件，方某于 2022 年 5 月 11 日被释放。2022 年 9 月 2 日方某向赔偿义务机关申请国家赔偿，要求赔偿人身自由损害 10 万元和精神损害 6 万元，赔偿义务机关决定不予赔偿。下列说法正确的是？

A. 县检察院为赔偿义务机关

B. 对方某的赔偿金标准应按照 2020 年度国家职工日平均工资计算

C. 对拒绝赔偿，方某可以向县公安局的上一级公安机关申请复议

D. 因方某精神损害赔偿申请超过人身自由赔偿金的 50%，故不予支持

108. 市城乡规划局允许某房地产开发公司将其《建设用地使用权证》中土地性质由公共设施用地变更为金融商业用地，临近的 50 户居民不服提起行政诉讼，请求撤销变更决定，法院通知房地产公司作为第三人参加诉讼。以下哪些说法是正确的？

A. 原告应推选 2 至 5 名代表人参加诉讼

B. 如经法院传唤房地产公司无正当理由拒不到庭，不能阻碍法院对案件的审理

C. 临近的 50 户居民应就其具有原告资格承担举证责任

D. 起诉期限为 3 个月

【不定项选择题】

109. 县国土资源局认定甲公司存在非法采砂行为，责令其停产停业，甲公司不服，提起行政诉讼，法院认为县国土资源局认定错误，予以撤销，县国土资源局应当予以赔偿的项目有?

A. 设备租金

B. 留守职工工资

C. 缴纳的水资源费

D. 预期利润

110. 关于国家监察机关，下列说法错误的是:

A. 国家监察委员会是最高国家监察机关，负责全国监察工作

B. 国家监察委员会对全国人大及其常委会负责并报告工作

C. 监察委员会依照法律规定独立行使监察权，不受任何机关的干涉

D. 监察机关办理职务违法和职务犯罪案件，应当与审判机关、检察机关、执法部门互相配合，互相制约

111. 某自治州人大常委会拟制定《地方停车场管理条例》，根据《立法法》的规定，下列说法错误的是:

A. 自治州人大有权制定地方性法规，但自治州人大常委会无权制定地方性法规

B. 自治州人大制定的地方性法规应当报省级常委会批准

C. 自治州人大制定的地方性法规由省级常委会报全国人大常委会和国务院备案

D. 全国人大常委会和国务院均有权撤销自治州人大制定的不合法的地方性法规

112. 经查，李某经营的一家食品厂由于部分设备缺陷，导致生产的部分产品未达到国家标准，遂被市场监督管理机构查封了所有机器设备，扣押了全部货品，卫生行政部门认为李某食品厂违反了卫生管理规定，对其厂房进行了查封，据此，下列说法错误的是?

A. 市场监督管理机构的查封行为是违法的，扣押行为是合法的，但是不合理

B. 卫生行政部门的查封行为违反了不得重复查封的原则

C. 若为了防止李某转移财产，要对李某的存款进行冻结，必须有省级规章以上的法律法规作为依据

D. 无论何种情况，市场监督管理机构在实施查封前必须要经过负责人批准，这是程序正当的体现

113. 1997 年 5 月，万达公司凭借一份虚假验资报告在某省工商局办理了增资的变更登记，此后连续四年通过了工商局的年检。2001 年 7 月，工商局以办理变更登记时提供虚假验资报告为由对万达公司作出罚款 1 万元，责令提交真实验资报告的行政处罚决定。2002 年 4 月，工商局又作出撤销公司变更登记，恢复到变更前状态的决定。2004 年 6 月，工商局又就同一问题作出吊销营业执照的行政处罚决定。关于工商局的行为，下列说法正确的是?

A. 2001 年 7 月工商局的处罚决定违反了行政处罚法关于时效的规定

B. 2002 年 4 月工商局的处罚决定违反了一事不再罚原则

C. 2004 年 6 月工商局的处罚决定是对前两次处罚决定的补充和修改，属于合法的行政行为

D. 对于万达公司拒绝纠正自己违法行为的情形，工商局可以违法行为处于持续状态为由作出处罚

114. 为落实《广告法》，国务院准备制定一部规范广告代言人代言行为的行政法规。关于该行政法规的制定程序，下列

说法错误的是?

A. 应按规定及时报告党中央

B. 起草部门应将法规草案及其说明等向社会公开征求意见且不少于30日

C. 法规草案由国务院常务会议审议或者由国务院审批

D. 法规在公布后的30日内向由国务院办公厅报全国人大常委会备案

115. 国家市场监督管理总局是国务院的直属机构，关于该机构，下列说法是正确的是?

A. 国家市场监督管理总局无权设定规章

B. 国家市场监督管理总局应单独确定编制

C. 国家市场监督管理总局的设立由国务院决定

D. 国家市场监督管理总局主管特定事务

116. 甲乙因琐事发生口角，甲将乙打伤，因情节较轻，派出所进行调解，后两人达成甲赔偿乙500元的协议后，甲拒绝履行调解协议，下列说法正确的是?

A. 派出所应当告知乙可以就赔偿争议向法院提起民事诉讼

B. 派出所可以裁决甲赔偿乙500元

C. 派出所应当对甲进行行政处罚

D. 乙可以向派出所申请执行调解协议书

117. 因甲公司销售不符合质量标准的煤炭，某区市监局对甲公司作出罚款30万元，并责令甲公司停产停业6个月的处罚决定。后因甲公司逾期不缴纳罚款，区市监局对其按照每日3%的标准加处罚款，甲公司不服，提起诉讼，对此，下列说法正确的是?

A. 每日3%加处罚款属于间接强制执行

B. 加处罚款的数额在行政诉讼期间不予计算

C. 责令停产停业属于资格罚

D. 行政处罚应当由2名以上具有行政执法资格的执法人员实施

118. 王某在下班途中发生交通事故重伤，王某向人社局申请工伤认定，人社局根据国务院《工伤保险条例》，认定王某构成工伤。王某所在的公司认为不构成工伤事故，提起行政诉讼，对此下列说法错误的是?

A. 工伤认定是行政裁决

B. 法院应当参照《工伤保险条例》作出判决

C. 本案可以适用撤销判决

D. 该公司在对工伤认定提起行政诉讼，可以要求法院一并审查《工伤保险条例》

119. 市政府与甲公司签订为期10年的垃圾处理特许经营合同，并授予特许经营权，约定除因公共利益需要外，双方均不得终止合同。后因省政府修改了相关规章，市政府撤回了甲公司的特许经营权，甲公司起诉。对此，下列说法正确的是?

A. 撤回行为不属于行政处罚

B. 撤回行为不属于行政诉讼受案范围

C. 市政府应当赔偿甲公司的损失

D. 授予特许经营权属于授予特定资格资质的许可

120. 县公安局以朱某涉嫌盗窃罪为由，对朱某予以刑事拘留，县检察院予以批准逮捕并提起公诉，后法院判决宣告朱某无罪，朱某申请国家赔偿。下列说法正确的是?

A. 赔偿义务机关为县法院

B. 司法赔偿的时效为1年

C. 如果赔偿义务机关作出不予赔偿决定，朱某可以向赔偿义务机关的上一级机关申请复议

D. 如果赔偿义务机关作出不予赔偿决定，朱某可以向上一级法院提起赔偿诉讼

121. 张某是生态保护局的二级主任科员，符合一级主任科员的任职资历条件，但是在单位考核中没有被晋升，以下选项正确的是？

A. 二级主任科员为张某的职级

B. 对张某的定期考核为年度考核

C. 如张某符合任职资历，可以直接晋升一级主任科员

D. 张某职级应当逐级晋升

122. 17 岁的赵某连续两个晚上用笔划伤小区停放的私家车，公安机关对其作出拘留 7 天并罚款 1000 元的行政处罚。赵某不服提起行政诉讼，一审法院认为超过了起诉法定期限裁定不予立案。赵某不服上诉，二审法院认为没有超过法定起诉期限，以下说法正确的有？

A. 赵某只能向二审法院提交上诉状

B. 二审法院应当指令一审法院立案

C. 公安局应当对赵某执行行政拘留

D. 对赵某的行为，公安机关应当从轻或减轻处罚

123. 镇政府在夜间趁赵某不在家时，对赵某违章建筑房屋进行了强制拆除，赵某提起诉讼，要求法院确认其强拆违法，要求赔偿房屋内物品损失。赵某提供了路过村民吴某证言，证明房屋是在夜间被强制拆除的，镇政府提供了工作人员张某证言，证明房屋不是夜间被拆除的。以下说法正确的是？

A. 吴某的证言优于张某的证言

B. 镇政府应对赵某的损失承担举证责任

C. 如果赵某的房屋是违章建筑，镇政府不需要赔偿房屋及其他财产损失

D. 如果强制拆除行为违法，法院应当判决撤销

124. 县林业局发现某公司在未取得合法林地征用手续的情况下用挖掘机开挖公路、破坏森林，责令其恢复原状并罚款 20 万元，该公司缴纳罚款后，县林业局予以结案。某县检察院发现这一情况后，向县林业局发出检察建议，建议采取有效措施，恢复森林植被。后县检察院以县林业局未履行法定职责为由向县法院提起诉讼。对此，下列说法正确的是？

A. 责令恢复原状是行政处罚

B. 县林业局有权代为恢复原状

C. 检察院的检察建议是提起公益诉讼的前置程序

D. 公益诉讼的起诉期限为 6 个月

125. 区政府对郭某作出房屋征收决定，郭某对征收决定不服向市政府申请行政复议，市政府以超过复议申请期为由决定不予受理，郭某对征收决定提起行政诉讼，以下说法正确的是？

A. 区政府和市政府为共同被告

B. 区政府为被告

C. 市政府为被告

D. 区政府为被告，市政府为第三人

126. 市人社局将田某的养老保险关系转入社会保险关系，田某认为自己应该是按照事业单位保险缴纳，于是向市政府申请复议，市政府作出维持决定，田某不服，提起诉讼。下列选项正确的是？

A. 法院应当对市政府和市人社局的行为一并进行裁判

B. 市政府对市人社局行政行为合法性不承担举证责任

C. 田某应当在收到复议决定之日起 60

日内提起诉讼

D. 本案应当由中级法院管辖

127. 下列哪些选项属于国务院组成部门?

A. 国家民族事务委员会

B. 中国证券监督管理委员会

C. 国有资产监督管理委员会

D. 国家审计署

答案速查

习近平法治思想

【单项选择题】

1. B　2. C　3. C　4. D

【多项选择题】

5. ACD　6. ABCD　7. ABCD

法理学

【单项选择题】

1. A　2. C　3. B　4. C　5. A　6. D

【多项选择题】

7. ABC　8. CD　9. ABCD　10. CD
11. AC

【不定项选择题】

12. D　13. D

宪　法

【多项选择题】

1. ABC　2. ABD　3. ABD　4. AB
5. ACD

中国法律史

【单项选择题】

1. B　2. B　3. C　4. B

【多项选择题】

5. ACD

国际公法

【单项选择题】

1. B　2. D　3. C　4. D　5. C
6. B　7. A　8. D　9. D　10. B
11. A　12. A　13. A　14. A

【多项选择题】

15. ABC　16. CD　17. CD　18. BCD
19. AC　20. ACD　21. BD　22. AC
23. CD

司法制度和法律职业道德

【多项选择题】

1. ABC　2. ABD　3. CD　4. ABC

【不定项选择题】

5. ABCD　6. ABCD　7. AD　8. ABCD
9. AD　10. AB　11. D

刑　法

【单项选择题】

1. D　2. A　3. B　4. C　5. A
6. D　7. D　8. B　9. D　10. D
11. A　12. D　13. C　14. A　15. A
16. C　17. D　18. C　19. A　20. A
21. C　22. A　23. C　24. C　25. A
26. A　27. D　28. D　29. A　30. A
31. D　32. A　33. D　34. C　35. B
36. A　37. D　38. C

【多项选择题】

39. ABCD　40. ABD　41. ABC
42. ABCD　43. AC　44. ABD
45. ABCD　46. BD　47. AB
48. ACD　49. ABC　50. AC
51. ABCD　52. ABD　53. BD
54. BCD　55. ABC　56. BC
57. BCD　58. CD　59. BD
60. ABC　61. BD　62. AC
63. AC　64. BCD　65. BC
66. ABC　67. AC　68. CD
69. ABCD　70. AC　71. ABC
72. BD　73. ABC　74. ABCD
75. AB　76. AC　77. ABCD
78. BCD　79. AD　80. ABD
81. AC　82. AB　83. AD
84. ABC　85. AB　86. BCD
87. AB　88. BCD　89. AB
90. ABCD　91. AB　92. BCD

【不定项选择题】

93. D　94. ABC　95. BCD

刑事诉讼法

【单项选择题】

1. A　2. B　3. B　4. A　5. D
6. C　7. B　8. A　9. D　10. C
11. D　12. D　13. D　14. C　15. D
16. B　17. C　18. D　19. D　20. C
21. B　22. D　23. A　24. B　25. D
26. C　27. A　28. A　29. C　30. B
31. C　32. B　33. D　34. C　35. B
36. D　37. A　38. A　39. B　40. C
41. C　42. C　43. C　44. B　45. D
46. D　47. A　48. B　49. A　50. B
51. B　52. B　53. A　54. D

【多项选择题】

55. ABC　56. ABD　57. ABCD
58. BCD　59. BC　60. ABCD
61. ABD　62. BC　63. BC
64. BD　65. AB　66. ACD
67. BC　68. ABCD　69. BCD
70. ABCD　71. ABC　72. ABC
73. ACD　74. BCD　75. BCD

76. BCD 77. AD 78. ACD
79. AB 80. BC 81. BC
82. AC 83. ACD 84. AD
85. BC 86. BC 87. BD
88. ABD 89. ABCD 90. ABCD
91. ABD 92. AC 93. BCD

行政法

【单项选择题】

1. C 2. C 3. D 4. B 5. D
6. D 7. B 8. C 9. D 10. A
11. A 12. A 13. D 14. D 15. C
16. A 17. C 18. A 19. D 20. C
21. A 22. A 23. D 24. A 25. B
26. C 27. C 28. C 29. A 30. B
31. C 32. B 33. C 34. B 35. B
36. D 37. D 38. A 39. A 40. D
41. C 42. B 43. C 44. B 45. A
46. B 47. D 48. D 49. D

【多项选择题】

50. ACD 51. AB 52. ABD
53. AC 54. ACD 55. ABD
56. ABC 57. BC 58. CD
59. ACD 60. BC 61. AC
62. AC 63. ABCD 64. BCD
65. ABC 66. ABD 67. AD
68. AB 69. ABD 70. ACD
71. BD 72. ABCD 73. BD
74. AC 75. CD 76. ACD
77. ABC 78. AC 79. BC
80. AB 81. AC 82. AB
83. BCD 84. ABCD 85. ACD
86. ABC 87. BD 88. AD
89. BCD 90. BCD 91. AD
92. ACD 93. ACD 94. ABCD
95. AC 96. AB 97. ABC
98. ACD 99. AD 100. BC
101. ABC 102. BCD 103. AB
104. ABD 105. ABCD 106. AD
107. AD 108. ABC

【不定项选择题】

109. ABC 110. BC 111. AD
112. ABCD 113. A 114. A
115. BC 116. AC 117. ABD
118. ABCD 119. AD 120. C
121. ABD 122. BD 123. AB
124. BCD 125. B 126. A
127. AD

科目二

民法

【单项选择题】

1. 徐某是甲公司总经理，甲公司为其配备了一辆轿车供上下班使用。后徐某辞职，甲公司尚欠其10万元工资。徐某与甲公司多次交涉无果，欲对轿车行使留置权。关于本案，下列哪一说法是正确的？

A. 徐某可以行使留置权

B. 徐某不可以行使留置权

C. 徐某向甲公司主张10万元工资的债权请求权不受诉讼时效限制

D. 徐某向甲公司主张10万元工资的债权请求权受2年诉讼时效期间的限制

2. 甲与乙订立买卖合同，约定甲于10月10日交货。乙在收货后10天内付款。交货期届满时，甲发现乙有转移资金以逃避债务的行为。对此，甲可依法行使的权利是？

A. 先履行抗辩权

B. 同时履行抗辩权

C. 先诉抗辩权

D. 不安抗辩权

3. 女舞蹈家关某在某小学参加活动，观看小学生舞蹈表演，发现10岁女孩林晓极具舞蹈天赋，遂对林晓表示愿意赠与其100万元；该笔资金只能用于舞蹈培训，助其成为舞蹈艺术家。林晓当场接受，林晓的父母知悉后，明确表示拒绝，下列哪一选项是正确的？

A. 林晓的父母应维护林晓的利益，赠与有效

B. 林晓的父母可拒绝接受，赠与无效

C. 林晓可以独立判断，赠与有效

D. 林晓获得赠与属于纯获利益，赠与有效

4. 杨某、范某、路某三人系好友，某日，三人商定由杨某出资5000元，范某出资2万元，路某出资5000元共同购买宠物犬一只，约定三人按照出资比例共有，按周轮流饲养。后路某在饲养期间，与杨某将宠物犬作价36万元卖给了张某，范某收到24万元款项时才知情，下面正确的？

A. 杨某有优先购买权

B. 范某有优先购买权

C. 路某构成无权处分

D. 路某构成份额转让

5. A公司与B银行签订了最高额抵押合同，以建设用地抵押，抵押额为6000万，期限一年。第一季度，A公司向B银行借款4000万，而后B银行将债权转让给C公司。第二季度，AB约定将之前的2000万债务转入最高额抵押。第三季度，A向B银行再借款4000万。一年期满，A公司无法清偿到期债务，B银行申请拍卖建设用地使用权，所得价款8000万。下列哪一说法是正确的？

A. B银行可以获得6000万优先权

B. B银行仅能就4000万优先受偿

C. C 公司可以受偿 4000 万优先权

D. C 公司可以受偿 2000 万优先权

6. 某学生在甲省上学时，接手机信息提示，所持有借记卡被乙省 ATM 取走一万元，学生发现借记卡在身边并报警，然后存入一元在卡里，保存凭条后，将发卡银行诉至法院索要赔偿。经查，该学生不存在泄漏银行密码，但长时间未修改密码。下列表述正确的是?

A. 发卡银行应赔偿损失

B. 发卡银行与盗刷者承担连带责任

C. 该学生自行承担责任

D. 学生自己承担 1/2 的责任

7. 毓秀公司与茂华融资租赁公司签订《融资租赁合同》，将毓秀公司的一批寿山石以 500 万元的价格出售给茂华公司，再由茂华公司以月租金 100 万元的价格出租给毓秀公司，租期 5 年，到期后如毓秀公司未违约，则该批寿山石复归毓秀公司所有。经查，该批寿山石一直放在毓秀公司，实际是以市场价 5 万元从市场上购得的一批老挝石冒充的，茂华公司签订合同前，曾派人到毓秀公司查验，但未发现有假。关于该《融资租赁合同》，下列哪一说法是正确的?

A. 该合同因租赁物虚假而无效

B. 该合同属于实践性合同

C. 该合同可撤销

D. 该合同效力没有任何瑕疵

8. 甲公司和乙公司签订购销合同，约定由甲公司提供参数，乙公司备工备料，利用乙公司的技术制造一台大型工业冶炼炉（高约 20 米、中径 50 米），并按照甲公司指定地点安装交付，合同还约定，乙公司有义务定期调试设备，并提供必要的培训服务。关于该合同的法律性质，下面正确的?

A. 提供劳务合同

B. 建设工程合同

C. 买卖合同

D. 技术服务合同

9. 雷某因家门口临时堆放装修材料，故安装了一个监控摄像头，邻居周某偶然发现该摄像头拍摄范围过大，可完整拍到周某家人员进出情况，遂要求雷某拆除。雷某表示可以调整拍摄范围，只拍自家门口，因此无须拆除，但周某态度强硬，要求必须拆除。雷某被惹怒，不仅拒绝拆除，也拒绝调整。下列说法正确的有?

A. 周某有权要求雷某拆除摄像头，排除妨碍

B. 雷某的行为侵害了周某的隐私权

C. 雷某的行为是合法行使财产权，并无不当

D. 雷某的行为侵害了周某的名誉权

10. 甲与乙 2017 年结婚，次年二人育有一女丙。甲外出打工，多年未回。2021 年 5 月甲的同事丁突然上门要债，称甲赌博欠下巨债未还，乙经多方打听，发现甲具有赌博的恶习，结婚时予以隐瞒。乙向法院提起了离婚，以下选项正确的是?

A. 乙提起离婚，法院无须调解，可直接判决离婚

B. 甲有赌博恶习屡教不改，离婚后应由乙女直接抚养女儿

C. 甲男隐瞒婚前赌博的恶习，构成了欺诈，乙女可以请求撤销婚姻

D. 甲男赌博的债务是在婚姻期间形成的，为夫妻共同债务

11. 顾客甲在超市买东西时，看见顾客乙将手机遗失在水果摊位，甲因乙挑水果行为粗鄙，便没有直接告诉乙遗失了手机，而是将手机送到超市的失物招领处。招领处的工作人员丙在登记时，不小心碰

翻顾客丁遗失的小鱼缸，致使该手机进水损坏。对此，下列哪一说法正确？

A. 甲的行为构成无因管理

B. 甲的行为构成拾得遗失物

C. 对于乙的手机损坏，丙与丁系共同侵权

D. 对于乙的手机损坏，甲与丙系共同侵权

12. 2021 年 3 月，刘云去世时，除了刘云的二哥刘雨外，刘云的其他近亲属均已死亡，因此，家族的老人只能在刘云本家后辈中找人为其“顶盆发丧”。按照当地的习俗，若找不到人“顶盆”，死者就不能发丧；“顶盆”的本家后辈等于过继给死者，死者的所有家产均由其继承。由于刘云二哥刘雨的两个儿子均不同意“顶盆”，最后由刘云三哥的儿子刘天“顶盆”。一年后，因刘云的 A 房屋成为拆迁房（补偿费 90 万元），刘雨诉请法院依照《民法典》的规定判决确认 A 房屋由刘雨作为第二顺序法定继承人继承；刘天则反诉请求法院依照当地的习俗判决确认 A 房屋由刘天作为第一顺序法定继承人继承。因我国现行法对“顶盆过继”未作规定，对于应如何裁判该案，合议庭有四种意见。根据我国民法的规定，这四种意见中，最为可采的是哪一种？

A. “顶盆过继”的习俗不能作为裁判的直接依据，因此，应当依照《民法典》的规定判决确认由刘雨作为第二顺序法定继承人继承 A 房屋

B. “顶盆过继”的习俗属于封建迷信，违背公序良俗，不能作为裁判的直接依据，因此，应当依照《民法典》的规定判决由刘雨作为第二顺序法定继承人继承 A 房屋

C. “顶盆过继”的习俗可以作为裁判的直接依据，但只能具有“弱效果”，不能因此剥夺刘雨的第二顺序继承权，因此，应当基于公平考量判决确认 A 房屋由刘雨和刘天共同继承

D. “顶盆过继”的习俗可以作为裁判的直接依据，且可以具有“强效果”，且因此阻却刘雨的第二顺序继承权，因此，应当依照“顶盆过继”的习俗判决确认 A 房屋由刘天作为第一顺序法定继承人继承

13. 甲与乙培训学校订立合同约定：“甲以 1000 元购买乙出版的 2022 年考研笔试包（单价 600 元）与面试包（单价 400 元）。甲于合同成立时支付全款 1000 元。若甲未通过笔试，乙不退还甲笔试包价款，仅退还甲面试包价款 400 元，甲已经收到的图书不予返还；若甲通过笔试但未通过面试，乙不退还甲面试包价款，仅退还甲笔试包价款 600 元。”后甲通过当年笔试但未通过面试。关于甲、乙间的该合同，下列表述正确的是？

A. 甲、乙仅约定合同部分内容附条件，甲、乙间的合同因此全部无效

B. 甲、乙仅约定合同部分内容附条件，视为全部未附条件，乙无须对甲返还任何价款

C. 买卖面试包的部分附解除条件，且条件确定不成就，乙无须退还甲面试包价款

D. 买卖笔试包的部分附生效条件，且条件确定不成就，乙应当退还甲笔试包价款

14. 袁某和祖某系夫妻，后二人吵架，袁某离家出走。2 年后，依祖某申请，法院宣告袁某失踪。关于本案，下列哪一说法是正确的？

A. 袁某被宣告失踪后，丧失民事行为能力

B. 袁某被宣告失踪后，祖某可以继承袁某财产

C. 袁某父母不同意，可以申请撤回失踪宣告

D. 祖某提出离婚诉讼的，法院应当准许

15. 某日，古玩爱好者王某在本地经常光顾的古玩街花费数万元购买了一对青铜烛台，疑为明代真品。后经鉴定，该烛台为现代仿品，仅值数百元，对此，下列哪一说法是正确的？

A. 王某可主张存在重大误解，请求撤销合同

B. 王某意思表示真实有效，无权请求撤销合同

C. 王某可主张存在显失公平，请求撤销合同

D. 王某可主张其被出卖人欺诈，请求撤销合同

16. 宏晟宾馆系一家五星级酒店，经营状况良好。远胜公司喜欢宏晟宾馆大厅内陈列的一幅山水画，多次协商未果。后远胜公司以 4.5 亿元（高于市场价 1 亿）收购了宏晟宾馆的全部资产。收购的第二天，远胜公司拍卖了该幅山水画，拍卖价 1.5 亿元，引起人们的关注。关于该项收购交易的行为，下列哪一说法是正确的有？

A. 属于重大误解，可以撤销

B. 属于欺诈，可以撤销

C. 属于显失公平，可以撤销

D. 并无瑕疵，合法有效

17. 2020 年张某（男）与李某（女）结婚。二者签订婚前协议，张某婚前财产房屋一套归张某所有，李某享有居住权。但是，李某不得转让、出租并且将婚前协议进行了公证。2022 年张某死亡，李某将房屋出租。关于本案，下列说法正确的是？

A. 居住权成立，租赁合同有效

B. 居住权不成立，租赁合同有效

C. 居住权成立，租赁合同无效

D. 居住权不成立，租赁合同无效

18. 某村委会为村民通行方便，与甲约定，某村每个月给甲 500 元，甲不建围墙。2021 年开始，村委会不再按约向甲给付 500 元，后甲向村长多次催要未果，表示要恢复建围墙。村民均认为甲的行为影响出行，要求起诉甲。关于本案，下列哪一说法是正确的？

A. 甲侵犯了村民的地役权

B. 甲侵犯了村民的相邻权

C. 地役权自合同成立时设立

D. 甲恢复建围墙的行为合理

19. 甲向乙借款，第三人丙为甲的借款以自有不动产提供担保，并与债权人乙签订不动产抵押合同。丙经乙催告多次恶意不办理抵押登记，借款合同到期后，甲无力还款。关于本案，下列说法正确的有？

A. 丙恶意延期不办理抵押登记，视为抵押权已经设立

B. 抵押合同生效时抵押权设立

C. 在抵押物的价值范围内承担违约责任

D. 抵押合同效力待定

20. 2019 年 7 月 8 日，M 市甲因摩托车遭台风损坏，送至乙处修理，二人约定 7 月 10 日付款取车。不久，甲因工作调离 M 市，忘了取车。2022 年 7 月 13 日，甲回 M 市取车，乙要求支付修理费，否则不还。甲诉至法院。关于本案，下列哪一说法是正确的？

A. 乙的修理费诉讼时效已届满，但其可以行使留置权

B. 乙的修理费诉讼时效已届满，甲有权请求乙返还摩托车

C. 乙的修理费诉讼时效已届满，该请求权消灭

D. 乙的修理费诉讼时效已届满，其从权利留置权消灭

21. 甲公司和乙公司签订了一份长期的供货合同。后因地震，原材料成本和运输费用均上涨，若继续履行合同甲公司将遭受重大损失，甲公司与乙公司协商变更合同被拒。关于本案，下列选项正确的是？

A. 合同因重大误解可撤销

B. 合同因不可抗力可撤销

C. 合同因显失公平可撤销

D. 合同因情势变更可变更

22. 李某在古玩店发现刘某以 1 万元出售一只清代紫烟壶，李某知道这壶是一对。收藏家胡某寻求另一只正以 10 万元报价在古玩园内收购，李某与刘某达成协议以 1 万元购买，于 3 日后付款，并向刘某支付 5000 元定金。李某前往胡某家中以 10 万元达成协议，3 日内交货，胡某向李某支付 2 万元定金。3 日后刘某取出时不小心将紫烟壶摔碎。关于本案，下列哪一说法是正确的？

A. 刘某只需将定金返还给李某

B. 刘某应当向李某返还 5000 元双倍定金

C. 李某有权向胡某请求减少返还定金金额

D. 李某应当向胡某返还 20000 元双倍定金

23. 4 月 20 日，贺某因购买制造假酒设备和原料向宫某借款 50 万元，期限一年，月息 2%，并告知了借款用途，宫某当即表示同意，并于次日向贺某交付现金 20 万元，4 月 22 日向贺某银行卡实时转账 30 万元。应宫某要求，董某以自己所持某有限责任公司的股权为该笔借款提供担保，并办理了质押登记。对此，下列说法正确的是？

A. 借款合同无效

B. 董某应承担担保责任

C. 借款合同于 4 月 20 日成立

D. 借款合同部分无效

24. 甲与乙签订了为期三年的供货合同，丙与乙约定合同期限内，愿意在 2000 万元范围内对乙承担保证责任。两年后，甲因经济困难无力履行合同，与乙协议终止供货合同，此时未付货款为 2022 万元，乙同意免除其 22 万元尾款，并同意甲将 500 万元债务转让给丁，以上内容均未通知丙。下列哪一选项是正确的？

A. 丙应承担 2022 万元的保证责任

B. 丙对甲的债务承担连带保证责任

C. 丙应承担 2000 万元的保证责任

D. 丙应承担 1500 万元的保证责任

【多项选择题】

25. 2019 年 1 月 2 日，大象公司和众森公司签订了一份建筑工程施工合同，但大象公司无资质。工程验收合格后，众森公司以大象公司无资质为由抗辩，大象公司起诉主张工程价款以及建筑工程优先受偿权。关于本案，下列说法正确的有？

A. 大象公司应在六个月内主张建筑物优先受偿权

B. 大象公司有权主张建筑物优先受偿权

C. 大象公司主张的建筑物优先受偿权不包括违约金

D. 众森公司应参照合同约定支付工程款

26. 甲在某大学摆设饮料自动贩卖机，乙投入两枚硬币购买了一罐咖啡，咖啡出来后，两枚硬币因机器故障跳出。乙见四

处无人，乃取两枚硬币放入口袋。这一场景恰好被甲的职员丙发现，遂产生纠纷。关于本案，下列哪些说法是正确的？

A. 甲摆设自动贩卖机的行为属于要约

B. 乙投币购买咖啡的行为属于承诺

C. 乙将两枚硬币放入口袋的行为构成不当得利

D. 甲有权请求乙返还该两枚硬币

27. 2015 年甲立公证遗嘱：死后其全部遗产归长子乙。2016 年甲又前往同一公证部门立公证遗嘱：死后全部遗产归次子丙。由于儿子不孝，2017 年甲又在家中亲笔书写一份遗嘱，写明其全部遗产死后归大女儿丁，并注明年月日。后甲因病住院，小女儿戊悉心照料，2018 年甲病危，口头遗嘱死后全部遗产归小女儿戊，在场的两名护士可以见证。后甲死亡。关于本案，下列哪些说法是正确的？

A. 2015 年甲立的第一份公证遗嘱无效

B. 2016 年甲立的第二份公证遗嘱有效

C. 丁无权继承甲的遗产

D. 戊有权继承甲的全部遗产

28. 甲向乙借款，以房屋设定抵押权，并办理了抵押登记，之后甲将该房屋出租给不知情的丙，预收了 2 年的租金。借款到期后甲无力清偿债务。半年后，经乙请求，该房屋被法院委托拍卖，由丁竞买取得。下列选项错误的是？

A. 丁有权请求丙腾退房屋，丙无权要求丁退还剩余租金

B. 丁有权请求丙腾退房屋，丙有权要求丁退还剩余租金

C. 丙有权要求丁继续履行租赁合同

D. 甲与丙之间的租赁合同无效

29. 2021 年 5 月，张某向李某短期借款，将其一辆豪车抵押给李某作为担保，但未办理抵押登记。同年 6 月，张某与王某订立买卖合同，将该车所有权转让给王某，未实际交付，也未办理登记，而是约定张某能继续有偿使用 2 个月，同年 7 月，张某驾车发生剐蹭事故，遂将车送周某的修车行修车，修理完毕后，张某未前来取车，也未付修理费。下列哪些是正确的选项？

A. 未办理登记，不影响李某依生效抵押合同取得抵押权

B. 修车费与豪车价值相差太大，周某不能行使留置权

C. 未实际交付，也未登记，不影响王某取得该车所有权

D. 该车已不是张某所有的财产，周某不能享有留置权

30. 甲公司将其所有的房屋出租给乙公司并交付使用，租期 2 年，在租赁期限内，甲公司因向丙公司借款，遂将该房屋抵押给丙公司作为担保，并办理了抵押登记，对此，下面正确的？

A. 甲公司抵押该房屋，无须征得乙公司同意，租赁关系不受影响

B. 甲公司出卖该房屋，无须征得丙公司同意，抵押权不受影响

C. 租赁期限届满，乙公司享有以同等条件优先承租该房屋的权利

D. 甲在房屋租赁期间出卖该房屋，乙享有以同等条件优先购买的权利

31. 甲与乙签订租赁合同，约定甲以 100 万元向乙购买一套房屋，再由乙向甲租赁该房屋，租期一年，月租金 10 万元，丙为乙的租金支付承担连带责任保证，经查，该房屋不存在，甲和乙均知情，丙不知情，下列说法正确的是？

A. 租赁合同有效，保证合同无效

B. 名为租赁合同，实为借款合同

C. 租赁合同无效，保证合同可撤销

D. 租赁合同无效，保证合同无效

32. 甲将其 A 房屋出租给朋友乙，约定："租期 3 年，月租金 3000 元（远低于市场价格）。"甲向乙交付 A 房屋后不久，未经甲同意，乙将 A 房屋出租给丙，约定："租期 2 年，月租金 5000 元（与市场价格相当）。"因顾及朋友关系，甲决定不终止与乙的租赁合同。对此，下列表述中，正确的是？

A. 乙、丙间的 A 房屋租赁合同有效

B. 若甲容忍丙继续占有使用 A 房屋，甲有权请求乙将每月转租的差价 2000 元作为不当得利支付给甲

C. 若甲不能容忍丙继续占有使用 A 房屋，甲有权请求丙将对 A 房屋的直接占有返还给乙

D. 若甲自知道乙将 A 房屋出租给丙的事实后 6 个月内一直未表示异议，即使此后甲不能容忍丙继续占有使用 A 房屋，甲也不得请求丙将对 A 房屋的直接占有返还给乙

33. 2021 年 3 月 1 日，薛女与江男感情破裂离婚，协议分割财产，并已经离婚。2021 年 9 月 1 日，薛女发现江男隐藏了婚后股票 100 万元，且江男平时喜好赌博，打牌欠款 50 万元，现薛女要重新分割财产，江男主张应分担债务。下列选项正确的是？

A. 江男损害了夫妻共同财产利益

B. 薛女应承担 50 万元债务

C. 薛女有权要求重新分割财产

D. 薛女应承担 25 万元债务

34. 2020 年 8 月，甲立公证遗嘱，将自己的两套房子 X、Y 房产均由共同生活的儿子张乙继承。2021 年 3 月，女儿张丙投资失败，生活陷入困难，甲将 X 房赠与张丙，并已过户登记。张乙不满并对甲言语不敬，指桑骂槐。甲失望，后来自书遗嘱，将 Y 房赠与侄子张丁。2021 年 8 月甲去世，张乙对张丙、张丁因 X，Y 房归属发生纠纷，下列正确的是？

A. 应当由张乙继承

B. 张乙并不因对甲出言不敬，丧失继承权

C. 应当由张丁受赠 Y 房

D. 甲将 X 房赠与张丙，系无权处分

35. 黄某育有一子一女，黄伟和黄美。黄某一直与其子黄伟共同生活。黄美与前夫赵某育有一女赵小星，后与卢某再婚，共同抚养卢某与前妻的儿子卢小东至其成年。2021 年 1 月 1 日，黄美因车祸去世。同年 2 月 1 日，黄某因病去世，留下三套商品房。关于黄某的遗产继承，下列哪些说法是正确的？

A. 卢小东有权继承

B. 黄伟有权继承

C. 赵小星有权继承

D. 卢某当然有权继承

36. 高某欲从事水下捞鲍鱼的工作，经朋友介绍，想在顾某承包的海区学习潜水后再找相关工作。顾某告知不教潜水，高某说可以跟工人学，后顾某同意。高某遂自己购买潜水衣等与工人同吃同住。某日，高某与工人一起出海训练，不幸在该海区溺亡。高某无子女，父母和姐姐均已去世，尚有一外甥女，傅某系姐姐抚养成年之继女。对此，下列说法正确的是？

A. 高某与顾某形成雇佣合同关系

B. 高某应对自己的死亡承担主要责任

C. 傅某有权继承高某的遗产

D. 顾某应对高某承担安全保障义务

37. 甲去桃花源村旅游，全村都是旅游景区，甲入住村内酒店。在村里溜达的时候看见一棵杨梅树，问旁边的乙，这棵

树是谁的，乙回答说没人管。甲遂爬上树摘杨梅，一不小心摔了下来。后经查明，是村里丙的。下列哪些选项是正确的？

A. 桃花源村应对甲的摔伤负责

B. 甲自己负全责

C. 丙不对甲负有安全保障义务

D. 乙对甲的摔伤承担责任

38. 甲、乙系闺蜜。丙有意追求甲，向乙打听甲的信息，碍于情面，乙将甲的手机号码、生日、家庭住址（以下简称“甲的信息”）提供给丙。甲生日当天，丙到丁蛋糕店为甲定制生日蛋糕时，按照丁的报价，丙将甲的信息出卖给丁，下列表述正确的是？

A. 乙将甲的信息提供给丙的行为，属于侵害甲的个人信息的行为

B. 丙向乙收集甲的信息的行为，属于侵害甲的个人信息的行为

C. 丙将甲的信息出卖给丁的行为，属于侵害甲的个人信息的行为

D. 丁向丙购买甲的信息的行为，属于侵害甲的个人信息的行为

39. 某旅游公司授权甲去云南洽谈民宿价格。正值松茸季，甲以公司名义和商家用公司团购优惠价订立松茸买卖合同并付款，准备卖给自己的客户赚钱，写寄送地址的时候不小心写成公司地址，寄到了公司。公司知晓后拿来做福利发给员工。关于本案，下列说法正确的是？

A. 甲有权请求公司返还价款

B. 商家可以欺诈为由撤销合同

C. 甲构成无权代理

D. 甲有权请求公司返还松茸

40. 孟某将其名下一套公寓以 200 万元的价格出售给邱某。该公寓系孟某于 10 年前在二手房交易市场购买。该公寓本次出售时，其住宅建设用地使用权已达 30 年。关于该公寓房的交易，下列说法错误的是？

A. 办理不动产变更登记前，应先办理土地使用权登记

B. 该公寓土地使用年限届满时如不续期，邱某丧失房屋所有权

C. 该公寓转让应由邱某单独申请不动产变更登记

D. 孟某应以 200 万元的应纳税所得额缴纳个人所得税

41. 孙某将一对价值 100 万元的骨瓷花瓶出质给文某，向文某借款 70 万元，约定借款期限为 3 年。3 年后，孙某未能依约还款。因受市场价格波动影响，该花瓶折价为出质时市场价的一半左右。因孙某无法偿还借款，遂与文某协商将该花瓶以 48 万元卖给第三人黄某。黄某依约付款后，孙某反悔，认为价格太便宜，要求文某不得向黄某交付，并向文某主张返还花瓶。下列说法正确的是？

A. 花瓶所有权现归孙某

B. 孙某无权向文某主张返还花瓶

C. 孙某对文某的债务已经消灭

D. 花瓶所有权现归黄某

42. 张某去世后，其名下某房屋按照张某遗嘱由其唯一的儿子张小东继承，但是一直未办理过户登记。后张小东因将赴国外长期工作遂与李某签订房屋买卖合同欲转让房屋。据此，下列说法正确的是？

A. 张小东应先为其办理过户登记，才能处分该房屋

B. 张小东享有房屋的处分权，房屋买卖合同合法有效

C. 因未办理过户登记，张小东未取得该房屋所有权

D. 张小东为李某办理过户登记后，李某取得房屋所有权

43. 甲公司有一台价值200万元的大型车床，为经营需要，甲公司分别于5月7日、6月7日、7月7日向乙丙丁三家银行借款100万元、60万元、40万元，并分别在借款当日约定以该车床作抵押担保。乙银行的抵押权未登记，丙银行的抵押权于6月9日登记，且丙银行对乙银行的抵押权知情；丁银行抵押权于7月9日登记，但丁银行对乙银行的抵押权不知情。关于乙丙丁三家银行的抵押权顺位，下列判断正确的是？

A. 乙银行的顺位先于恶意的丙银行

B. 丁银行顺位先于未登记的乙银行

C. 丙银行顺位先于未登记的乙银行

D. 丙银行顺位先于后登记的丁银行

44. 飞扬租车公司将一辆汽车租给尤某长期使用，某日尤某将车驶入某大厦地下停车场，未及时取车，便因违法被行政拘留。期满后尤某前往取车，因未交费，停车场锁住了车轮胎。数日后，尤某趁人不备砸开锁冲破关卡开走该车，对此下列选项正确的是？

A. 该停车场的锁车行为合法

B. 该停车场有权基于留置权请求尤某返还车辆

C. 尤某强行开走汽车的行为侵害了该停车场的物权

D. 该停车场有权请求飞扬租车公司支付停车费

45. 2022年8月，赵某乔迁新居后赴外地出差，妻子管某在处理旧物件时，将木质屏风卖给邻居辛某。辛某打开屏风时掉出一个封面写有“赵某备用，2011年5月5日”的信封，信封内装有1000元。赵某出差回来后，听妻子说起旧屏风，想起这笔10多年前藏的私房钱1000元（系奖金收入）。关于该笔金钱，下列哪些说法是正确的？

A. 属于发现隐藏物，不能归辛某所有

B. 应属于赵某夫妻共同财产

C. 辛某构成先占，享有货币所有权

D. 辛某并非恶意占有，构成善意取得

46. 3周岁的小明在三楼自家阳台玩耍，爬到防护栏不慎踩空，头卡在防护栏上，14周岁的小强路过见状通过二楼空调围栏爬到三楼，为避免小明窒息，托举小明至解救。期间，小强手臂被划伤，二楼空调围栏被踩坏。关于本案，下列说法正确的有？

A. 小强的救助行为应经过监护人同意

B. 小强的父母应对空调围栏所有人承担赔偿责任

C. 小明的父母应对空调围栏所有人承担赔偿责任

D. 小明的父母应对小强进行合理补偿

47. 甲公司与肖某签订了买卖合同，约定甲公司向肖某出售一台钻机，肖某支付货款500万元，后肖某发现该钻机质量与产品说明不符，双方产生纠纷，对此，下列选项正确的是？

A. 甲公司应向肖某承担违约责任

B. 肖某有权要求甲公司赔偿损失

C. 甲公司应向肖某承担产品责任

D. 肖某有权要求甲公司负责钻机的修理、更换、退货

48. 甲有一台设备，先和乙签订买卖协议约定15日后交付，其后又和丙签订买卖协议，丙支付货款后约定以占有改定方式交付。然后甲又出租给丁，约定每月交付租金。关于本案，下列说法正确的是？

A. 该设备所有权人为丙

B. 该设备所有权人为甲

C. 甲与丁之间的租赁协议合法有效

D. 乙可以基于买卖协议请求甲赔偿

49. 汪某于2016年6月6日与志华中学达成捐赠协议，约定汪某每年向志华中学捐赠5万元图书，连续捐赠十年。2016年8月8日，汪某向志华中学交付了第一批图书。2020年5月，汪某罹患重病，无法工作，为治病花光了所有积蓄，家庭生活陷入了困难，遂向志华中学表示无法继续捐赠。据此，下列选项正确的是？

A. 汪某有权撤销赠与

B. 汪某与志华中学之间的赠与合同于2016年6月6日成立

C. 志华中学可以免除汪某捐赠义务

D. 汪某可以不再履行捐赠义务

50. 甲公司与乙公司签订租赁合同，约定将一台机器出租给乙公司，并于一周后交付。租赁合同成立次日，甲公司就同一台机器与丙公司订立买卖合同，依合同约定以占有改定方式进行交付。一周后，甲公司将机器交给乙公司使用，并按照约定收取押金若干。关于本案，下列选项正确的是？

A. 适用买卖不破租赁规则

B. 不适用买卖不破租赁规则

C. 丙公司已取得机器所有权

D. 乙公司有权请求甲公司承担违约责任，返还押金

51. 方某从国外购得一匹名贵布料，为取悦女友，找到当地著名旗袍设计师包某，为女朋友量身定制旗袍。因材质复杂，包某认为需要高端裁剪设备一台，双方约定15日之内完工，价款2万元（包括设备5000元）。当包某全力赶工至第13天时，方某通知包某已与女友分手，不需加工旗袍。关于本案，下列说法正确的是？

A. 方某有权解除该合同

B. 方某应当支付大部分报酬

C. 设备所有权归包某所有

D. 未完工旗袍所有权归方某和包某共有

52. 某小区在小区设立初期雇佣了一家物业公司，其后该物业公司一直就在该小区工作。该物业公司在物业房周围搭建了一圈房子，同时，物业又将小区草地出租给洗车公司。关于本案，下列选项正确的是？

A. 该小区业主可以经过法定程序解聘该物业公司

B. 在物业房周围搭建房子的行为侵犯了业主的建筑物区分所有权

C. 将草地出租给洗车公司的行为侵犯了业主的建筑物区分所有权

D. 除去合理成本，剩余租金应归全体业主共有

53. 甲曾因酒驾犯罪而受到刑事处罚，出狱后居住于某小区，后乙因琐事与甲闹僵，在小区微信群中说：“A栋6楼601室的甲是罪犯”。甲看到后非常气愤。关于本案，下列说法正确的有？

A. 乙侵犯了甲的名誉权

B. 乙侵犯了甲的隐私权

C. 甲请求乙赔礼道歉、消除影响不受诉讼时效期间的限制

D. 乙侵犯了甲的个人信息权益

54. 沈某（男29周岁）与邱某（31周岁）均为再婚，二人婚前均有一子一女，分别为沈俊（5周岁）沈俏（4周岁）和冯靓（7周岁）冯丽（3周岁）。经沈某前妻和邱某前夫同意，二人计划收养对方子女，组成新的六人家庭。关于本案，下列说法正确的是？

A. 沈某前妻和邱某前夫是否有特殊困难不影响收养

B. 沈某未满30周岁，不可以收养冯靓和冯丽

C. 邱某已满 30 周岁，可以收养沈俊和沈俏

D. 沈某可以但只能收养冯靓和冯丽中的一人

55. 甲乙结婚后，甲购买一套房屋，登记在甲的名下。后乙怀孕，甲被确诊癌症。甲要求乙将孩子打掉，乙不同意。后甲立下遗嘱，该房屋归乙和自己父母所有。后甲死亡，乙生下孩子随母姓。关于本案，下列说法正确的有？

A. 若甲的父母不同意孩子随母姓，有权向法院起诉变更

B. 孩子可以随母姓

C. 甲的遗嘱因为处分了夫妻共有财产部分无效

D. 甲的遗嘱因为没有给未出生的孩子留下必要份额而部分无效

56. 张甲与妹妹张乙、张乙之子张丙三人一同参与某旅游景点的水上漂流项目。因船故障触礁后翻船，三人一同溺水。张乙抢救无效当场死亡。张甲当晚死亡，张丙次日死亡。张甲未婚无子女，父母早逝。张乙另有一子张丁，张丙育有一子张戊。关于张甲遗产继承，哪些选项是正确的？

A. 张丁系张乙之子，有权代位继承张甲遗产

B. 张甲遗产无人继承，应收归国家所有

C. 张戊系张丙之子，有权转继承张丙代位继承的张甲遗产

D. 张甲的死亡赔偿金不属于遗产

57. 甲乙系邻居，甲因出国委托乙帮忙照看房屋。乙让空调公司过来帮自己拆除废旧空调，突然想起来甲家也有两台废旧空调，于是找空调公司雇员丙，让他帮忙拆甲家的空调，同时约定空调折旧费算拆除费，丙说他们公司不让对外接私活，但他有个老乡丁，可以请丁帮忙拆除，乙同意。第二天丁来甲家拆空调，不慎从三楼坠落，造成全身瘫痪。关于本案，下列选项正确的是？

A. 甲乙之间构成无因管理之债

B. 乙应对丁承担相应的赔偿责任

C. 乙与丁构成承揽合同关系

D. 甲应对丁承担相应的赔偿责任

58. 甲（13 周岁）初中住校，晚上睡觉从学校的床上滚下来了摔断胳膊。据悉，学校的床上有挡板，超过床一半长度，相关规定要求不能短于床的三分之一。学校从来没有人掉下过床。关于本案，下列说法正确的是？

A. 学校有义务保障学生在校安全

B. 学校已经尽到合理限度的责任，可以免责

C. 甲从床上掉下系监护人责任

D. 学校应当承担补充责任

知识产权法

【多项选择题】

1. 下列关于《商标法》的有关规定，说法正确的是？

A. 声音也可被注册为商标

B. 商标注册申请人通过一份申请只能就一个类别的商品申请注册同一商标

C. 同中央国家机关的名称、标志相同的，不得作为商标注册

D. 经营者不得将驰名商标字样用于商品的广告宣传当中

2. 创思公司经钟某许可，将其创作的小说改编并拍摄成电影，创思公司聘请了流行歌手王某为电影创作插曲，下列有关

说法正确的是?

A. 某剧团希望将该电影改为舞台剧上演，只需创思公司许可并付费

B. 某出版社希望出版该电影的连环画，需同时经钟某和创思公司的许可并付费

C. 某网站未经许可提供该电影的点播同时侵犯了创思公司、钟某和王某的著作权

D. 某唱片公司希望自聘歌手演唱该插曲并制成唱片，只需王某许可并付费

3. 神仙湖市阳光好空气好水质好，当地盛产银鱼，当地渔民成立了神仙湖渔业协会，并申请注册了“神仙湖银鱼”商标，供渔业协会的会员使用。甲公司未加入神仙湖渔业协会，但其在其他地区养殖的鱼销售时也使用了“神仙湖银鱼”商标。下列说法正确的是?

A. “神仙湖银鱼”属于集体商标

B. “神仙湖银鱼”属于证明商标

C. 甲公司未经许可使用“神仙湖银鱼”商标，属于侵权行为

D. 如果甲公司也注册了“神仙湖银鱼”商标，神仙湖渔业协会有权随时申请其商标被宣告无效

4. 甲的小说《爱在深秋》于1965年1月1日完成。1965年3月1日甲去世。2015年12月31日乙网站上传小说《爱在深秋》供网友阅读，署名丁。2016年1月1日丙网站上传小说《爱在深秋》供网友阅读，未署名。下列表述正确的是?

A. 乙网站侵犯甲的信息网络传播权

B. 丙网站侵犯甲的信息网络传播权

C. 乙网站侵犯甲署名权

D. 丙网站侵犯甲署名权

5. 根据《最高人民法院关于审理侵犯专利权纠纷案件应用法律若干问题的解释（二）》（以下简称《专利纠纷解释（二）》），下列选项正确的是?

A. 被告构成对专利权的侵犯，权利人请求判令其停止侵权行为的，人民法院应予支持

B. 基于国家利益、公共利益的考量，人民法院可以不判令被告停止被诉行为，而判令其支付相应的合理费用

C. 权利人、侵权人依法约定专利侵权的赔偿数额或者赔偿计算方法，并在专利侵权诉讼中主张依据该约定确定赔偿数额的，人民法院应予支持

D. 权利人、侵权人依法约定专利侵权的赔偿数额或者赔偿计算方法，并在专利侵权诉讼中主张依据该约定确定赔偿数额的，人民法院不予支持

6. 甲公司在手机产品上注册了“大米”商标，乙公司未经许可在自己生产的手机上也使用“大米”商标。丙公司不知乙公司使用的商标不合法，与乙公司签订书面合同，以合理价格大量购买“大米”手机后售出，获利10万元以上。下列说法正确的是?

A. 市场监督管理部门应责令乙公司立即停止侵权行为

B. 市场监督管理部门应责令丙公司停止销售

C. 如乙公司在5年内实施两次以上商标侵权行为，应当从重处罚

D. 丙公司应向甲公司承担赔偿责任

7. 甲委托乙帮忙以他的自身经历写成自传《戎马生涯》，未明确约定著作权的归属与报酬，乙完成该部自传约20万字后不久，与甲相约外出旅游，二人不幸遭遇车祸身亡。《戎马生涯》的手稿由乙的唯一继承人丙保管，甲唯一的继承人丁要求丙归还《戎马生涯》手稿。丙拒绝并自行

联系出版社出版了《戎马生涯》，署名为丙。对此，下列说法正确的是?

A.《戎马生涯》著作财产权属于丙

B.《戎马生涯》著作财产权属于丁

C. 丁有权请求丙承担剽窃的民事责任

D. 丙有权请求丁支付适当的报酬

8. 知名书法家王阳 1970 年去世，王阳有两子王光和王明。2018 年弘文出版社将王阳的书法作品汇编为王阳书法作品集进行出售，并在网上做广告进行宣传。2021 年 3 月，王光在网上看到弘文出版社的宣传广告，王明在逛书店时看到其父的该本作品集仍在出售。关于上述事实下列说法正确的是?

A. 弘文出版社侵犯了王光和王明继承的财产利益

B. 弘文出版社侵犯了王阳的信息网络传播权

C. 王光和王明可以在王阳书法作品集销售地的法院起诉

D. 弘文出版社应停止侵权，按侵权作品的全部销售额承担赔偿责任

9. 甲公司研发出一种新型培育方法，可以培育出 A 型对虾，就该培育方法获得了发明专利。乙公司未获得授权，私自采用该方法培育 A 型对虾，并将对虾卖给丙公司生产虾酱，丁超市向丙公司批发大量虾酱用于销售，戊科学研究院使用甲公司的养殖方法进行培育研究试验时发现 A 型对虾成活率并不高，于是研究出了新的成活率更高的养殖方法。请问哪些主体侵犯了甲公司的专利权?

A. 乙公司

B. 丙公司

C. 丁超市

D. 戊科学研究院

10. 甲公司专门从事商标代理业务，与乙公司签订委托合同，约定由甲公司代理乙公司在餐饮服务业上申请注册“叮当响”商标。甲公司在准备提交注册申请时法院受理了乙公司的破产重整申请，甲公司遂将该商标注册的申请人更换为自己并提交了申请。后乙公司破产重整成功，转型从事移动硬盘制造的业务。对此下列说法正确的是?

A. 商标局应驳回甲公司的商标注册申请

B. 乙公司的管理人如提出异议，商标局对甲公司申请的商标不予注册并禁止使用

C. 乙公司的管理人有权代表乙公司起诉解除与甲公司的代理合同

D. 如果乙公司获准注册“叮当响”商标，可直接使用于移动硬盘商品

11. 国外的甲公司在中国注册了“吃饭香”商标，用于胃药，获得商标注册许可证后，与中国的乙公司签订协议，约定由乙公司享有“吃饭香”商标在中国五年的独占许可使用权。随后乙公司发现国内的丁公司在生产假冒的“吃饭香”胃药并进行销售，遂向法院提起诉讼。温某以“吃饭香”直接表明胃药的功能为由向商标局申请撤销该商标。下列有关说法正确的是?

A. 温某有权向商标局申请撤销该商标

B. 丁公司有权向商标局申请撤销该商标

C. 乙公司有权起诉丁公司侵权

D. 甲公司有权起诉丁公司侵权

12. 甲汽车公司委托软件公司开发一套软件，合同约定软件著作权归甲汽车公司所有。软件公司将这项工作安排给了程序员黄某开发，软件公司与黄某并未约定著作权归属问题。黄某因为对薪酬不满从

软件公司辞职，拒绝将软件交给软件公司，后黄某将该软件转让给了不知情的乙汽车公司。乙汽车公司将此软件安装到了其生产的汽车上出售给客户，下列有关说法正确的是？

A. 该软件著作权归甲汽车公司

B. 黄某侵犯了甲汽车公司的著作权

C. 乙汽车公司侵犯了甲汽车公司的著作权

D. 乙汽车公司是善意第三人，不侵犯甲汽车公司的著作权

13. 著名画家赵某送给朋友郑某一幅山水画，郑某将其挂在公司大厅展示，并安排员工拍照作为新产品的背景图，放在公司网站首页宣传。关于郑某公司的行为下列说法正确的是？

A. 侵犯了画家的展览权

B. 侵犯了画家的信息网络传播权

C. 侵犯了画家的复制权

D. 侵犯了画家的发表权

14. 张某编写了一首钢琴曲，甲公司经过其同意，用智能钢琴弹奏并制作了数字专辑。以下哪些行为须经张某许可并付费，无须甲公司同意但须支付报酬？

A. 当地电台按照节目时间表播放

B. 咖啡厅在营业时间播放

C. 音乐软件提供在线点播和下载

D. 电影使用钢琴曲作为片尾曲

15. 甲、乙两公司基于巧合，各自设计出造型和结构相同的新型健身器材。2021 年 11 月 1 日，甲在全国健康研究会上首次展示该器材，乙公司于同日在世界博览会上首次展示该器材。甲公司于 2022 年 2 月 1 日对该器材申请实用新型专利权，乙公司于 2022 年 2 月 2 日对该器材申请实用新型专利权。对此，下列选项错误的是？

A. 甲公司的申请日早于乙公司的申请日，有可能获得授权

B. 因甲公司的健身器材在申请之前公开过，甲公司的申请应被驳回

C. 因乙公司的健身器材在申请之前公开过，乙公司的申请应被驳回

D. 国家知识产权局专利局应通知甲、乙公司协商，协商不成，驳回二者的申请

16. 甲和乙系夫妻，2015 年成立朗安公司，2017 年申请获得一发明专利。2019 年 7 月 1 日，甲和乙协议离婚，约定公司归甲所有，专利归乙所有，并办理了变更登记。离婚次日，乙与丙公司签订专利独占使用许可协议，丙公司进行产品生产。2020 年发现市场上已有丁公司销售的同款产品，是朗安公司于 2019 年 7 月 15 日生产销售给丁公司的产品。以下说法正确的是？

A. 乙有权起诉专利侵权

B. 丙公司有权起诉专利侵权

C. 朗安公司侵犯了乙的专利权

D. 丁公司侵犯了乙的专利权

17. 甲公司获得一项抽湿机的外观设计专利，乙公司未经甲公司许可生产抽湿机，丙公司不知情且以合理价格从乙公司处购买该产品，丁公司从丙公司购买一台抽湿机用于公司仓库使用，后甲公司以乙公司、丙公司、丁公司为被告向法院提起诉讼，乙公司在答辩期间向专利行政主管部门申请宣告甲公司的专利无效，以下说法正确的是？

A. 乙公司侵犯了甲公司专利权

B. 丁公司侵犯了甲公司专利权

C. 即使丙公司不知情且以合理价格购买，也应停止销售

D. 法院应无条件中止诉讼

18. 甲公司注册了图形商标 A，但觉得 A 有瑕疵不好看，稍加修改重新制作了图

形商标 B，印在商品上并标明了注册商标，商标 A 连续三年未被使用。乙公司是生产同类产品的企业，在其商品上使用了图形商标 B。下列有关说法正确的是？

A. 商标局可以依职权撤销商标 A

B. 任何单位和个人可以向商标局申请撤销商标 A

C. 只有甲公司可以向商标局申请撤销商标 A

D. 乙公司侵犯了甲公司的商标专用权

19. 佳加公司经营咖啡店，使用“佳加”商标，在全国开设多家连锁店，在行业内有极高的声誉，“佳加”被认定为驰名商标。李某是佳加公司某一咖啡店的员工，自咖啡店离职后自己创业开设快餐店，使用“佳加”商标。鉴于佳加公司未对“佳加”申请商标注册，李某在快餐品类上将“佳加”申请为注册商标并获得批准。5 年后，佳加公司拓展快餐业务，发现该“佳加”商标被李某注册，下列有关说法正确的是？

A. 李某恶意注册“佳加”商标，任何单位或个人均可对其申请宣告无效

B. 佳加公司申请对李某注册的“佳加”商标宣告无效，应被支持

C. 佳加公司有权要求李某的快餐店停止使用“佳加”商标

D. 佳加公司有权要求李某的快餐店承担赔偿责任

20. 浩南公司在大米上拥有“浩南”图文的注册商标，浩南公司将此注册商标的图文应用在包装袋上委托甲公司印制 1 万个包装袋，甲公司擅自多印制 1 万个包装袋卖给乙公司，乙公司用此包装袋装了自家生产的大米，卖给丙公司，丁超市从正规渠道以合理的价格自丙公司购入大米并销售。下列说法正确的是？

A. 甲公司侵犯了浩南公司的商标专用权

B. 乙公司假冒了浩南公司的注册商标

C. 丙公司侵犯了浩南公司的商标专用权

D. 丁超市没有侵犯浩南公司的商标专用权

【不定项选择题】

21. 甲创作完成一部小说，将烈士陈某的英雄形象进行了歪曲，诋毁了英雄的光辉形象。乙将该部小说内容改编为漫画，上传至丙网站。丁未经许可根据漫画制作成了电子游戏。刘某是烈士陈某的遗孀要求丙网站删除相关漫画，下列有关说法正确的是？

A. 刘某可起诉甲侵犯了陈某的名誉权

B. 刘某可起诉乙侵犯了陈某的名誉权

C. 丁侵犯了甲和乙的著作权

D. 如果丙网站拒不删除该漫画，对于扩大的损害刘某可追究网站的连带责任

22. 甲研发出一个芯片获得了专利，乙申请并获得了一项全部以甲的专利技术为核心的新专利。乙授权给丙电脑公司使用此芯片生产电脑并销售，某大学从丙公司购买 10 台电脑搞科研。下列说法不正确的是？

A. 大学使用电脑用于科研，所以不构成侵权

B. 大学不构成侵权，但需要向甲支付专利使用费

C. 甲可以向法院起诉，确认乙的专利无效

D. 如果乙的专利被宣告无效，丙公司有权要求乙返还专利使用费

23. 柴某是某大学艺术系学生，平时喜欢金丝猴。恰逢猴年便耗时一月创作金

丝猴图案。欢乐公司是一家灯笼厂公司，为提升灯笼销量，在灯笼上使用高度相似的金丝猴立体造型但未经柴某许可，后欢乐公司获得外观设计专利权，于是制造、销售该款灯笼。大海幼儿园买入该款灯笼供学生玩耍，但并不知道该款灯笼造型与柴某的绘画近似。对此，下列说法正确的是？

A. 欢乐公司制造、销售行为侵犯了柴某的著作权，应当予以赔偿并停止侵权

B. 大海幼儿园侵犯了柴某的著作权，但无须停止侵权和赔偿

C. 柴某可请求宣告该专利权无效，因为欢乐公司的外观设计侵犯其在先权利

D. 大海幼儿园的行为侵犯了欢乐公司的外观设计专利权，其无须赔偿，但需停止侵权

24. 南柯是一家专门经营汉服的公司，其于2016年注册了“南柯一梦”商标。青青公司作为一家专门经营汉服的公司，认为该商标与其公司完美契合，经协商双方签订了商标独占使用许可合同，但未报商标局备案。后子衿公司提出愿出双倍许可费与南柯公司签订商标独占使用许可合同，南柯公司欣然接受。某汉服店以市场价买入子衿公司制造的“南柯一梦”品牌服装后进行销售。某购物中心为装饰需要，购入一件子衿公司制作的“南柯一梦”品牌服装，拆掉商标后将其穿在塑料模特上。根据《商标法》，下列选项错误的是？

A. 青青公司有权向法院起诉要求南柯公司承担违约责任

B. 青青公司有权向法院起诉要求子衿公司停止使用“南柯一梦”商标，并承担赔偿责任

C. 汉服店应当对青青公司承担赔偿责任

D. 购物中心的行为并未构成对青青公司的侵权

商　法

【单项选择题】

1. 三石商贸有限公司因管理混乱经营陷入困境，于2019年3月经法院裁定进入破产程序，瀚城律师所被指定为破产管理人。2019年5月底，经债权人会议决议，成立债权人委员会。二鸟公司与瀚城律师所接洽，准备受让三石公司全部的库存和营业事务，关于本案，下列表述错误的是？

A. 债权人委员会应包含一名三石公司的职工代表或工会代表

B. 瀚城律师所应将与二鸟公司的合作事宜事先制作财产管理或者变价方案并提交债权人会议通过

C. 瀚城律师所的方案未被债权人会议通过的，其可以提交给债权人委员会进行表决

D. 瀚城律师所在实施与二鸟公司的合作方案前，应报告债权人委员会

2. 万公司购买梓公司的一批钢材，签发一张承兑汇票给梓公司支付货款，梓公司将该汇票背书给仟公司，并请甲公司提供担保，但没有约定担保金额和被保证人名称，任公司又背书转让给宏公司。梓公司向万公司交付的钢材质量不达标。宏公司向付款银行提示承兑时被拒绝，以下哪些说法是正确的？

A. 宏公司应向任公司请求给付票据款项

B. 因钢材质量不达标，万公司有权拒绝向宏公司承担付款责任

C. 因未约定被保证人名称，甲公司不承担保证责任

D. 如果梓公司向宏公司给付了票据款项，可向甲公司行使追索权

3. 张三为中天公司调试某设备，双方约定，如果因张三的原因造成损失，张三只需要承担10%的赔偿责任。后来，中天公司为该设备投保损失险，未将与张三的约定告知保险公司，保险公司也未询问针对此设备有无免责约定，不久，张三在调试设备时因擅自修改设备参数，造成火灾，中天公司损失10万。下列说法正确的是？

A. 保险公司向中天公司赔偿后，可向张三追偿一万

B. 保险公司向中天公司赔偿后，可向张三追偿十万

C. 保险公司主张代位求偿的管辖法院，依保险合同关系确定

D. 如果保险公司已经向中天公司赔偿，可向其主张返还赔偿金

4. 甲为自己投保一份以死亡为给付保险金的人身保险合同，在体检时发现自己患有不能承保的慢性疾病，保险公司业务员乙知情后仍然想办法为甲办理了该保险并收取了保费，受益人栏目中注明“法定”，未约定受益的顺序和份额。一年后，甲发病身亡，下列说法正确的是？

A. 受益人约定为“法定”，该受益人的指定无效

B. 保险赔偿金由甲的妻子和儿子平均分配

C. 甲未履行如实告知的义务，保险公司可以解除合同

D. 保险公司无需给付保险赔偿金

5. 甲、乙、丙、丁、戊五人是联信有限公司股东，其中甲持有公司股权比例为1%，乙持有公司股权比例2%；丙持有公司股权比例为17%，赵某与丙签订了股权代持协议，约定由赵某实际出资，享受投资收益；丁持有公司股权比例为30%；戊持有公司股权比例为50%且担任公司董事长。公司章程规定，持股比例低于5%的股东不得查阅公司会计账簿。关于本案，下列表述正确的是？

A. 甲无权查阅公司会计账簿

B. 丙无权查阅公司会计账簿

C. 赵某无权查阅公司会计账簿

D. 丁有权查阅并复制公司会计账簿

6. 李玉、商印共同出资成立春花秋月有限公司，关于有限责任公司的出资证明书与股东名册，下列表述错误的是？

A. 有限责任公司成立后，应当向股东签发出资证明书

B. 出资证明书应当载明出资证明书的编号

C. 股东名册应当记载出资证明书编号

D. 未记载于工商登记的股东，不得依股东名册主张行使股东权利

7. 金发、牧田、杜青三人出资设立苍黄古月文化有限责任公司，后公司因经营不善倒闭。下列与清算有关的法律责任，下列选项错误的是？

A. 如未在法定期限内成立清算组开始清算，导致公司财产贬值，债权人林庚有权主张金发、牧田、杜青对公司债务承担全部赔偿责任

B. 如该公司未经清算即办理注销登记，导致公司无法进行清算，债权人宝华有权主张金发、牧田、杜青对公司债务承担清偿责任

C. 如公司解散时金发尚有10万元出资未缴纳，应作为清算财产

D. 如公司财产不足以清偿债务，债权人冯志有权主张金发、牧田、杜青在未缴

出资范围内对公司债务承担连带清偿责任

8. 南方有限公司有9个股东，2019年5月公司经股东会决议决定变更为南方股份公司。下列选项正确的是?

A. 该股东会决议应由6个以上股东同意

B. 该股东会决议应由出席会议2/3以上表决权的股东同意

C. 南方股份公司董事长由全体董事的过半数选举产生

D. 南方股份公司副董事长由出席董事的过半数选举产生

9. 甲是某有限合伙企业的有限合伙人，持有该企业15%的份额。在合伙协议无特别约定的情况下，甲在合伙期间未经其他合伙人同意实施了下列行为，其中违反《合伙企业法》规定的一项是?

A. 将自购的机器设备出租给合伙企业使用

B. 以合伙企业的名义购买汽车一辆归合伙企业使用

C. 以自己在合伙企业中的财产份额向银行提供质押担保

D. 提前一个月通知其他合伙人将其部分合伙份额转让给合伙人以外的人

10. 关于支票的表述，下列选项正确的是?

A. 张三签发的现金支票只能用于支取现金

B. 李四信用良好，可以签发空头支票

C. 王五签发的支票上另行记载付款日期，该支票无效

D. 赵六签发的支票未记载收款人名称的，该支票无效

11. 姜某的私家车投保商业车险，年保险费为3000元。姜某发现当网约车司机收入不错，便用手机软件接单载客，后辞职专门跑网约车。某晚，姜某载客途中与他人相撞，造成车损10万元。姜某向保险公司索赔，保险公司调查后拒赔。关于本案，下列哪一选项是正确的?

A. 保险合同无效

B. 姜某有权主张约定的保险金

C. 保险公司不承担赔偿保险金的责任

D. 保险公司有权解除保险合同并不退还保险费

12. 李某是甲公司的股东，甲公司自2015年5月成立时公司章程约定：1. 公司成立后3年内不分红。2. 如果公司分红，应在分红决议作出后3个月内完成分配。2020年5月召开股东会时，李某提议分红被拒绝。2021年5月召开股东会时，因众多股东要求分红，甲公司形成了向股东分红的股东会决议。下列有关说法正确的是?

A. 公司章程中有关3年不分红的内容无效

B. 2020年5月李某提出分红请求遭拒绝，李某有权要求公司以合理的价格回购其股权

C. 2021年5月，股东会形成分红决议，李某有权将利润分配请求权转让给他人

D. 如果2021年5月的股东会决议在2021年12月31日前完成分配，全体股东只能按决议中约定的期限完成分配

13. 甲是乐帆公司的股东，持股30%。甲欲转让其股权给张某，换取张某对世城公司的股权。就此事书面通知乐帆公司的其他股东，股东乙提出优先购买，其余股东均未表态。甲拒绝了乙，执意将股权转让给张某，但因执行董事丙的拖延，未能办理变更登记。2021年8月，甲为担保对李某的债务，将股权质押给不知情的李某并办理了质押登记。下列说法正确的是?

A. 张某未经登记，不能取得乐帆公司

的股权

B. 李某不能取得该股权质权

C. 如张某因未办理变更登记受损失，有权要求甲和丙承担连带责任

D. 因不符合“同等条件”，乙主张优先购买不成立

14. 银鑫公司是一家从事口罩生产与销售的公司，古某是执行董事，任某是股东之一。同时，任某为旭威公司的实际控制人，旭威公司也从事口罩生产与销售。2021 年 7 月，鉴于银鑫公司 3 年未向股东分红，任某向古某提出，要查阅和复制银鑫公司的财务会计报告、会计账簿等文件材料。下列哪一说法是正确的？

A. 鉴于银鑫公司与旭威公司间存在实质性竞争关系，任某不得查阅和复制银鑫公司的财务会计报告

B. 鉴于银鑫公司与旭威公司间存在实质性竞争关系，任某不得查阅和复制银鑫公司的会计账簿

C. 银鑫公司的任何文件材料，都不允许任某进行查阅和复制

D. 当古某未妥善保存银鑫公司的文件材料时，任某可起诉银鑫公司要求查阅和复制银鑫公司的文件材料

15. 甲公司的大股东是李某，乙公司和丙公司之间签订了借款合同，乙公司希望甲公司承担保证责任。李某伪造了股东会同意担保的决议，委托周某担任特别代理人，为乙公司和丙公司之间的借款合同提供担保。后经审查，李某是丙公司的实际控制人。下面说法正确的是？

A. 甲公司可以主张股东会决议不成立

B. 因为周某是特别代理人，不适用越权担保制度

C. 不管股东会决议成不成立，该担保合同都有效

D. 股东会决议是公司内部事务，丙公司进行了合理审查，该担保合同有效

16. 维森公司章程规定于 2020 年 12 月 31 日经营期限届满，到期后并没有股东就解散事宜提出任何意见。2021 年 1 月，经过科研人员的不懈努力，研发了新的技术，并连续接到两笔巨额订单。股东会讨论公司是否继续经营，其中持股 3% 的股东牛力坚决反对，其余股东均同意公司继续经营，遂做出了股东会决议，下列说法正确的是？

A. 由于已届经营期限，维森公司自动进入清算阶段

B. 由于已届经营期限，两笔巨额订单无效

C. 牛力有权要求其他股东收购其股权

D. 牛力有权要求维森公司回购其股权

17. 合钢工作室（有限合伙企业）由 30 位合伙人出资设立，其中甲是唯一的普通合伙人。全体合伙人协商一致同意合伙人乙以其在工作室的薪酬作为出资。合钢工作室合伙协议虽经全体合伙人签章但并未登记。合伙人丙在没有通知其他合伙人的情况下，私自将其所持合伙份额转让给不知情的鲁拉；合伙人丁擅自将所持合伙份额出质给第三人元德。以下说法正确的是？

A. 乙的出资合法有效

B. 合钢工作室的合伙协议已经生效

C. 因未提前 30 天通知其他合伙人，丙将合伙份额转让的行为无效

D. 丁将合伙份额出质的行为没有得到全体合伙人一致同意无效

18. 甲公司的主营业务是游乐场运营，突如其来的疫情致使其从国外订购的一批游乐设施迟迟不能到位，该公司被迫停业。后被债权人申请重整，法院受理并指定了管理人，重整计划草案经债权人会议通过，法院批准以后，在执行重整计划时，该设施运抵

了国内，管理人主张应按原重整计划变卖该设施用于抵债，但甲公司董事长认为疫情已经缓解，经济在复苏，应该继续经营，需要变更重整计划。就该设备的处理方案最终应由哪一主体决定？

A. 管理人

B. 债权人会议

C. 法院

D. 董事长

19. 甲公司为清偿欠乙公司的到期工程款，向乙公司背书转让了一张金额为100万元的承兑汇票，该汇票的出票人为丙公司，付款人为丁银行并已经承兑。因乙公司急需要周转资金，便在汇票到期前，去丁银行贴现，丁银行查询后发现，因甲公司的其他债权人向法院申请了保全，甲公司的账户已被冻结，故拒绝贴现。关于乙公司所持有的汇票下列哪一项是正确的？

A. 甲公司账户已被冻结，乙公司不可以再将该汇票背书转给他人

B. 乙公司无需等到该汇票到期，就可以向丙公司行使追索权

C. 乙公司等到该汇票到期，可以向丁银行行使付款请求权

D. 乙公司无需等到该汇票到期，就可以向甲公司行使追索权

20. 陈某为45岁的妻子王某投保人身险，约定缴费期20年，保险赔偿金40万元。受益人为陈某及其儿子陈小某，陈某缴纳5年保险费后，由于自身所开办的公司收益下降，无力承担保险费用，遂要求解除保险合同。以下说法正确的是？

A. 解除保险合同需经过妻子王某同意

B. 解除保险合同需要经过陈小某同意

C. 陈某有权解除保险合同，并要求退还保险单现金价值

D. 陈某有权解除保险合同，保险单现金价值应退还给王某

21. 2016年8月，杨某、华某、方某成立甲公司，注册资本600万元，三股东分别认缴150万元、240万元、210万元，华某为执行董事和法定代表人。公司章程规定，各股东于2021年8月30日缴足出资。杨某代陈某持股，对此华某、方某均知情。2021年10月4日，华某以甲公司的名义催告杨某于10月31日缴足出资。10月20日，杨某与方某达成协议，将其股权全部转让给了方某。基于上述事实，下列说法正确的是？

A. 杨某是公司股东，向方某转让股权有效

B. 杨某代持陈某的股权，杨某将股权转让给方某系无权处分

C. 杨某虽代持陈某的股权，但仍应按章程约定期限履行出资义务

D. 因华某明知杨某与陈某之间是代持股协议关系，故应请求陈某履行出资义务

22. 甲、乙、丙、丁共同出资成立伍元公司，从事毛呢纺织业务，甲是负责采购的总经理。甲独资设立湟源公司，从事毛呢原料的销售业务。甲经过乙、丙、丁同意，将湟源公司的毛呢原料销售给伍元公司，合同金额500万元。后来，乙、丙、丁发现该批原料的价格远远高于市场价，下列说法中正确的是？

A. 乙可以伍元公司的名义起诉甲，要求其承担赔偿责任

B. 甲应对伍元公司承担赔偿责任

C. 因为乙、丙、丁同意湟源公司与伍元公司的交易，故该交易合法，甲无需承担责任

D. 乙有权向伍元公司书面申请查阅并复制公司财务会计账簿

23. 汪某是蓝鸥公司的大股东和法定代表人。为公司上市融资，汪某以个人名义和

公司名义分别与爱思基金签订增资协议。该协议约定，蓝鸥公司全体股东放弃对此次增资的优先认缴权，爱思基金投资2亿元用以增加公司资本。汪某与蓝鸥公司承诺，爱思基金增资后3年内公司完成上市，若未完成该目标，汪某以市场价格收购爱思基金持有的公司股权，且蓝鸥公司以当年公司全部利润为汪某收购股权提供担保。下列说法正确的是?

A. 蓝鸥公司以当年公司全部利润为汪某收购股权提供担保，因违反利润分配原则无效

B. 蓝鸥公司以当年公司全部利润为汪某收购股权提供担保，因违反资本维持原则无效

C. 该协议涉及其他股东优先认缴权的约定，其他股东可主张无效

D. 蓝鸥公司为汪某收购股权提供担保，须经股东会决议通过，且汪某无表决权

24. 甲、乙、丙共同出资设立古德古玩店（普通合伙企业）。甲用一套商住房屋的使用权和现金100万元出资，房屋交付古玩店作为经营店面，但是没有过户登记。现金按合伙协议约定应于2025年12月底前缴纳。古玩店欠丁公司货款到期后无力清偿。下列有关说法正确的是?

A. 丁公司可要求甲对古玩店提前缴纳出资

B. 丁公司可要求甲对古玩店未清偿的债务承担无限连带责任

C. 甲应将房屋过户给古玩店并办理登记手续

D. 甲可以未到出资期限抗辩丁公司的偿债请求

25. 甲出资设立一个花店（个人独资企业），花店成立后聘用了秦某做店长负责花店的事务管理，约定秦某仅在50万元的交易额范围内代表花店签订合同。后秦某未经甲同意与乙签订了80万元的订货合同，并以该花店的店面设定抵押。后花店无力清偿乙的货款，以下说法正确的是?

A. 该抵押行为有效

B. 该订货合同无效

C. 甲可以因秦某行为解聘秦某

D. 乙对店面的变现财产主张优先受偿，甲无权拒绝

26. 甲公司从事房地产开发，为筹措资金向乙银行借款500万元，借期2年，由丙公司承担连带责任担保。到期后，甲公司无力向乙银行清偿贷款，乙银行向法院申请甲公司破产，法院受理并指定丁律所担任破产管理人。管理人调查后，发现丙公司尚有清偿能力。下列说法正确的是?

A. 乙银行有权要求法院提供收到破产申请和所附证据的书面凭证

B. 甲公司可以丙公司未丧失清偿能力为由，主张不具备破产原因而继续经营

C. 法院可判决驳回乙银行的诉讼请求

D. 乙银行对法院驳回申请不服的，可以在法定期限内向上一级法院上诉，也可以直接向上一级法院提出破产申请

27. 甲公司于2022年8月1日被法院受理破产，破产管理人发现甲公司于2022年5月向乙公司全额支付货款1200万元用于订购某一设备，乙公司于2022年7月29日向甲公司发货，甲公司于2022年8月13日收到该设备。下列有关说法正确的是?

A. 该设备属于甲公司的债务人财产

B. 乙公司有权取回该设备

C. 甲公司有权要求乙公司返还货款1200万元

D. 管理人有权决定解除该合同

28. 甲公司向乙银行借贷100万元，丙公司为其提供担保。甲公司股东之间矛盾重

重，已经3年多没有召开股东会，法定代表人和主要管理人员均下落不明，经营陷入困境。乙银行的贷款到期后，甲公司未清偿，乙银行向法院申请甲公司破产，法院受理后指定了丁为破产管理人。管理人发现甲公司的资产负债表中的资产大于负债，下列说法正确的是？

A. 因甲公司的资产足以清偿全部债务，故不具备破产原因

B. 甲公司可以丙公司有清偿能力而申请继续经营

C. 乙银行向甲公司申报破产债权后不能向丙公司主张担保责任

D. 乙银行向甲公司申报破产债权后仍有权向法院起诉，请求丙公司承担担保责任

29. 锡云公司派代表陆某参加展销会，蓝天公司的业务员杜某在展销会上选中了锡云公司的设备。杜某代表蓝天公司向锡云公司采购设备若干，并以蓝天公司的名义开具支票来支付货款，但该支票未加盖蓝天公司的印章。后锡云公司将该支票背书转让给丁。对此，下列说法正确的是？

A. 因缺少蓝天公司的签章，该支票无效

B. 因蓝天公司未签章，丁有权向杜某主张追索权

C. 丁经背书取得票据，是合法的票据持有人，享有票据权利

D. 丁有权向锡云公司行使追索权

30. 甲为自己的车买了一年的商业车险，承保车辆用途填写的是家庭自用。后甲将车以每月4000元的价格租给乙用于开网约车。某日，乙开车的时候不小心掉入河里。造成车的损失若干，下列有关说法不正确的是？

A. 保险合同有效，保险公司应承担赔偿责任

B. 因车辆的危险程度显著增加，保险公司有权解除保险合同

C. 如果甲未如实告知，保险公司有权拒绝赔偿

D. 如果保险公司解除合同，应当将剩余的保险费退还投保人

31. 张某到甲公司购买保险，甲公司指定了一家医院让张某做体检，体检报告记录：肺部X光片显示，有阴影，怀疑肺部结节。9月5日，张某拿着体检报告同甲公司保险业务员签订保险合同，在肺部是否有疾病处勾选“否”，业务员未仔细检查，即代表甲公司与张某签订了保险合同，9月20日张某交了保险费，9月21日张某去医院检查确诊肺癌。下列说法正确的是？

A. 张某没有履行如实告知义务，保险公司可以解除保险合同

B. 张某没有履行如实告知义务，保险公司无需承担赔偿责任

C. 张某已经到甲公司指定的医院检查，免除了如实告知的义务

D. 保险公司应该承担赔偿责任

32. 张某雇佣其表哥王某为自己经营的饭店送货，饭店为王某在保险公司投了意外死亡险，受益人为王某的妻子李某。后来王某从张某的饭店离职，突发意外车祸死亡。现李某请求保险公司支付保险金，下列说法正确的是？

A. 因投保时，饭店对王某具有保险利益，所以李某可以获得保险金

B. 因王某是张某的表哥，所以张某对王某具有保险利益，李某可以获得保险金

C. 因王某已经自饭店离职，故该保险合同无效

D. 如果王某同意，该保险合同的受益人可以指定为张某

33. 甲跟信托公司签订《信托协议》参

与信托计划，8月20日，甲将300万元转入信托公司的固有账户，8月28日，信托公司将200万元投入信托产品溪海一号的专用账户。两年后溪海一号进行清算，下列有关说法正确的是？

A. 甲有权向信托公司主张100万元本金和预期收益

B. 甲有权主张溪海一号清算后200万元本金和相应收益

C. 因为甲履行了与信托公司之间的合同，故有权主张溪海一号清算后300万元本金和相应收益

D. 虽然信托公司只将200万元投入信托产品中，但甲仍有权主张溪海一号清算后300万元本金和相应收益

【多项选择题】

34. 依据《审计法》的相关规定，下列说法正确的是？

A. 审计业务以上级审计机关领导为主

B. 审计机关履行职责所必需的经费应当列入财政预算

C. 审计人员办理审计事项，与被审计单位有利害关系的，应当回避

D. 审计人员对其在执行职务中知悉的商业秘密，可以披露

35. 甲向乙开具金额为100万元的汇票以支付货款。乙取得该汇票后背书转让给丙，丙又背书转让给丁，丁再背书转让给戊。现查明，甲、乙之间并无真实交易关系，丙为未成年人，票据金额被丁变造。下列选项正确的是？

A. 尽管甲、乙之间没有真实交易，但该汇票仍然有效

B. 尽管丙为未成年人，但其在票据上的签章仍然有效

C. 尽管票据金额已被丁变造，但该汇票仍然有效

D. 戊不能向甲、乙行使票据上的追索权

36. 根据《最高人民法院关于适用〈中华人民共和国保险法〉若干问题的解释（四）》（以下简称《保险法解释（四）》），下列说法正确的是？

A. 保险人已向投保人履行了《保险法》规定的提示和明确说明义务，保险标的受让人以保险标的转让后保险人未向其提示或者明确说明为由，主张免除保险人责任的条款不生效的，人民法院不予支持

B. 保险人已向投保人履行了《保险法》规定的提示和明确说明义务，保险标的受让人以保险标的转让后保险人未向其提示或者明确说明为由，主张免除保险人责任的条款不生效的，人民法院应予支持

C. 被保险人死亡，继承保险标的的当事人主张承继被保险人的权利和义务的，人民法院应予支持

D. 被保险人死亡，继承保险标的的当事人主张承继被保险人的权利和义务的，人民法院不予支持

37. 齐某给自己家的冰箱投了全额火灾险，某日邻居常某不慎将其冰箱焚毁，对于本案以下说法正确的是？

A. 齐某如果放弃对常某的赔偿请求，保险公司可以对齐某拒绝赔偿

B. 齐某如果向保险公司索赔后放弃对常某的赔偿请求，该弃权无效

C. 如果齐某投的是不足额保险，那么他向保险公司索赔后可以就未获得赔偿的部分向常某再索赔

D. 如果常某是齐某的家庭成员，则保险公司对齐某赔偿后不能对常某进行追偿

38. 甲向乙开具金额为100万元的汇票以支付货款。乙取得该汇票后背书转让给

丙，丙又背书转让给丁，丁再背书转让给戊。现查明，甲、乙之间并无真实交易关系，丙为未成年人，票据金额被丁变造。下列选项正确的是？

A. 尽管甲、乙之间没有真实交易，但该汇票仍然有效

B. 尽管丙为未成年人，但其在票据上的签章仍然有效

C. 尽管票据金额已被丁变造，但该汇票仍然有效

D. 戊不能向甲、乙行使票据上的追索权

39. 国投财富公司总部在北京，因为业务需要在西安开办分公司，并领取营业执照。聘请甲为分公司负责人，全权负责分公司的业务运营。2021 年 3 月，甲代表分公司与红岭公司签署设备买卖合同，合同金额 300 万元，并以分公司的名义为红岭公司的一笔 300 万元的银行贷款提供了担保，与银行签署了担保合同。下列有关说法正确的是？

A. 甲无权以分公司的名义与红岭公司签署合同

B. 甲以分公司的名义与红岭公司签署的合同无效

C. 甲以分公司的名义与红岭公司签署的合同对国投财富公司生效

D. 如果甲伪造了国投财富公司同意担保的股东会决议提供给银行，分公司与银行签署的担保合同有效

40. 乙不小心遗失了身份证迟迟没有发觉，甲捡到后灵机一动，利用乙的身份信息与丙、丁共同设立了华宇公司。据查，华宇公司的公司章程、股东名册、工商登记等文件中均体现为乙的名字。下列有关说法正确的是？

A. 如果乙名下的股权出资不足，华宇公司可请求乙补足出资

B. 如果乙名下的股权出资不足，债权人对公司债务不能清偿的部分有权请求甲承担赔偿责任 C. 乙可以起诉请求确认其不是华宇公司的股东

D. 如果乙起诉确认其不是华宇公司的股东，应以华宇公司为被告

41. 赵某、朴某、鲁某三人成立怡安公司经营一购物大厦，赵某、朴某各持股 49%，鲁某持股 2%。赵某和朴某系夫妻，后赵某和朴某夫妻感情破裂，经常争吵，终于在 2018 年 3 月的股东会上爆发，不欢而散，此后公司再未召开股东会。2021 年 5 月，赵某和朴某准备离婚，欲解散怡安公司，但因商业大厦生意火爆，公司近两年一直持续盈利。下列说法正确的是？

A. 赵某有权请求强制解散怡安公司

B. 因为怡安公司持续盈利故不能被强制解散

C. 鲁某有权请求强制解散怡安公司

D. 如果朴某提出强制解散怡安公司的诉讼请求，应以怡安公司为被告

42. 荣辉公司于 2015 年 5 月成立，公司章程规定：张某、李某、王某三人组成董事会，张某担任董事长和法定代表人，任期 3 年。2017 年 7 月，王某由于个人原因提出辞职，股东会决议未通过，但是王某也不再参与经营事务。2017 年 9 月，股东会以李某能力不足为由，决议解除其董事职务。以下说法正确的是？

A. 李某被提前解除董事职务，不影响其向公司要求按原任期给付剩余的报酬

B. 股东会决议一经作出，李某丧失董事资格

C. 股东会不予准许不影响王某辞职的实际效力

D. 因董事会少于法定人数，王某的辞

职不能立即发生效力

43. 成功公司是王某独资设立的一人公司，2016年8月，成功公司与明希公司共同出资设立成明公司。2021年1月，王某将其在成功公司的股权转让给潘某，并办理了变更登记，成功公司为潘某对金某的债务500万元提供连带责任担保，与金某签署担保合同。下列有关说法正确的是？

A. 王某将其在成功公司的全部股权转让给潘某时，同等条件下明希公司享有优先购买权

B. 成功公司不得以违反《公司法》关于公司对外担保决议程序的规定为由主张不承担担保责任

C. 成功公司未经过股东会决议而为潘某的债务提供了担保，该担保合同无效

D. 当成功公司承担担保责任后，无力清偿其他债务的，潘某不能证明公司财产独立于自己的财产的，应对债权人承担连带责任

44. 旺顺公司由甲、乙、丙、丁出资设立，持股比例分别是45%，30%，20%，5%。公司章程约定甲担任公司的执行董事和法定代表人。乙担任公司的总经理，丙担任财务部长，丁没有参与公司任何的经营活动。因为经营管理不善加上持续的疫情，导致旺顺公司陷入了经营停滞，股东会决议解散公司，但是半年过去了迟迟没有清算，现查明，旺顺公司的主要财产、账册、重要文件等灭失，无法进行清算，债权人受到严重损害。下列有关说法正确的是？

A. 甲有义务组成清算组

B. 乙有权申请人民法院指定清算组进行清算

C. 甲、乙、丙应对债权人承担连带责任

D. 丁应对债权人承担连带责任

45. 安馨企业是经营某品牌保健品的普通合伙企业，由7名合伙人出资设立。合伙协议约定：由黄某和洪某执行合伙事务，且二人须共同执行，对外代表合伙企业实施法律行为。2021年3月，黄某以安馨企业的名义与思如公司签署了保健品的销售合同。洪某得知后，认为该合同中的销售价格过低，于是表示不同意，对此下列哪些说法是正确的？

A. 其他合伙人有权撤销黄某所享有的合伙事务执行权

B. 其他合伙人对黄某的行为有权监督并提出异议

C. 在思如公司不知情时，该销售合同对安馨企业发生法律效力

D. 在洪某表示异议后，安馨企业有权暂停此销售合同的履行

46. 甲企业是一家普通合伙企业，罗某、武某、万某为合伙人，合伙协议约定合伙的经营期限为10年。该企业成立后，因市场竞争激烈，经营业绩不佳。2021年3月，因企业流动资金吃紧，各合伙人希望于某投资入伙，于某未经深入调查，即签订了入伙协议，登记成为甲企业的合伙人。加入合伙企业后，于某得知经营状况，后悔不已，遂向罗某等人要求撤销入伙协议，遭到反对，见撤销不成，于某转而要求退伙。同年6月1日，对于于某的退伙要求，罗某等其他合伙人同意，6月10日办理了退伙登记。对此，下列哪些说法是正确的？

A. 2021年6月1日，为于某的退伙生效时间

B. 入伙协议签订后，于某应对甲企业之前的债务承担无限连带责任

C. 就2021年6月10日后，甲企业对外所负的债务，于某应承担无限连带责任

D. 因存在重大误解，于某的撤销主张

成立，入伙协议应自始无效

47. 远图律师事务所担任甲公司的破产管理人，由于欠缺财务专业知识，三个月后，仍未理清财务账目，引起债权人会议不满，该律师事务所遂准备聘请三位会计师辅助财务事务管理，以下说法正确的是？

A. 债权人会议有权审查聘用会计师的薪酬

B. 管理人可以自行决定聘任会计师

C. 管理人聘请会计师并确定会计师报酬的方案需经过债权人会议通过

D. 管理人聘请会计人员的费用可以从破产财产中随时清偿

48. 甲公司并购乙上市公司，聘请某会计师事务所进行尽职调查，会计师王欢是核心成员。王欢了解甲公司并购乙上市公司的进度及详细信息，在此信息公告前，王欢建议好朋友张乐大量购买乙上市公司的股票，待并购信息公告后又将股票高价卖出，收益颇丰，张乐酬谢王欢100万元。此行为引起股价大幅度震荡，造成众多投资者的损失。下列说法正确的是？

A. 甲公司应该赔偿投资者的损失

B. 王欢应该赔偿投资者的损失

C. 会计师事务所应该赔偿投资者的损失

D. 证券监督管理部门可以对王欢没收违法所得并处以罚款

49. 福安股份是一家非上市股份公司，注册资本2亿元。2021年4月的财务会计报告显示2020年亏损0.4亿。经过一年的努力，经营有所好转，2021年税后利润0.8亿。下列说法正确的是？

A. 福安股份2021年的0.8亿税后利润应先弥补上一年度的亏损再提取法定公积金

B. 福安股份应提取0.08亿作为法定公积金

C. 福安股份的董事会可以决定提取一定比例的任意公积金

D. 福安股份2021年4月发行新股的溢价款应列入资本公积金

50. 张某、王某、李某约定共同设立庄安公司，并约定设立过程中产生的费用和债务由三人平均分担。在公司的筹备过程中，张某以自己的名义与甲公司签订合同，购买办公用品若干，货款50万元。王某以设立中庄安公司的名义与乙公司签署房屋租赁合同，租赁五间房屋作为庄安公司的办公室。李某外出旅游的路上，发生交通事故，将刘某撞伤，李某负全责。但因为政策管控，庄安公司设立失败，下列有关说法正确的是？

A. 刘某有权要求张某、王某、李某承担连带责任

B. 张某、王某、李某应按约定的份额对甲公司承担责任

C. 乙公司有权要求张某、王某、李某承担连带责任

D. 如果王某对乙公司清偿了全部的债务，有权要求张某、李某按约定比例分担责任

51. 春园股份公司是一家非上市股份公司（以下简称春园公司），共有18名股东于2004年出资设立。其中甲持股比例49%，担任公司的董事长，乙持股比例1%，丙持股比例10%。2021年3月，甲安排将春园公司的资金若干转入甲的全资子公司账户供其使用。2021年4月，丙将股份对外转让给丁。2021年5月，鉴于春园公司未向甲追究责任，各股东准备维权，下列有关说法正确的是？

A. 乙有权对甲提起代位诉讼

B. 丙有权对甲提起代位诉讼

C. 丁有权对甲提起代位诉讼

D. 如果股东提起代位诉讼，春园公司

为第三人，但被告需对春园公司承担赔偿责任

52. 甲、乙出资设立奥神股份有限公司（以下简称奥神公司），注册资本为2亿元，甲、乙各认购1亿元，公司章程约定的出资期限为2025年。2021年3月，奥神公司与塞瓦公司签署专利转让合同，金额为5000万元，但奥神公司没有支付合同款项。2021年9月，奥神公司未通知债权人便将公司的注册资本减少为2000万元，且办理了变更登记。下列说法正确的是？

A. 奥神公司的减资行为未通知债权人，故减资行为无效

B. 奥神公司的减资行为虽然未通知债权人，但减资行为有效

C. 塞瓦公司有权要求甲和乙承担连带责任

D. 塞瓦公司有权要求甲和乙承担补充赔偿责任

53. 甲、乙、丙出资设立天枫商行（普通合伙企业），丙未经其他两位合伙人同意，便自己代表天枫商行与小贷公司签署担保合同，将商行的仓库抵押给小贷公司贷款200万元用于商行的经营。甲用盛庄大厦的底商和250平方米的办公室出资，其中办公室交由天枫商行使用且办理了变更登记。底商只是交由天枫商行用作门店使用，未办理过户登记。随后甲以自己的名义将底商卖给丁，并自己代表天枫商行将办公室也卖给丁，并办理了变更登记。据查，合伙协议没有特别约定，合伙人针对上述行为产生分歧，下列说法正确的是？

A. 丙将仓库抵押给小贷公司的行为有效

B. 丙将仓库抵押给小贷公司的行为无效

C. 丁可以取得底商的所有权

D. 丁可以取得办公室的所有权

54. 甲、乙、丙共同出资设立清科事务所（普通合伙企业），甲的出资比例为38.5%。甲因购房向丁借款150万元，到期无力清偿，丁起诉甲并胜诉。合伙协议约定各合伙人按出资比例分取利润。关于丁的权利下列说法正确的是？

A. 丁有权申请法院执行清科事务所的全部利润

B. 甲可以其应分取的清科事务所全部利润的38.5%用于清偿丁的债务

C. 丁有权申请法院执行甲的合伙份额

D. 如果法院强制执行甲的财产份额，丁有优先购买权

55. 甲、乙、丙、丁出资设立草原狼商店（普通合伙企业），合伙协议约定2020年3月各合伙人完成出资。2020年4月，乙未如期缴纳出资，甲、丙、丁一致同意作出决议将乙除名，并通知了乙。2020年5月，盛鑫公司与草原狼商店签署了买卖合同，采购一批货物，金额为100万元。2021年3月，甲、丙、丁一致同意吸收戊为新的合伙人，并于2021年4月完成工商变更登记，至此草原狼商店登记的合伙人为甲、丙、丁、戊。后草原狼商店无力清偿盛鑫公司的货款。下列有关说法正确的是？

A. 乙自2020年4月，接到除名通知时丧失合伙人资格

B. 未经乙同意，戊不能成为草原狼商店的合伙人

C. 盛鑫公司不知道乙被除名，故乙应该对盛鑫公司承担连带责任

D. 戊应该对盛鑫公司承担连带责任

56. 甲公司向丙公司借款500万元，用玉石做质押。后甲公司因经营不善被法院裁定受理重整程序，法院指定李某为管理人，甲公司未设立债权人委员会。李某确定该玉

石为甲公司重整所必需的资产，但该玉石因市场原因，价值由 500 万元贬至 300 万元，李某欲对丙公司清偿债务以收回该玉石，下列有关说法正确的是？

A. 若李某欲清偿丙公司的债务取回该玉石，需向人民法院报告

B. 李某可通过对丙公司清偿 300 万元，取回该玉石

C. 李某可通过对丙公司提供其可接受的替代担保物，取回该玉石

D. 丙公司有权立即恢复行使质押权，要求将玉石拍卖或者变卖，就所得价款优先受偿

57. 甲公司向乙公司采购一批货物，签发 100 万元的汇票来支付货款，乙公司背书转让给丙公司支付货款，同时注明“7 月 30 号之前不得转让”。丙公司 7 月 15 日将该汇票背书给丁公司，7 月 28 日，丁公司为了清偿对东方公司的债务，将该汇票直接交付给东方公司的财务人员张某。下列有关说法正确的是？

A. 丁公司取得了汇票权利

B. 东方公司财务人员张某取得汇票权利

C. 如果丁公司向乙公司追索，乙公司有权拒绝

D. 如果丙公司向乙公司追索，乙公司有权拒绝

58. 某上市公司因售出产品发生质量问题，销售单位对顾客的处理方案不妥当，引发舆论的负面评价，因此股价不正常下跌。为了扭转股价下跌的趋势，公司拟用未分配利润回购公司股份，关于该公司的股份回购下列说法正确的是？

A. 该回购事项需通过股东大会决议

B. 回购股份不能超过已经发行股份的 10%

C. 股份回购应通过公开集中交易进行

D. 公司回购的股份应当在半年内注销或转让

59. 甲公司是合伙企业乙的有限合伙人之一，乙运营良好但是一直没有向甲公司分配利润。后甲公司经营不善，法院裁定进行破产重整，根据重整计划，甲公司被注销，全部资产及权利义务关系归丙公司承接。下列说法正确的是？

A. 甲公司进入破产重整程序以后，立即丧失有限合伙人资格

B. 丙公司可继承甲公司的合伙人资格

C. 重整期间，管理人有权查阅、复制乙合伙企业的财务账簿等财务资料

D. 甲公司重整期间，管理人可以将其在乙合伙的份额设定质押

60. 甲公司因经营不善被法院受理重整，法院指定 A 律所担任管理人。为了维持公司运营，A 律所代表甲公司向股东张三借款 50 万元。债权人会议推选甲公司总经理王某担任破产管理人，且经债权人会议全票通过甲公司向股东李四借款 100 万元，并用甲公司的楼房设定抵押，下列相关说法正确的是？

A. 债权人会议有权选择公司经理王某担任破产管理人

B. 张三的借款优先于普通债权受偿

C. 张三的借款优先于李四的债权受偿

D. 李四的借款优先于普通债权受偿

61. 陈某在保险公司为自己的自卸车投保了商业险，并在投保单免责条款告知一栏处写明：投保人已知晓上述免责事项，并签名。后陈某将该车辆卖给黄某，但并未将免责险条款告知黄某，也未将保险合同送交给黄某。后该自卸车因未完全落下发生保险事故，保险公司认为存在免责事项主张不予赔付。下列说法正确的是？

A. 保险公司可根据该免责条款不予赔付

B. 黄某可主张该免责条款对自己无效

C. 陈某可主张该免责条款对自己无效

D. 陈某应将该免责条款告知黄某

经济法

【单项选择题】

1. 甲单位成立于20世纪80年代，其名称和简称在我国具有一定影响。2018年乙单位成立，在其提供的服务和宣传中均载明本单位的名称，该名称中包含甲单位的简称。根据《反不正当竞争法》的相关规定，下列选项不正确的是?

A. 若乙单位是仅提供公益服务而不从事生产经营活动的社会组织，无论相关公众是否误以为乙和甲存在特定联系，均不应认定乙实施了混淆行为

B. 若甲单位是仅提供公益服务而不从事生产经营活动的社会组织，即便乙是经营者，由于其使用的不是他人有一定影响的商业标识，因此也不应认定乙实施了混淆行为

C. 若没有引人误认为乙与甲存在特定联系或误认为乙提供的服务是甲的服务，则不应认定乙实施了混淆行为

D. 若认定乙实施了混淆行为，在甲因该行为所受到的实际损失、乙因该行为所获得的利益难以确定的情况下，法院可以根据情节判处乙给予甲500万元以下的赔偿

2. 下列选项中，哪一行为可以依据《反不正当竞争法》进行维权?

A. 赵某在浏览世界杯公司的赌球网页时，点开投注页面即被杀毒软件强制退出，世界杯公司欲维权

B. 钱某因海潮新闻端内容新颖决定立即卸载长期使用的明日头条新闻客户端，明日头条欲维权

C. 孙某下载清一色炒股软件后无法打开相似功能的同花顺软件，同花顺欲维权

D. 李二狗旧书店与某网络书店进行价格战，网络书店欲维权

3. 某市百货商场在发出的邮购广告上以大字注明：“凡从本商场邮购微波炉，购买1台给付5%的回扣；5台至20台给付8%的回扣；20台至100台给付10%的回扣；100台以上给付15%的回扣。”有人见到广告后举报至有关部门，经查发现该商场所给付的回扣在账面上均有明确记载。该商场给付回扣的行为是?

A. 不正当竞争行为

B. 正当竞争行为

C. 行贿行为

D. 排挤竞争对手行为

4. 爱美公司、茵美公司在婴幼儿奶粉的相关市场各持有60%和30%的市场份额，爱美公司、茵美公司约定婴幼儿I段配方奶粉（600g装）最低销售价为450元，实际成本为250元。关于两公司的行为，下列哪一说法是正确的?

A. 推定爱美公司和茵美公司具有市场支配地位

B. 若茵美公司主动向反垄断执法机构报告并反映该行为，则应免受处罚

C. 爱美公司被举报后，主动将产品定价降至300元，应免受处罚

D. 如果爱美公司尚未实施定价行为，应当免于罚款

5. 2015年3月4日，静车公司和海金公司签署《投资合作协议》，共同设立吉

乐公司，静车公司持股45%，海金公司持股55%，共同控制吉乐公司。静车公司和海金公司的全球及境内营业额已达到经营者集中申报的金额，但没有向反垄断执法机构申报。经查，吉乐公司成立一年以来，在经营期间并没有排除竞争，扰乱市场的情况，下列哪一说法是正确的？

A. 对静车公司、海金公司、吉乐公司都罚款

B. 仅对吉乐公司罚款

C. 仅对静车公司、海金公司罚款

D. 对三公司均不罚款

6. 甲公司和乙公司均从事服装经营活动，都是某知名羽绒服的授权代理商。在2021年秋冬换季的热销季节，乙公司通过网络发布甲公司售卖假货的虚假信息和数据，导致甲公司的订单锐减。甲公司起诉，在诉讼过程中，发现乙公司还发布了很多其他公司售卖假货的虚假信息和数据。有关乙公司的行为，下列说法正确的是？

A. 乙公司的行为构成诋毁商誉

B. 乙公司的行为构成互联网不正当竞争

C. 乙公司的行为构成虚假宣传

D. 鉴于乙公司违法行为情节严重，监管部门可以吊销营业执照

7. 宜宾市砖瓦协会及发起人吴桥公司、四和公司、曹某某，迫使张某某等部分商家签订《停产整改合同》，迫使宜宾市部分砖瓦企业停产，通过减少砖瓦供应量，提高砖瓦价格，赢取不当利益。宜宾市砖瓦协会和仍维持生产的砖瓦企业向停产企业支付了少量停产扶持费后不再依照约定付款。下列有关说法正确的是？

A. 宜宾市砖瓦商户签署《停产整改合同》构成了横向垄断协议

B. 张某某被迫签署《停产整改合同》，应免于处罚

C. 张某某有权要求宜宾市砖瓦协会及发起人承担赔偿责任

D. 宜宾市砖瓦协会为了行业自律，应免于处罚

8. 江州市大米协会，为了提高当地大米的品牌效应，推行高端化产品，遂对本地区大米生产商开会要求：每斤大米销售不得低于10元，不然不得使用江州大米的商标，并出台了《价格公约》，各大米生产商只能签订并遵守该公约。关于该协议，下列说法正确的是？

A. 是维护品牌的正当经营策略

B. 行业协会没有签署协议，没有违法行为

C. 是横向垄断协议行为

D. 是纵向垄断协议行为

9. 金硕巅峰公司是知名教育培训机构，其广告宣传为“金硕巅峰，已助众多考生圆梦金硕”。飞跃公司为同行业教育培训机构，飞跃公司在其网站展示并出售“金硕VIP全程班”，对此下列说法正确的是？

A. 飞跃公司的行为会引人误认为其与金硕巅峰公司存在特定联系，其行为违法

B. 飞跃公司涉嫌虚假宣传，其行为违法

C. 飞跃公司宣传其提供的产品，系合法经营行为

D. 飞跃公司没有使用金硕巅峰公司的企业名称，不构成违法

10. 苗苗公司研发的奶粉通过了质检。苗苗公司向贫困山区捐出几百万元助学款，食品行业协会无偿推荐了该奶粉。在A公司组织的奶粉展销会上，B公司销售了苗苗公司的奶粉。甲在B公司的展台购买了奶粉，食用后得了急性肾病。经查，该奶

粉中含有二甘醇（食用该物质会导致肾病），质检机构因疏忽而遗漏做特定物质的检测使得二甘醇未被检测出来，A公司没有严格审查入驻商家的资质文件。下列应对甲承担赔偿责任的主体中不正确的是？

A. A公司

B. B公司

C. 食品行业协会

D. 食品检验机构

11. 甲商业银行拟全资收购乙商业银行，乙商业银行因此需要解散。根据相关法律规定，下列说法正确的是？

A. 乙商业银行应向该辖区市场监督管理局提出解散申请

B. 乙商业银行解散清算时，在支付清算费用、所欠的职工工资和劳保费用后，应优先支付个人储蓄存款本金和利息

C. 乙商业银行应向辖区银保监局提出解散申请

D. 乙商业银行解散清算时，按照清偿计划及时偿还存款的本金和利息等债务

12. 关于纯电动乘用汽车所应缴纳的税赋，下列说法正确的是？

A. 购买该类汽车的自然人应减征车船税

B. 进口该类汽车的贸易公司应缴纳增值税

C. 抽奖获得该类汽车的外国人应缴纳噪声类环境保护税

D. 获赠该类汽车的合伙企业应缴纳企业所得税

【多项选择题】

13. 王某开的饭店做促销活动，建立了一个叫“再来一份”的微信群，张某在微信群买了一份炒饭后送了一瓶酸梅汤，酸梅汤包装上写明“常温放置，请三天内饮用”。张某当天到甲商场购买了一台乙公司生产的康明冰箱，将酸梅汤放入冰箱存放。不料，第二天冰箱突然断电，停止制冷，张某担心酸梅汤会变质，故将酸梅汤喝完，引发了严重腹泻，花去医疗费若干。有关张某的救济措施下列说法正确的是？

A. 因为酸梅汤是赠品，张某不可向饭店主张

B. 张某和饭店虽无明确约定，仍可向饭店主张赔偿

C. 张某可向甲商场请求赔偿，产品质量瑕疵承担证明责任

D. 张某可向甲商场要求退货，主张两倍以内的惩罚性赔偿

14. 张某看中一款由佳得家电厂生产的外形好看且价格较低的“佳品”电饭煲，购买回家使用该电饭煲煮饭时突然炸开，弹飞的盖子将张某击伤。“佳品”电饭煲在其他省份销售时被消费者投诉后，佳得家电厂随即在该省份采取补救措施，但是在张某所在省份仍未停止销售。数月之后，佳得家电厂开始召回该款电饭煲。关于张某起诉佳得家电厂要求赔偿一案，下列表述正确的是？

A. 张某可主张佳得家电厂增加所受损失2倍的赔偿

B. “佳品”电饭煲召回的必要费用应由佳得家电厂承担

C. 佳得家电厂应承担张某所受损失2倍的赔偿责任

D. 因已经采取召回措施，可以减轻佳得家电厂对张某的赔偿责任

15. 小康周末在电器店购买了宏达厂生产的电冰箱，回去路上见一饭店门口张贴订餐二维码，遂扫码入群订购了套餐一份，随餐赠送一杯饭店自制柠檬茶，小康收到快餐后见送餐小票上注明“柠檬茶保

质期三天，可常温存放”。当天小康使用该冰箱冷冻柠檬茶，第二天取出饮用时，发现冰箱已不制冷，饮用后引发胃炎，不得不入院就医治疗。对此，下列说法正确的是？

A. 在小康向电器店索赔时，该电器店须承担电冰箱的瑕疵举证责任

B. 因电冰箱停止制冷，小康可以此为由向宏达厂要求赔偿

C. 小康无权就食品安全问题与饭店交涉，因其与饭店没有正式的约定

D. 小康不能要求该饭店赔偿，因柠檬茶是订餐的赠品

16. 商场促销，举行购买电器送奶粉的活动。李老太购买电器后，喝完奶粉上吐下泻，去医院治疗了七天，李老太要求商场承担赔偿责任，商场以奶粉是赠送为由抗辩。关于此案，下列说法正确的是？

A. 李老太自行承担损失

B. 李老太可向商场主张侵权

C. 李老太可向商场主张违约

D. 奶粉生产者有赔偿义务

17. 某县政府规定：施工现场不得搅拌混凝土，只能使用预拌的商品混凝土。2012 年，县建材协会组织协调县内 6 家生产企业达成协议，各自按划分的区域销售商品混凝土。因货少价高，一些施工单位要求县工商局处理这些企业的垄断行为。根据《反垄断法》，下列哪些选项是错误的？

A. 县政府的规定属于行政垄断行为

B. 县建材协会的行为违反了《反垄断法》

C. 县工商局有权对 6 家企业涉嫌垄断的行为进行调查和处理

D. 被调查企业承诺在反垄断执法机构认可的期限内采取具体措施消除该行为后果的，该机构可决定终止调查

18. 甘泉自来水公司（以下简称甘泉公司）为某市 65%的用户提供城市用水，甘泉公司与岳峰公司签订房地产项目供水合同时，指定由顺清公司负责该项目的给水工程设计，并直接将顺清公司作为乙方的格式合同交给岳峰公司签字，对此下列说法正确的是？

A. 甘泉公司构成拒绝交易

B. 反垄断执法机构仅能向该市水务局提出依法处理的建议

C. 相关市场应确定为市公共自来水供水服务市场

D. 可推定甘泉公司具有市场支配地位

19. 因云服务中心是一家从事垃圾分类宣传教育的非营利法人，因云服务中心长期在社区宣传垃圾分类的知识取得了良好的社会效应。甲公司也从事垃圾分类相关产品的经营，注册了名为“因云”的网站，在该网站上出售垃圾分类的相关课程和图书，当地居民纷纷以为是因云服务中心开展的业务而购买。据查，甲公司与因云服务中心并无任何关系。下列有关说法正确的是？

A. 因云服务中心是“经营者”

B. 甲公司侵犯了因云服务中心的商标专用权

C. 甲公司的行为构成混淆行为

D. 因云服务中心和甲公司具有竞争关系

20. 李某到某著名手机品牌的官网上买了一个手机，用了一个月之后，感觉手机有问题，遂到维修店进行检测，检测结果为翻新机，对此李某能够主张下列哪些请求？

A. 以存在欺诈为由，撤销买卖合同

B. 要求退回旧手机，换一台新手机

C. 主张三倍价款的惩罚性赔偿

D. 保留该手机主张差价补偿

21. 甲从德富超市购买一瓶乳酸菌饮料，标签写明菌群标准符合国际标准，但送检查明该饮料样品仅符合我国食品安全标准并不符合国际标准。经查，德富超市从美国国际饮品中心正规渠道进口该乳酸菌饮料。有关德富超市需对甲应承担的责任下列说法正确的是？

A. 无需向甲退还价款且无需 10 倍赔偿

B. 需向甲退还价款但无需 10 倍赔偿

C. 无需向甲退还价款但需 10 倍赔偿

D. 既需向甲退还价款又需 10 倍赔偿

22. 朝晖公司在甲省注册成立，从事无人机生产经营业务，被纳入国家需重点扶持的高新技术企业名录。2018 年 2 月至 10 月，朝晖公司临时将营业设备和人员派往乙省，配合乙省推广新型水稻种植技术。同年 12 月，朝晖公司筹划业务转型，申请歇业。关于朝晖公司 2018 年企业所得税的缴纳，下列说法正确的有哪些？

A. 朝晖公司应适用 15%的企业所得税税率

B. 朝晖公司在办理歇业时应持税务登记证件

C. 朝晖公司是非居民企业

D. 朝晖公司应在乙省办理税务登记手续

23. 某商业银行的贷款业务连续两年流动性资产余额与流动性负债余额比例低于 20%，被银保监会要求整改。该银行以业务运营良好为由，拒绝整顿。银保监会以下行为中正确的是？

A. 责令其停办新业务

B. 责令其停止增设分支机构

C. 责令调整董事、高级管理人员或者限制其权利

D. 限制其资产转让

24. 某医学院准备在甲省乙市 A 区筹建分校区，控制性详细规划已经被乙市政府批准，即将开工建设时，医学院提出需要将一栋 5 层的教学楼改成 10 层，用于呼吸道疾病研究的实验室。市规划主管部门认为有益于人民健康，同意修改控制性详细规划。据查，该市总体规划是该区域内的建筑层高不超过 8 层。下列有关说法正确的是？

A. 修改后的控制性详细规划报乙市政府审批

B. 修改后的控制性详细规划报甲省政府备案

C. 控制性详细规划的修改涉及市总体规划内容的，总体规划未修改前，控制性详细规划的修改不得上报

D. 修改后的控制性详细规划报乙市人大常委会审批

25. 甲公司运营 A 直播平台，效益非常好。乙公司研发了一种技术，可以截取包括 A 直播平台在内的若干网络直播平台的直播数据，包括各时间段流量、打赏等数据，将其整理后发布在自己的平台上。这给甲公司的数据执行规则造成了影响，损害了甲公司的声誉。已知 A 直播平台的主要用户和主播都在丙市，且用户数目约为 1000 万，主播数目约为 10 万。甲公司起诉乙公司，但现在无法确定甲公司的损失及乙公司的侵权所得为多少。下列说法正确的是？

A. 尽管甲公司与乙公司不具有竞争关系，但是乙公司依然构成不正当竞争行为

B. 乙公司侵犯了甲公司的商业秘密

C. 法院可以判决乙公司赔偿甲公司 1010 万元

D. 该案只能由丙市人民法院审理

26. 甲是天枫公司的销售经理，与公司签署了保密协议。甲在职期间利用职务权限登录天枫公司的后台暗中记录了公司若干重要客户的联系方式。后甲从天枫公司辞职，出资设立了同行业的雨嘉公司。甲逐一联系天枫公司的重要客户，许以重利欲促成这些客户与雨嘉公司的合作。基于对甲的信任，很多客户中断了与天枫公司的合作转而成为雨嘉公司的客户，并与之签约合作。下列说法正确的是?

A. 客户自愿与雨嘉公司建立合作，甲没有侵犯天枫公司的商业秘密

B. 甲侵犯了天枫公司的商业秘密

C. 甲与雨嘉公司共同侵犯了天枫公司的商业秘密

D. 甲与客户共同侵犯了天枫公司的商业秘密

27. 甲公司系某搜索引擎运营商，提供搜索广告推广服务。乙公司为宣传本公司的产品，自甲公司购买了如下服务：在数年时间里持续使用同行业知名企业丙公司的名称作为关键词进行商业推广。用户在该搜索引擎搜索丙公司时，首先出现的数个词条均指向乙公司，丙公司的官网反而靠后。丙公司发现此情况后，立刻要求甲、乙两公司停止侵害。甲公司立即采取措施断开了乙公司的搜索链接。对此，下列哪些选项是正确的?

A. 乙公司的行为构成不正当竞争

B. 甲公司应对乙公司的侵权行为承担连带责任

C. 乙公司侵害了丙公司的名称权

D. 乙公司侵害了丙公司的名誉权

28. 篓山驴肉是当地特色食品，甲公司一直以“绿意”为商标生产驴肉，马某购买甲公司生产的“绿意”驴肉食用后上吐下泻。据查，该驴肉没有国家标准，只有省卫健委制定的地方标准和省行业协会制定的行业标准。下列说法正确的是?

A. 应以省卫健委制定的地方标准为依据

B. 应以省行业协会制定的行业标准为依据

C. 应由马某承担证明甲公司的驴肉不合格的责任

D. 应由甲公司承担证明自己产品合格的责任

29. 缪公是一位大豆专家，研发某款新型的豆制品并申请商标为缪公大豆，某检测机构为其出具了符合标准的检验报告。缪公大豆销售给甲公司，陈某为甲公司带货，在快迪直播平台卖缪公大豆，李某在陈某的直播间购买了该产品，食用后引发了身体的损害。经查，缪公大豆不符合食品安全标准。直播平台对入驻商品进行过审查，且缪公大豆出现问题后，直播平台立即关闭了陈某的直播间，并将陈某等人的联系方式给了李某。下列有关李某索赔的相关说法正确的是?

A. 李某有权要求检测机构承担赔偿责任

B. 李某有权要求快迪直播平台承担赔偿责任

C. 李某有权要求陈某承担赔偿责任

D. 李某有权要求甲公司承担赔偿责任

30. 毛奶奶在直播间卖自制香肠，邵某看到后与毛奶奶沟通购买事宜，毛奶奶告知该香肠系自己手工制作并真空包装后邮寄给买家，邵某表示同意并购买若干。邵某收到香肠后以产品包装无生产日期、保质期以及经营者的名称、地址等信息为由，主张毛奶奶承担十倍价款的赔偿责任。据查，该香肠系真空包装，未明示食品名

称、生产日期、保质期以及生产经营者的相关信息，但该香肠符合食品安全标准。下列说法正确的是?

A. 自制的散装香肠包装可以不用标识产品信息

B. 自制的散装香肠包装应该标识产品信息

C. 毛奶奶不应承担十倍价款的赔偿责任

D. 法院应支持邵某的诉讼请求

31. 甲因为发明了一个净水装置解决缺水地区饮水问题，广受好评，获得诸多奖励：某国际组织奖励 5 万元美金，甲所在县政府奖励一套商品房，价值 200 万元；乙公司奖励 10 万元人民币，乙公司的利润总额为 50 万元。对此下列说法正确的是?

A. 甲所得国际组织奖励的 5 万元美金，免征个税

B. 甲所得县政府奖励的商品房，免征个税

C. 甲所得乙公司奖励的 10 万元，应缴纳个税

D. 乙公司缴纳企业所得税时，所奖励的 10 万元可全额税前扣除

32. 2021 年以来，接连多起网络主播偷逃税案件，引发社会对该行业快速发展过程中出现的问题的关注。在税法课上，多位同学就“网络主播偷税被罚和补税事件”展开讨论。根据我国税法，下列说法正确的是?

A. 网络主播直播带货所获收入，应界定为经营所得

B. 网络主播有隐匿应收财款行为时，应界定为避税行为

C. 网络主播带货平台应将涉税信息报送税务机关

D. 网络主播有瞒报应税收入行为时，应界定为偷税行为

33. M 省为了控制用电量，要求各银行给发电厂的贷款增量比例不能超过上年度的 5%，该省甲国有银行分别给 K 市某发电厂贷款增幅为 6%、给 L 市某发电厂贷款增幅 30%，银行内部审计发现了上述情形，审计机关欲对该情形实施审计，K 市和 L 市的审计机关对审计管辖范围有争议，对此下列说法正确的是?

A. K 市审计机关和 L 市审计机关协商确定实施审计的主体

B. 由 M 省审计机关指定审计机关实施审计

C. 审计机关应当将审计中发现的风险隐患情况，向本级人民政府通报

D. 审计机关认为银行内部审计存在问题的，有权进行监督

环境资源法

【单项选择题】

1. 根据《环境保护法》的规定，下列选项错误的是?

A. 国务院环境保护主管部门制定国家污染物排放标准

B. 天津市人民政府对国家污染物排放标准中未做规定的项目，可以制定地方污染物排放标准

C. 重庆市人民政府环境保护主管部门对国家污染物排放标准中已作规定的项目，可以制定严于国家污染物排放标准的地方污染物排放标准

D. 地方污染物排放标准应当报国务院环境保护主管部门备案

2. 关于林木、林地所有权和使用权争

议，下列选项错误的是？

A. 单位之间发生的林木、林地所有权和使用权争议，由县级以上人民政府依法处理

B. 个人与单位之间发生的林木所有权和林地使用权争议，可以由乡镇人民政府依法处理

C. 当事人可以自接到处理决定通知之日起三十日内，向人民法院起诉

D. 在林木、林地权属争议解决前，即使因森林防火需要，当事人任何一方也不得砍伐有争议的林木或者改变林地现状

3. 某公立医院要建一座新的住院楼，由甲公司承建，环评报告书已经审批，因为医院的项目资金迟迟没落实到位，一直没有开工。6 年后医院的资金到位重新准备开工，市环境规划局提出周围新建有养老院、居民楼，需要降低噪音。关于该项目的下列说法中正确的是？

A. 将原环境影响评价报告书备案但不影响其继续执行

B. 在原环境影响评价报告的基础上进行补充评价

C. 将原环境影响评价报告书报原审批部门审核

D. 将原环境影响评价报告书报原审批部门的上级部门审核

4. A 省某县发现离子型稀土矿，矿区范围为 300 多平方公里。甲公司拥有探矿权，在勘探过程中发现矿区范围外有晶质铀矿。经查，离子型稀土矿属于国家保护性开采的特定矿种，晶质铀矿属于放射性矿产。下列关于甲公司申请两个矿区的开采许可证，哪一项是说法正确的？

A. 应当向 A 省地质矿产主管部门申请稀土矿的采矿许可证

B. 应当向 A 省地质矿产主管部门申请晶质铀矿的采矿许可证

C. 应向国务院地质矿产主管部门申请稀土矿的采矿许可证

D. 应首先向国务院地质矿产主管部门申请晶质铀矿的采矿许可证

5. 2020 年 4 月至 2021 年 9 月，江苏省 T 市昌隆、锦汇等 6 家化工企业将其生产过程中产生的副产酸，采用直接排放或船舶偷排等方式倒入当地河中，造成了严重污染的结果。下列主体均专门从事环境保护公益活动连续 5 年以上且无违法记录，欲提起公益诉讼，哪一主体有资格提起环境公益诉讼？

A. T 市 A 县民政部门登记的“自然之友”基金会

B. 受损海产养殖户代表赵某

C. 在我国民政部登记的国际环保联合会

D. 在江苏省环保部门登记的环保集团在 A 县的分公司

6. 村民张某承包集体林地，种植槐树，现要将槐树砍掉改种白杨树，欲申请林木采伐许可证，对此下列说法正确的是？

A. 槐树归张某所有，无需申请采伐许可证

B. 可由乡镇人民政府核发采伐许可证

C. 如果当地今年采伐限额已满，明年张某可自动取得采伐许可证

D. 张某可以借用李某的采伐许可证

【不定项选择题】

7. 某市林业和草原局与规划局正在编制当地林业远期发展规划，下列说法正确的是？

A. 林业发展规划不是建设规划，不需要进行环境影响评价

B. 林业发展规划属于专门性规划，在

规划草案上报审批前应进行环境影响评价，并出具环境影响报告书

C. 为了促进林业发展规划审批，明确环境保护林的对外转让价，并征求公众意见

D. 应在林业发展规划编制过程中组织环境影响评价，编写有关环境影响的编著或说明

8. 甲有限公司与乙有限公司签订《合作协议》，约定两方合作对某区域进行煤炭资源勘探，由此所获利益双方平分。对此，下列说法正确的是？

A. 甲公司与乙公司组成的联合勘探主体，在勘探中的投入达到最低比例后，可将探矿权予以转让

B. 甲公司与乙公司完成勘探后，有权优先取得勘查作业区内煤炭资源的采矿权

C. 需县级政府审批

D. 矿区地面归集体所有，地下资源归公司所有

劳动与社会保障法

【单项选择题】

1. 宁某于2021年4月1日入职甲公司，未签订书面劳动合同，后来甲公司出资设立了乙公司，2021年9月1日甲公司将宁某安排到乙公司工作。劳动安排和社保等关系均由乙公司承担。乙公司告知宁某，只能在乙公司工作到2022年9月1日，也没有签署书面劳动合同。2022年9月1日，乙公司终止了与宁某的劳动关系，宁某欲申请劳动仲裁，下列哪一选项是正确的？

A. 乙公司需向宁某支付1.5个月工资的经济补偿金

B. 乙公司需向宁某支付1个月工资的经济补偿金

C. 乙公司无需向宁某支付经济补偿金

D. 甲公司需向宁某支付11个月的2倍工资

2. 2020年1月8日，甲公司与焦某订立为期一年的书面劳动合同，约定焦某在此期间撰写《甲公司发展史》一书，同年12月8日，焦某外地旅游受伤住院，直至2021年3月8日出院，2021年6月8日焦某提交了《甲公司发展史》书稿，关于甲公司与焦某订立劳动合同的终止日期是？

A. 2021年6月8日

B. 2021年1月8日

C. 2020年12月8日

D. 2021年3月8日

3. 甲人才服务公司（以下简称甲公司）与乙科技公司（以下简称乙公司）签订劳务派遣协议，约定由甲公司向乙公司提供非全日制派遣服务，甲公司遂将新招聘的蔡某派遣至乙公司从事保洁的工作，但未给蔡某缴纳工伤保险费。蔡某在工作时间晕倒，经抢救无效死亡，后经社会保险部门认定为工伤。关于本案下列说法正确的是？

A. 应由甲公司支付蔡某死亡的工伤保险待遇

B. 应由甲公司和乙公司按份支付蔡某的工伤保险待遇

C. 该劳务派遣协议无效

D. 应由乙公司为蔡某缴纳工伤保险费

【多项选择题】

4. 甲餐饮公司欲招聘小时工，张三前来应聘，甲餐馆公司人力主管告知张三每周工作7天，每天工作3小时，试用期1

个月，工资月付。张三提出乙家政公司要求每周工作 6 天每天工作 2 小时且不规定试用期，该家政公司拟录用他。已知两家公司均采取时薪制，甲餐饮公司提出下列什么条件才可以留住张三？

A. 将工资月付改成 15 天付

B. 将每天的工作时间改成每天 4 小时

C. 将试用期由一个月改成 15 天

D. 允许张三在不影响本公司工作完成的情况下可同时在另外两家公司上班

5. 关于劳动合同的解除，下列说法正确的是？

A. 甲公司拖欠张三工资，张三可以解除劳动合同

B. 乙公司未依法为李四缴纳社会保险费，李四可以解除劳动合同

C. 王五在试用期间迟到 1 次，甲公司可以解除劳动合同

D. 赵六严重违反规章制度，乙公司可以解除劳动合同

6. 京州能源公司在京州市新建一个煤矿，年产能有望达到 1000 万吨，是公司扩大经营规模的重点项目。李某夫妇申请到新建的煤矿工作，下列有关说法正确的是？

A. 京州能源公司应定期安排李某夫妇进行健康检查

B. 京州能源公司应在矿井建成以后安装防瓦斯设备

C. 京州能源公司不得安排李某妻子在孕期参加夜班劳动

D. 京州能源公司可同时安排李某夫妇到井下操控设备

国际私法

【单项选择题】

1. 中国甲公司和美国乙公司签订 1 亿美元标的额的买卖合同，合同约定纠纷由最高院国际商事法庭管辖，以下表述正确的是？

A. 国际商事法庭受理后，可直接委托国际商事专家委员会成员调解

B. 国际商事法庭作出的判决，败诉方不能上诉

C. 若双方达成合意，国际商事法庭可以用英文进行案件的审理

D. 因为违反级别管辖，合同中选择国际商事法庭的约定无效

2. 法国公民甲受雇于主营业地在中国深圳的乙公司，公司将其派遣到在尼日利亚的分公司工作，后其因工作失误被解雇而不服，诉至深圳某人民法院。根据《法律适用法》，下列说法正确的是？

A. 在中国适用中国法、法国法和尼日利亚法律中有利于甲的法律

B. 适用中国法，因为中国是乙公司主营业地

C. 适用法国法，因为甲是法国人

D. 适用尼日利亚法律，因为尼日利亚是工作地

3. 经常居所地在南京的德国人甲的爱犬被经常居所地在新加坡的中国公民乙打死，甲为了报复怒将乙个人隐私在网上公开。后甲在南京起诉乙，乙提出反诉。根据《法律适用法》，下列说法正确的是？

A. 甲和乙的诉求均可协议选择要适用的法律

B. 甲和乙的诉求均适用中国法

C. 甲的诉求适用德国法

D. 乙的诉求适用新加坡法

4. 沃林公司在甲国登记注册，其主要办事机构也在甲国。后沃林公司被乙国福特公司全资收购，其办事机构随之迁往乙国。后因经营不善，乙国福特公司又被中国启迪公司全资收购，但考虑到业务需要，沃林公司的主要办事机构仍在乙国。关于沃林公司的国籍，下列哪一选项是正确的？

A. 因沃林公司在甲国登记注册，其国籍始终是甲国

B. 因沃林公司的主要办事机构在乙国，其国籍应为乙国

C. 因沃林公司已被中国启迪公司收购，故其国籍应为中国

D. 沃林公司的国籍应由收购协议约定

5. 中国甲公司与德国乙公司因合同纠纷诉至中国某人民法院，根据我国涉外民事诉讼相关规则和实践，下列哪一选项是正确的？

A. 如合同约定适用欧盟商事条款，该法律选择条款无效

B. 如合同约定适用英国法，人民法院应依英国对反致的态度决定是否适用英国的国际私法规则

C. 人民法院审理本案，不受民事诉讼法关于审理时限的限制

D. 如合同规定适用英国法，人民法院应依英国国际私法规则确定合同应适用哪一国实体法

6. 甲国一马戏团带着动物明星欢欢来中国演出，因管理人员看管不力，欢欢逃脱被中国公民王某捕获，王某将欢欢卖给甲国公民琳达。现甲国马戏团在中国某法院起诉，要求琳达归还欢欢。根据我国《法律适用法》，我国法院应如何认定本案动产物权的法律适用？

A. 若当事双方协议选择乙国法，法院应适用乙国法

B. 应当适用双方共同国籍国的甲国法

C. 应当适用中国法或甲国法

D. 因为欢欢逃脱和买卖的行为都发生在中国，故应适用中国法

7. 定居在新加坡的日本明星山口惠来中国旅游时，发现长沙星灿影城未经其同意在其创办的微信公众号中擅自使用其肖像宣传，山口惠在中国某法院起诉星灿影城，要求星灿影城停止侵权并赔礼道歉。我国法院处理本案时应如何适用法律？

A. 双方当事人可协议选择中国法

B. 适用山口惠经常居所地的新加坡法

C. 因山口惠是日本人，应当适用日本法

D. 因微信是在中国发行的软件，应当适用中国法

8. 经常居所地在苏州的甲国公民亨利通过悦音短视频留下遗嘱。现亨利遗产继承纠纷诉至中国某人民法院，依照中国相关法律规定，下列哪一选项是正确的？

A. 该遗嘱方式须符合中国法和甲国法遗嘱才能成立

B. 如需适用甲国法解决本案纠纷，而双方当事人对甲国法内容有异议，人民法院应认定甲国法无法查明

C. 如亨利立遗嘱时，甲国已禁止本国人使用悦音公司的短视频产品，则该遗嘱无效

D. 该遗嘱的效力应适用中国法或甲国法

9. 中国甲公司和墨西哥乙公司签订买卖合同，合同约定因履行合同产生的纠纷适用瑞士法，合同纠纷可由北京仲裁委在新加坡仲裁，也可向中国法院起诉。后双

方发生履约纠纷，中国甲公司诉至中国某法院，墨西哥乙公司则认为纠纷应通过仲裁解决。根据我国相关法律规定，下列哪一选项是正确的？

A. 北京仲裁委只能在中国工作，合同约定仲裁地在新加坡，该仲裁条款无效

B. 因买卖合同选择了瑞士法，故应适用瑞士法来认定仲裁条款的效力

C. 若适用中国法仲裁条款无效，适用新加坡法仲裁条款有效，应认定仲裁条款有效

D. 应直接适用中国法认定该仲裁条款无效

10. 上海的谭某和浙江的温某在上海结婚，婚后谭某定居美国旧金山，温某定居中国上海。温某向上海某法院起诉离婚，谭某以美国旧金山法院已在3个月前受理其离婚诉讼，且自己已定居美国，主张中国法院无管辖权。根据我国《民事诉讼法》及其司法解释的相关规定，下列哪一选项是正确的？

A. 不管美国法院是否有管辖权，中国法院都有管辖权，且不受美国法院判决的影响

B. 中国法院有管辖权，但应致函美国法院要求其将案件资料移送中国法院

C. 中国法院应中止审理，根据美国法院审判结果再行决定

D. 中国法院无管辖权，应裁定不予受理

11. 中国国际商事法庭受理了中国甲公司和新西兰乙公司的国际货物买卖合同纠纷，审理过程中乙公司咨询能否通过视听传输技术等信息网络方式质证，根据最高人民法院《关于设立国际商事法庭若干问题的规定》，下列哪一选项是正确的？

A. 国际商事法庭的审限应为6个月

B. 当事人可就本案判决向国际商事法庭申请执行

C. 若双方当事人无异议，为方便外方当事人，国际商事法庭可以用英文制作判决书

D. 本案必须现场质证，不可以网络方式质证

12. 德国英海公司与韩国致远公司协议将商事合同纠纷提交中国国际商事法庭管辖。依中国相关法律规定及司法实践，下列哪一选项是正确的？

A. 如该法庭对本案作出判决，为避免影响判决书效力，法官的少数意见不应当在判决书中载明

B. 因该法庭是最高人民法院常设审判机构，英海公司与致远公司无权选择其作为一审法院

C. 如该法庭受理本案，应先委托国际商事专家委员会调解

D. 如合同争议与中国无实际联系，该法庭无管辖权

13. 定居在北京的中国公民张某和定居在伦敦的英国公民玛丽喜结连理，二人婚后定居在北京并育有一子小张。张某和玛丽因家庭纠纷诉至北京市某法院。因为玛丽在香港有财产，张某遂申请香港法院承认和执行该北京市某法院作出的判决。根据我国相关法律和司法解释，下列选项正确的是？

A. 小张的监护问题应适用中国法或英国法有利于小张的法律

B. 张某、玛丽和小张的父母子女人身关系应适用中国法或英国法中有利于小张的法律

C. 张某应该向香港高等法院提出申请

D. 如果香港法院认为北京某法院的判决违反香港法律的基本原则和公共政策，

则法院应拒绝承认与执行该判决

14. 经常居所地同在广州的越南公民甲某和莱索托公民乙某，去中国西北无人区探险时失踪。数年后两人亲属在广州某法院申请宣告死亡。关于本案的法律适用，下列选项正确的是哪个？

A. 都适用中国法

B. 若莱索托国法律无法查明，则应适用中国法确定能否对乙宣告死亡

C. 应分别适用越南法和莱索托法

D. 同时适用中国法和各自的国籍国法

15. 中国甲公司与英国乙公司签订了商事合同，约定合同适用英国法。现甲乙两公司因合同履行发生纠纷诉至中国某人民法院，根据我国法律和相关司法解释，下列说法正确的是哪项？

A. 若双方在一审法庭辩论时将合同适用的法律变更为苏格兰法，应准许

B. 若英国存在多个法域，该合同纠纷应适用伦敦所在的英格兰法

C. 若双方在一审法庭辩论时约定该纠纷的诉讼时效适用中国法，应从其约定

D. 该纠纷的诉讼时效应适用中国《民法典》

16. 荷兰甲公司将一批货物卖给中国乙公司，买卖合同订立时，该批货物载于由荷兰鹿特丹开往大连的韩国籍“靖远”号远洋货船上。乙公司就该批货物的所有权纠纷诉至中国某法院，根据我国法律，下列判断正确的是哪项？

A. 应适用中国法或荷兰法

B. 若双方约定适用瑞士法，应从其约定

C. 若双方没有约定，应适用韩国法

D. 可以在中国法或者荷兰法中择一适用

17. 甲公司在德国汉堡登记注册，主营业地在波兰华沙，在新加坡有一分公司。新加坡分公司与中国乙公司签订授权在中国独家经销的合同。甲公司得知后诉至中国某法院，主张其新加坡分公司和中国乙公司签订的合同无效。关于本案，下列哪项判断是正确的？

A. 甲公司的经常居住地是波兰华沙

B. 甲公司是波兰籍公司

C. 若新加坡分公司和中国乙公司的合同未选择法律，该合同应适用新加坡法

D. 若新加坡分公司和中国乙公司的合同未选择法律，该合同应适用波兰法

18. 甲国A公司与中国某市B公司订立合同，约定合同纠纷由甲国乙市法院适用《中华人民共和国民事诉讼法》解决。后双方达成补充协议，约定合同纠纷除了可以向甲国乙市法院诉讼外，还可向中国某市仲裁委员会申请仲裁，但须适用甲国国际仲裁中心规则。后双方发生合同纠纷，根据我国相关法律的规定，关于该纠纷解决方式下列判断正确的是？

A. 可由甲国乙市法院适用《中华人民共和国民事诉讼法》解决

B. 可由甲国乙市法院适用甲国民事诉讼规则解决

C. 可由中国某市仲裁委员会适用H国国际仲裁中心仲裁规则解决

D. 可由中国某市仲裁委员会适用自己的仲裁规则解决

19. 中国内地甲公司和澳门乙公司签订合同，双方约定合同产生的纠纷提交仲裁解决。甲公司申请中国内地某仲裁机构仲裁，并在仲裁前提出财产保全申请。仲裁裁决作出后乙公司拒不执行该裁决。根据我国相关司法解释，下列说法正确的是？

A. 仲裁裁决作出之前，甲公司可以向澳门中级法院申请保全相关财产

B. 甲公司可以向澳门初级法院申请执行该仲裁裁决

C. 甲公司可以分别向内地和澳门有管辖权的法院申请执行相关裁决

D. 如乙公司在内地就同一纠纷提起诉讼，则澳门相关法院应当拒绝承认与执行内地仲裁机构作出的裁决

20. 新加坡国际商事仲裁中心对中国甲公司和新加坡乙公司的合同纠纷作出裁决，甲公司不执行裁决，乙公司向中国某法院申请承认和执行该新加坡仲裁裁决，中国和新加坡都是《承认与执行外国仲裁裁决公约》的缔约国，下列说法正确的是?

A. 若该仲裁裁决是适用 M 国对中国的单边制裁规定作出，中国法院可直接作出不予承认该裁决的裁定（可以直接以违反《反外国制裁法》拒绝承认该仲裁裁决）

B. 若该仲裁裁决的首席仲裁员属于被中国制裁的人员，中国法院应向外交部征求意见后再撤销该裁决

C. 应适用中国法确认仲裁条款的效力

D. 中国法院承认与执行该仲裁裁决的，可不向最高人民法院报核

21. 张某是我国在德国留学的一名留学生，王某是我国著名影视明星，定居在德国。张某多次跟踪王某并拍摄很多照片发布在我国某网站，王某在我国法院提起侵犯人格权的相关诉讼，根据我国法律的规定，关于本案所适用的法律，下列说法正确的是?

A. 张某和王某可以在一审法庭辩论终结前协议选择适用德国法

B. 如依德国冲突规范，该类案件应适用被侵权人的国籍国法，则本案应该适用中国法

C. 本案的诉讼时效应该适用中国法

D. 本案所适用的法律应该由法院负责查明

22. 中国甲公司想收购 M 国乙公司，与 M 国丙律所驻北京代表处签订代理协议，委托 M 国丙律所在当地核实乙公司信息，并依核实后的信息完成了对 M 国乙公司的收购。后甲公司发现 M 国丙律所提交的核实资料有问题，遂向中国某法院对 M 国丙律所提起诉讼，若各方当事人没有就法律适用达成协议，下列说法错误的是?

A. 甲公司和 M 国丙律所的民事关系应适用中国法

B. M 国丙律所代理甲公司核实乙公司信息的行为应适用 M 国法律

C. 中国法院应向 M 国丙律所驻北京代表处送达本案司法文书

D. 丙律所驻北京代表处是否有权利签订代理协议，适用中国法

23. 中国上海甲公司与南非公民约翰签订劳务合同，后甲公司与莫桑比克乙公司签订劳务派遣合同，将约翰从上海派遣到莫桑比克做非全日制工。后甲乙两公司因约翰的劳动合同发生纠纷诉至我国某法院，下列关于法律适用的哪项判断是正确的?

A. 因约翰工作地是莫桑比克，劳务派遣合同纠纷应当适用莫桑比克法

B. 因约翰是南非公民，劳务派遣合同纠纷应当适用南非法

C. 因中国上海是劳务派出地，劳务派遣合同纠纷可以适用中国法

D. 约翰有权委托某南非驻沪领事以领事身份担任诉讼代理人，但在诉讼中该领事不享有特权与豁免

24. 中国甲公司与 M 国乙公司签订贸易合同，约定合同适用 M 国法律。后双方发生纠纷，甲公司依约向中国法院提起诉

讼，为明确M国法律内容，甲公司申请某大学下设的外国法查明中心的林博士出庭，下列说法正确的是?

A. 林博士可作为鉴定人出庭

B. 林博士可作为专家辅助人出庭

C. 林博士可作为证人出庭

D. M国法律的内容不是证明对象（事实问题），林博士无需出庭

【多项选择题】

25. 约翰同时拥有甲乙两国国籍，定居在上海。约翰和中国公民王某在上海发生侵权纠纷，诉至中国某法院。根据我国相关法律，下列哪些选项是正确的?

A. 因我国不承认双重国籍，故约翰应放弃一个国籍才可在我国法院起诉

B. 因约翰定居中国上海，我国法院应认定约翰为中国籍

C. 我国法院应当适用最密切联系原则认定约翰的国籍

D. 若约翰和王某协议选择甲国法，法院应适用甲国法处理本案侵权纠纷

26. 中国人张某在韩国首尔出差时在金达公司购买了一箱“野生高丽参”给家人补养身体，回国后经鉴定该高丽参系人工养殖，遂引发纠纷。经查，金达公司在中国既无住所，也未从事过相关经营活动，但在大连有可供扣押的房产。根据我国相关的法律规定，下列说法正确的有哪些?

A. 本纠纷应在韩国法和中国法中适用对张某有利的法律

B. 如张某在大连起诉，我国法院有管辖权

C. 本纠纷应适用韩国法

D. 如张某在大连起诉，我国法院能否管辖取决于金达公司的意思表示

27. 日本甲公司与中国乙公司将商事合同纠纷提交中国国际经济贸易仲裁委员会仲裁。根据我国法律和中国国际贸易仲裁委员会仲裁规则，下列哪些选项是正确的?

A. 两公司可约定仲裁地在新加坡

B. 如两公司未约定仲裁协议适用的法律，则应适用合同纠纷应适用的法律

C. 两公司可约定合同和仲裁协议分别适用瑞士法和中国法

D. 如仲裁庭在日本仲裁，应适用日本冲突规范确定应适用的实体法

28. 经常居所在深圳的张丽和经常居所在中国香港的李明婚前约定离婚财产分割适用香港地区法律。现张丽在深圳某法院诉讼离婚并请求分割夫妻共同财产。深圳法院判决离婚，并要求李明分割其在香港股票的50%给张丽。根据《关于内地与香港特别行政区法院相互认可和执行婚姻家庭民事案件判决的安排》下列说法正确的是?

A. 张丽可以向香港高等法院申请认可与执行全部或部分判决内容

B. 夫妻财产关系应适用香港地区法律

C. 该深圳法院的判决在香港特别行政区应被理解为命令李明向张丽转让其在港交所持有的50%股票

D. 诉讼离婚应适用内地法

29. G国甲公司和中国乙公司因履行合同产生纠纷。乙公司先向我国法院提起诉讼，为了对抗在我国进行的诉讼，甲公司随后在G国法院就同一争议提起了相关诉讼。G国法院判决甲公司胜诉后，乙公司向中国法院提出不予承认和执行该G国法院判决的申请。中国法院受理了乙公司的相关申请，并裁定甲公司在中国法院作出判决前不得请求承认与执行G国法院的判决，如果甲公司违反则按照日罚100万元

的标准进行罚款，下列说法正确的是?

A. 本案中我国法院的做法符合国际礼让原则

B. 乙公司行为属于行为保全

C. 我国法院按日罚款的做法符合法律的相关规定

D. 中国乙公司应当提供相应的担保

30. 中国甲公司和德国乙公司准备在中国设立中外合资丙公司，双方约定丙公司的合资协议适用德国法律。双方发生的纠纷可以提交北京仲裁委在新加坡仲裁，也可以向中国法院提起诉讼。后双方因合资合同发生纠纷。甲公司向我国法院起诉，乙公司则以双方存在有效仲裁协议为由认为法院不具有管辖权。根据我国相关法律，下列说法正确的是?

A. 如甲公司请求北京市某中级人民法院审查仲裁协议的效力，则该法院有管辖权

B. 由于该仲裁协议违反了我国法律关于专属管辖的规定，所以该仲裁协议无效

C. 如中国法认为该仲裁协议无效，新加坡法认为该仲裁协议有效，法院应当适用新加坡法

D. 如相关法院认为仲裁协议有效，应逐级报核至最高院，再根据最高院的回复意见作出裁定

31. 德国甲公司在上海向越南乙公司出具汇票，汇票付款人为德国甲公司在上海的分支机构。越南乙公司在河内将汇票背书转让给了越南丙公司，丙公司财务将汇票丢失，被经常居所地在广州的李先生拾得。现中国某法院受理有关该汇票的纠纷，下列哪些判断是正确的?

A. 乙公司对该汇票的背书行为，应适用越南法

B. 丙公司对乙公司行使汇票追索权的期限，应适用中国法

C. 丙公司请求保全汇票权利的程序，应适用越南法

D. 李先生拾得汇票是否构成不当得利的问题，应适用越南法

32. 中国人甲的名表在广州家里被德国人玛丽偷走，玛丽通过广州黑市将该名表卖去欧洲，法国人汉斯在德国柏林买下了这只名表。后来该名表在我国某展会展出时被甲发现，甲在中国某法院起诉汉斯请求返还该名表。下列哪些判断是正确的?

A. 如汉斯聘请中国律师应诉答辩，则中国法院就有管辖权

B. 汉斯可以聘请法国律师以非律师身份代理诉讼

C. 关于名表的物权问题，若双方无法协议选择法律，法院应当适用德国法

D. 关于名表的物权问题，若双方均援引中国法，法院应当适用中国法

【不定项选择题】

33. 越南人甲在中国购买了一套商品房，因为其要回国生活，于是把该房产卖给了中国人乙，该房屋买卖合同签订后，乙并未支付价款。甲在越南法院起诉乙，要求其支付价款。现乙来到中国某法院起诉甲，要求解除该房屋买卖合同。已知中越两国并未签订相应的双边或多边协议，根据中国相关法律和司法解释，下列说法正确的是?

A. 中国某法院若受理乙起诉，则违反了“一事不再理”原则

B. 对于乙起诉，中国某法院可予受理

C. 中国某法院应该受理该案，其对该案有专属管辖权

D. 若越南法院作出判决且已先被中国

法院承认和执行，亦可以受理该起诉

34. 甲国A公司和中国B公司合资设立住所地在中国C区的D公司，双方在合资合同中约定争议由甲国法院管辖。后A、B两公司就合资合同的履行引发争议，A公司诉至甲国某法院。中国B公司未出庭，也未作任何回应，甲国法院作出缺席判决。现甲国A公司向中国某法院申请承认和执行该判决，根据中国相关法律、司法解释及司法实践，下列说法正确的是？

A. 中国C区中院对本案有管辖权

B. 甲国A公司的申请文件必须附有中文译本

C. 中国法院可以专属管辖为由拒绝承认和执行甲国判决

D. 因为甲国法院缺席审判，中国法院应对甲国判决不予承认和执行

国际经济法

【单项选择题】

1. 根据《国际海洋法公约》，甲国在其专属经济区采取以下哪个行为是符合公约的？

A. 拆除乙国在海底铺设的电缆并回收

B. 击落上空的丙国无人机

C. 击沉丁国正常通行的军舰

D. 在海面搭建风力发电装置

2. 根据《反倾销条例》，下列说法正确的有？

A. 进行反倾销调查时，若利害关系方不如实反映情况，商务部可不予处理

B. 商务部认为有必要出境调查时，须通过司法协助途径

C. 商务部有权建议但不可强制出口经营者作出价格承诺

D. 终裁决定确定的反倾销税高于临时反倾销税的，差额部分应予征收

3. 中国甲公司与非洲某国乙公司签订CIF合同出口一批瓷器，货物运到该国附近时因遭遇战争而部分损毁，中国与该国均为《联合国国际货物销售合同公约》的缔约国。根据公约及相关国际惯例，下列说法正确的是？

A. 乙公司可以不承担毁坏货品的付款义务

B. 乙公司有理由相信甲公司在这种情况下应投保一切险和附加战争险

C. 乙公司在没有办法验货的情况下可以不承担付款义务

D. 若没有特别约定，甲公司只需要负担平安险

4. 中国A公司从甲国B公司进口一批电子设备，合同中约定了设备规格，并选用了DPU术语。B公司制作好样品后，将样品邮寄至A公司，请求确认并按照样品履行。A公司收到样品后确认收到并回复：“请依合同履行。”设备到货后与样品相符，但与合同不符，中国A公司要求甲国B公司承担违约责任。中国和甲国都是《1980年联合国国际货物销售合同公约》的缔约国，下列哪一选项是正确的？

A. 甲国B公司应承担违约责任，因其交付的设备不符合同约定规格

B. 甲国B公司不应承担违约责任，因其交付的设备与其提供的样品相符

C. 本案货物风险自货交第一承运人时转移

D. 甲国B公司须在指定装运地的任何地点交货

5. 中国甲公司（买方）从A国乙公司（卖方）签订FCA合同进口货物，货物采

用陆海联运，双方在合同中约定中国甲公司应通知海运承运人向A国乙公司签发已装船提单，货款以信用证方式支付。货物在海运途中因强热带风暴湿损，依据《2020年国际贸易术语解释通则》及国际经济法的相关规则和实践，下列哪些选项是正确的？

A. 货物风险自货交第一承运人时转移

B. 因海运承运人在货物装船后向A国乙公司签发了已装船提单，故A国乙公司应承担海运中的损失

C. 应由A国乙公司负责投保货物运输险

D. 中国甲公司可以A国乙公司交付的货物质量不符合合同约定为由，要求银行拒付货款

6. 我国轧钢产业向商务部申请对从甲国进口的轧钢进行反倾销调查，商务部终局裁定确定倾销成立，对国内轧钢产业造成损害，决定征收反倾销税。根据我国相关法律规定，下列哪一选项是正确的？

A. 反倾销税的纳税人应该是甲国轧钢出口商

B. 我国振华公司认为其已经缴纳的反倾销税款超过倾销幅度，可以向商务部申请退税

C. 针对商务部的终局裁定，甲国轧钢出口商必须先申请复审，对复审决定不服才能提起行政诉讼

D. 针对商务部的终局裁定，甲国轧钢出口商只能申请行政复议，无权向人民法院提起行政诉讼

7. 甲国和中国均为《保护工业产权巴黎公约》缔约国，甲国A公司发明一种环保涂料于2018年12月1日在甲国提出了专利申请，并自2019年初开始在中国销售该种涂料。中国B公司发明了同样的环保涂料，于2019年12月10日向中国有关机关提出了专利申请。下列哪一选项是正确的？

A. B公司无权就该种涂料在中国申请专利

B. 若B公司获得专利授权，A公司继续在中国销售该种涂料，应经B公司授权

C. B公司若在中国销售该种涂料，应经B公司授权

D. 因A公司申请在先，B公司专利权应该被宣告无效

8. 中国A公司研发的尾气净化器在中国获得了发明专利权。B公司在乙国仿制A公司的尾气净化器，C公司生产装载了B公司尾气净化器的客车并在乙国销售。D公司购买了C公司生产的客车用于甲乙两国之间的旅客运输，E公司将C公司生产的客车进口到甲国，但尚未销售。甲乙两国都是《保护工业产权巴黎公约》和WTO的成员国，若上述行为均未经A公司许可，哪些行为侵犯了A公司的专利权？

A. B公司的行为

B. C公司的行为

C. D公司的行为

D. E公司的行为

9. 根据我国《反倾销条例》的规定，下列说法错误的是？

A. 倾销幅度低于2%，应终止反倾销调查

B. 倾销进口产品实际或者潜在的进口量或者损害可以忽略不计，应终止反倾销调查

C. 反倾销税的征收期限和价格承诺的履行期限不超过7年

D. 商务部认为不适宜继续进行反倾销调查，则应终止反倾销调查

10. 中国乙公司与西班牙甲公司签订

合同进口一批货物，合同选用 CIF2020，同时约定甲公司应为该批货物投保水渍险。甲公司将货物交承运人装船后，承运人签发了清洁提单（选用《海牙规则》）。后在海运途中货物因遭遇恶劣天气部分毁损，下列说法正确的是？

A. 甲公司应为该批货物投保一切险

B. 承运人应赔偿货物损失

C. 保险公司应赔偿货物损失

D. 因货物部分毁损，中国乙公司有权要求减价

11. 甲国 A 公司从乙国 B 公司进口三批粮食，合同选用 CIF2020。第一批粮食正常发货后，乙国遭遇台风，致使后两批粮食不能发运，存放在仓库。B 公司认为其遭遇了不可抗力，可以免责。两国均为《联合国国际货物销售合同公约》的成员国，下列说法正确的是？

A. 若后两批货物无法交付，甲国 A 公司可宣告合同无效

B. 若后两批货物无法交付，乙国 B 公司通知甲国 A 公司后，即可解除合同

C. 保险人应承担后两批粮食不能交付的赔偿责任

D.《联合国国际货物销售合同公约》规定遭遇不可抗力一方有通知对方的义务

12. 中国甲公司与 A 国乙公司买卖货物，约定采用 CFR2020，该货物系军民两用货物，并被列入出口管制清单。签订合同后，甲公司将货物放在仓库 C，中国与 A 国都是《联合国国际货物销售合同公约》缔约国，下列说法正确的是？

A. 该批货物在 C 仓库进行交货

B. 乙公司可以自行将该批货物转让给第三方

C. 乙公司有义务为该批货物购买平安险

D. 对于该批货物的出口，甲公司应该申请许可

13. A 国甲公司与乙国政府签订书面投资协议，协议中明确规定双方直接因投资引发的争端提交国际投资争端解决中心（ICSID）解决。协议签订后乙国政府以国内经济环境发生变化为理由拒绝履行协议。经查明，A 国和乙国都是《关于解决国家与其他国家国民之间投资争端公约》缔约国，下列说法正确的是？

A. A 国可以对乙国政府不履行投资协议的行为行使外交保护

B. 如乙国没有特别要求，本案中双方将争端提交 ICSID 解决不需要以用尽当地救济为条件

C. ICSID 可因东道国对相关争端没有法律规定或者规定不明暂不作出裁定

D. 对 ICSID 裁决不服的，可以向国际法院上诉

14. 中国甲公司和美国乙公司签订绿色农产品进口合同，约定适用 CIF2020 并通过信用证方式付款。信用证由丙银行开立并由丁银行通知和保兑。“众合”号货轮承运了该批货物并开立了载明“凭指示”字样的提单。货物运到中国后恰逢关税调整，甲公司最终额外支付了 25%的关税后提取了该批货物。根据 UCP600 和相关规则，下列说法正确的是？

A. 该提单通过交付即可转让

B. 如银行发现不符点，可以自行联系开证申请人以确定其是否接受不符点

C. 如果丙银行破产，丁银行可免除保兑义务

D. 甲公司可以就其多交付的关税向乙公司要求赔偿

【多项选择题】

15. 中国企业采购国外货物，合同约定交货时间不得晚于6月1日，实际装船时间是6月15日，卖方出具保函换取了承运人签发的注明6月1日完成装船的提单。买方因此主张信用证欺诈，向中国有管辖权的法院申请止付令。下列哪些判断是正确的？

A. 本案提单属于预借提单

B. 即使存在保兑行并已经善意付款，法院仍旧可以作出中止支付的裁定

C. 本案提单为倒签提单

D. 如果存在保兑行且已经善意付款，则法院不应作出中止支付的裁定

16. 中国某产业认为甲国出口到中国的某商品构成政府补贴，侵害了中国企业的利益，提出反补贴调查申请。商务部终局裁定采取反补贴措施，下列选项正确的是？

A. 该项政府补贴应具有专向性

B. 对于甲国出口商在行政诉讼中提供的在反补贴调查中拒不提供的证据，人民法院一般不予采纳

C. 甲国出口商对商务部的终局裁定不服，可以提交WTO争端解决

D. 甲国出口商对商务部的终局裁定，可以申请行政复议，也可以向法院提起诉讼

17. 中国人杨某和甲公司都从事某种商品的出口，该种商品在国外颇受欢迎，销量可观。后该种商品被列入我国出口管制清单，根据《对外贸易法》和《出口管制法》的相关规定，下列哪些判断是正确的？

A. 杨某作为个人不能从事对外贸易活动

B. 甲公司只有经有关部门审批方能从事对外贸易活动

C. 该种商品出口应申领出口许可证

D. 该管制产品的最终用户不能擅自改变该商品的最终用途

18. 中国甲公司为牙膏生产公司，为其“芳芳”牙膏向英国与俄国申请“FANG-FANG”商标，因英语“FANG”含有毒牙的意思，故英国不予注册，俄国给予了注册。根据WTO的《与贸易有关的知识产权协定》（TRIPs），关于英俄两国的不同做法，下列说法中错误的是？

A. 违反了平等原则

B. 违反了国民待遇原则

C. 违反了最惠国待遇原则

D. 知识产权独立性原则影响了甲公司商标在不同国家的注册

19. 某外国公司与我国甲银行（甲银行为牵头银行）等众多银行签了间接银团贷款合同，牵头银行将贷款份额转售给其他银行，下列说法正确的是？

A. 所有参与贷款的银行之间负连带责任

B. 甲银行作为牵头行与该外国公司签订贷款协议

C. 所有参与银团的银行均需与该外国公司签订贷款协议

D. 所有参与银行按照统一的条件发放贷款

20. 甲乙两公司约定CFR2020，由甲公司向乙公司提供一批货物，约定信用证方式支付。中国甲公司买了平安险，莱茵公司是承运人，该批货物分两次运输。第一批货物遭遇海上风暴，掉落海中造成部分损失。第二批货物送到港口后因为疫情检查耽误了时间，被推定为全损。甲公司向保险公司提出委付请求，要求保险公司

按照全部损失进行赔偿。根据我国相关法律和《海牙规则》的规定，下列说法正确的是？

A. 保险公司可以接受委付，也可以不接受委付

B. 由于第二批货物已经全部损失，银行可以拒绝付款

C. 对于第二批货物的损失，承运人不承担损失

D. 对于第一批货物的损失，保险公司不承担责任

21. 中国甲公司在Z国承包了一项工程，中国乙银行应甲公司的申请向工程的发包方丙公司开立了一张独立保函，后丙公司以甲公司违约为由向乙银行请求按照独立保函付款遭拒，根据我国的相关规定，下列说法正确的是？

A. 乙银行主张独立保函为《民法典》中的一般担保的，法院不予支持

B. 乙银行和丙公司的保函纠纷适用Z国法律

C. 只要丙公司提供的单据与保函的要求以及单据与单据之间表面相符，乙银行就必须承担付款责任

D. 如果甲公司和丙公司的工程合同中明确载明通过仲裁解决相关争端，则我国法院对乙银行和丙公司之间的独立保函纠纷没有管辖权

22. 定居在甲国的甲国人汉斯所创作的小说《云渡》首先在乙国出版，该小说在丙国被侵权并提起相关诉讼并获得胜诉判决。甲乙丙三国均为世界贸易组织成员国，乙国和丙国是《保护文学艺术作品的伯尔尼公约》缔约国，甲国不是。下列说法正确的是？

A. 根据世界贸易组织的TRIPS协议，丙国判决的效力及于所有世界贸易组织成员国

B. 《云渡》在乙国和丙国能够享受《伯尔尼公约》中规定的相关保护

C. 丙国应该给予《云渡》不低于国民待遇的保护

D. 根据世界贸易组织的最惠国待遇原则，乙国应该给予《云渡》以等同于甲国的著作权保护

23. 相关中国企业向商务部申请发起反补贴调查，要求对来自甲乙丙三国的相关产品进行反补贴调查。商务部调查后决定征收反补贴税，并进行追溯征收。根据我国相关法律的规定，下列说法正确的是？

A. 如支持调查者的产量占国内同类产品总产量不足25%的，不得启动调查

B. 因产品来自甲乙丙三国不同的国家，可以对相关产品对我国造成的影响进行累进评估

C. 对我国商务部做出的决定不服的，甲乙丙三国的出口经营者可对商务部提起行政诉讼

D. 我国法院可以违反行政程序为由撤销商务部做出的追溯征收反补贴税的决定

24. 我国国内相关产业认为甲乙两国进口到中国的产品构成倾销，遂申请商务部对其进行反倾销调查。商务部经过调查后最终认定倾销成立并决定征收反倾销税。中国和甲乙两国均是世界贸易组织成员国。下列说法正确的是？

A. 商务部可以对两国的进口产品分别进行调查和评估

B. 应该按照同一标准对甲乙两国的出口经营者征收反倾销税

C. 相关主体对商务部的决定不服的，可以提起行政诉讼

D. 甲乙两国的相关企业对商务部的决定不服，可以在世界贸易组织提起争端解

决程序

【不定项选择题】

25.《与贸易有关的投资措施协议》，简称 TRIMs 协议，是 WTO 第一次就涉及国际投资的问题达成的贸易协议，甲乙丙三国均为 WTO 成员，下列关于该协议的说法正确的有？

A. 甲国要求外国投资企业购买或使用进口产品的数量或金额不能大于其出口当地产品的数量或金额，构成该协议禁止采用的投资措施

B. 乙国要求企业可使用的外汇必须限制在与该企业外汇流入相关的水平，构成该协议禁止采用的投资措施

C. 丙国要求企业必须购买当地原材料进行生产，构成该协议禁止采用的投资措施

D. 该协议适用于与货物贸易、服务贸易、知识产权贸易有关的投资措施

民事诉讼法

【单项选择题】

1. 夏某被季某堆放在楼梯过道的衣柜不小心绊倒受伤，夏某向法院起诉季某，要求损害赔偿。在诉讼中本案被告季某是否存在过错产生争议，关于该争议事实的证明责任分配，下列表述正确的是？

A. 法院承担证明责任

B. 过错不是本案的证明对象

C. 由季某证明自己没有过错

D. 由夏某证明季某有过错

2. 甲公司开发的软件屡遭盗版，遂派公司人员假扮消费者与盗版商磋商，请公证处人员手机秘密拍摄磋商全过程，公证处制作公证书，甲公司据此向法院起诉索赔，关于公证书的说法正确的是？

A. 假扮消费者有违公平原则，有损经济秩序，该公证书应当排除

B. 公证处只应当公证合法法律行为，该公证书有瑕疵，应当排除

C. 该公证书是原始证据

D. 该公证书是书证

3. 甲乙因纠纷诉至法院，诉讼中甲乙达成调解协议并签收，后甲发现调解书中内容与调解协议不一致，下列说法正确的有？

A. 甲可以向法院申请再审

B. 甲可以申请法院裁定补正调解书的内容

C. 调解书因违反调解协议而无效

D. 甲应当重新提起诉讼

4. 李某起诉吉通公司，履行合同义务，A 市 B 区法院判决驳回，李某上诉，在上诉状提交后第三天，李某车祸身亡。下列说法正确的有？

A. A 市中级法院应裁定诉讼终结

B. B 区法院应裁定诉讼终结

C. B 区法院应裁定诉讼中止，通知李某继承人参与诉讼

D. A 市中级法院应裁定诉讼中止，通知李某继承人参与诉讼

5. 甲乙故意伤害一案，甲向法院起诉，法院判决甲胜诉乙支付甲费用。乙不服上诉，二审期间，甲乙达成和解协议向二审法院申请撤回起诉，二审法院经审查发现和解协议内容与原判决认定的事实不一致，请问二审法院应当如何处理？

A. 准许撤回起诉，一审判决生效

B. 不准许撤回起诉，二审法院根据审理结果作出判决

C. 不准许撤回起诉，二审法院应当撤销原判，发回重审

D. 准予撤回起诉，并且一并裁定撤销原判

6. 张某诉李某，要求李某返还借款。一审法院判决李某败诉，当事人均未上诉。判决生效后李某向法院申请再审。法院决定再审，在再审过程中，发现张某和李某已经达成了和解协议，并且已经支付完毕。下列做法正确的是？

A. 继续再审

B. 驳回再审请求

C. 判决执行一审判决

D. 裁定终结再审程序

7. 某市环保协会提起诉讼，起诉某厂因生产工作极大影响了周边居民的生活生产活动，对环境造成破坏。甲因该厂的污染行为受到损害，也想参与本案的诉讼。关于法院的做法，下列选项正确的是？

A. 将甲列为有独立请求权的第三人

B. 将甲列为无独立请求权的第三人

C. 通知甲另行起诉

D. 将甲列为共同原告

8. 甲对乙有 20 万债权到期，乙对丙有 20 万债权。甲对丙提起代位权诉讼，法院依法将乙列为第三人。诉讼中甲、丙达成调解协议，约定丙将一条价值 20 万的手链交付给甲，用于清偿该笔债务，法院依法制作调解书送达当事人。丁主张手链是自己的，欲提出第三人撤销之诉，下列关于本案当事人的表述正确的是？

A. 甲、乙、丙为被告

B. 甲、丙为被告，乙是第三人

C. 甲、乙是被告，丙为第三人

D. 甲为被告，乙和丙是第三人

9. 中国公民在 M 国法院进行民事诉讼，其申请财产保全的权利受到限制，中国法院于是也对该国公民在我国的民事诉讼中申请财产保全的权利加以限制，这一做法体现了什么原则？

A. 对等原则　　B. 平等原则

C. 辩论原则　　D. 同等原则

10. 关于辩论原则的表述，下列选项正确的是？

A. 当事人辩论权的行使仅局限于一审程序中开庭审理的法庭调查和法庭辩论阶段

B. 当事人向法院提出起诉状和答辩状是其行使辩论权的一种表现

C. 证人出庭陈述证言是证人行使辩论权的一种表现

D. 督促程序适用辩论原则

11. 关于我国的民事诉讼制度，下列说法错误的是？

A. 当事人对人民法院回避决定不服可以申请复议一次，复议期间被申请回避的人员不停止本案的工作

B. 除了非诉讼案件外，我国对诉讼争议案件一律实行两审终审制

C. 简易程序案件可以实行独任审理，但是独任审理的并不一定都是简易程序

D. 民事诉讼中离婚案件是否公开审理当事人都有处分权

12. 关于当事人适格的表述，下列选项错误的是？

A. 当事人诉讼权利能力是作为抽象的诉讼当事人的资格，它与具体的诉讼没有直接的联系；当事人适格是作为具体的诉讼当事人资格，是针对具体的诉讼而言的

B. 一般来讲，应当以当事人是否是所争议的民事法律关系的主体，作为判断当事人适格标准，但在某些例外情况下，非民事法律关系或民事权利主体，也可以作为适格当事人

C. 清算组织、遗产管理人、遗嘱执行人是适格的当事人，原因在于根据权利主体意思或法律规定对他人的民事法律关系享有管理权

D. 检察院就生效民事判决提起抗诉，抗诉的检察院并不是适格的当事人

13. 李某和赵某的离婚案件，适用普通程序审理，法院判决作出后，向双方送达文书时，下列送达哪一项是正确的?

A. 向李某送达时，李某不在家，由赵某代为签收

B. 向赵某送达时赵某拒不开门，法院将文书贴在赵某家门口，拍照录像后产生送达效力

C. 通知双方到法院领取文书，到达法院后李某拒不签字，视为送达

D. 多次送达未果，法院工作人员到李某常去的朋友王某家找到李某，李某仍然拒绝签署，法院拍照录像后视为直接送达

14. 王某以借款纠纷为由起诉吴某。经审理，法院认为该借款关系不存在，王某交付吴某的款项为应支付的货款，王某与吴某之间存在买卖关系而非借用关系。法院向王某作出说明，但王某坚持己见，不予变更诉讼请求和理由。法院遂作出裁定，驳回王某的诉讼请求。关于本案，下列选项正确的是?

A. 法院违反了不告不理原则

B. 法院适用裁判形式错误

C. 法院违反了辩论原则

D. 法院违反了处分原则

15. 2013 年 5 月，高某租赁品尚公司商业铺面，约定租期 1 年，到期后支付租金。租期届满后，高某仅支付 6 个月租金。品尚公司法定代表人赵某是高某的好友，因此品尚公司一直未予主张。2017 年 10 月赵某离职后，品尚公司起诉高某要求支付剩余租金和逾期利息。案件审理过程中，品尚公司并入金光公司。关于本案，下列说法正确的是?

A. 法院不应受理品尚公司的起诉

B. 高某可反诉原告诉请超过诉讼时效

C. 公司合并后法院应当裁定诉讼终结

D. 原告应承担高某租赁其铺面事实的证明责任

16. 甲和乙有纠纷，后达成调解协议，法院制作调解书，送达甲、乙签收。后来甲发现调解书和调解协议有不同，违反甲的意愿，甲如何救济?

A. 申请法院再审

B. 法院收回调解书重新制作

C. 法院作裁定补正

D. 要求法院根据调解协议重制作调解书

17. 张某诉季某人身损害赔偿一案判决生效后，张某以法院剥夺其辩论权为由申请再审，在法院审查张某再审申请期间，检察院对该案提出抗诉。关于法院的处理方式，下列哪一选项是正确的?

A. 法院继续对当事人的再审申请进行审查，并裁定是否再审

B. 法院应当审查检察院的抗诉是否成立，并裁定是否再审

C. 法院应当审查检察院的抗诉是否成立，如不成立，再继续审查当事人的再审申请

D. 法院直接裁定再审

18. 经家住 B 区的乙同意，家住 A 区的甲将合同中的权利义务转让给家住 D 区的丙。甲乙此前曾约定，合同发生纠纷应由 C 区法院管辖，但丙对甲乙之间的管辖补充协议毫不知情。其后，乙、丙又约定因履行合同发生纠纷由 D 区法院管辖。后丙诉请乙履行，乙主张转让合同的行为无

效。本案由哪个法院管辖？

A. A区　　B. B区

C. C区　　D. D区

19. 甲省规定超过3000万元的财产纠纷由中院管辖，A公司在甲省乙市丙区法院起诉B公司，请求支付货款2000万元。法庭辩论终结后，合议庭一致决定支持。A公司诉求，撰写判决书期间，A公司变更诉讼请求，请求B公司支付货款加违约金共计3500万元。关于本案，丙区法院应如何处理？

A. 法院应裁定移送管辖

B. 继续判决原告A公司胜诉，其可以获得3500万元货款和违约金

C. 按照2000万元的诉讼请求直接进行裁判，把判决结果送达给双方当事人

D. 询问B公司意见，在管辖权异议期内先中止审理

20. 张某诉王某借款纠纷一案，庭审中，王某承认借过张某钱，但称已经返还，并出示张某书写的载明“收到王某返还借款10万元”的收条复印件。关于本案中的收条复印件，下列说法正确的是？

A. 不具有证据能力

B. 属于反证

C. 属于直接证据

D. 不具有证明力

21. 甲无业，居住在舅舅乙家，乙嫌弃甲不思进取，就经常辱骂他。甲向法院申请禁令，禁止乙辱骂，法院准许。乙可如何救济？

A. 向上一级法院提出上诉

B. 向作出禁令的法院申请再审

C. 向上一级法院申请再审

D. 向作出禁令的法院申请复议

22. 向某和表姐高某自愿登记结婚，向母不同意，以二人系近亲为由向法院起诉确认婚姻无效，但向某坚持要和高某在一起，向母无奈向法院申请撤诉。法院应如何处理？

A. 裁定驳回起诉

B. 作出婚姻无效的判决

C. 可以调解结案

D. 准予其撤诉申请

23. 甲因咨询合同纠纷起诉乙，请求乙支付咨询费用2万元。法院经审理发现，咨询合同中约定咨询费用为20万元，遂询问甲。甲明确表明，因乙方的违约行为违反诚信原则，要通过分10次起诉的方式来惩罚乙。针对该情况，法院应如何处理？

A. 直接判乙支付20万元，不违反处分原则

B. 判乙支付2万元，既判力客观上及于2万元

C. 判乙支付2万元，既判力客观上及于20万元

D. 法院要询问乙的意见，征得当事人的同意后决定是否按照20万元的诉讼请求来进行裁判

24. 因一家工厂排放污水，造成河流严重污染，绿友环保组织对此提起诉讼，要求赔偿100万元。法官经审查，发现100万元远远不够治理河流，建议绿友环保组织改成要求赔偿1000万元。最后法院判决绿友环保组织胜诉。下列哪一选项是正确的？

A. 公益诉讼案件一审终审，不得上诉

B. 法官建议将赔偿请求从100万元改成1000万元，违反了处分原则

C. 环境污染案件的公益诉讼存在前置程序，环保组织在起诉前要先告知环保主管部门

D. 本案管辖法院为中院

25. 甲诉乙返还价值50万元的青花

瓷，执行中发现青花瓷已经被乙打碎了，甲、乙达成执行和解协议，内容为乙偿还甲 60 万元（其中 10 万元作为精神损失费），后乙拒不履行和解协议，可行的解决措施为？

A. 执行乙 60 万元的财产

B. 依据执行和解协议另行起诉

C. 裁定终结执行

D. 执行 50 万元的财产

26. 甲买了乙一幅画，约定先交 10 万元由乙保留所有权，之后乙将该画交付给甲。乙因一纠纷涉诉，作为被告败诉，法院欲执行该幅画，对该画采取了扣押措施。甲该如何救济？

A. 可以要求继续履行合同，付清余款，并要求法院解除扣押措施

B. 可以提供担保要求解除扣押措施

C. 可以提出案外人异议之诉

D. 可以提出案外人异议

27. 黄某通过网络购物购买雅贝公司生产的保温壶，后因保温壶质量问题提起诉讼。法院受理后建议通过线上平台交换证据，雅贝公司同意在线交换，黄某不同意在线进行证据交换。法院仍然组织黄某和雅贝公司在线进行证据交换。法院的这一做法违反了下列哪一民事诉讼法规定的基本原则？

A. 平等原则

B. 在线诉讼原则

C. 对等原则

D. 同等原则

28. 甲公司诉赵某违约一案由鲍法官独任审理，赵某提出管辖权异议被驳回，赵某怀疑鲍法官有偏见，遂申请鲍法官回避，被驳回。甲公司被收购，法定代表人变更为薛某，赵某发现薛某和鲍法官是同学，再次提出回避申请。下列表述正确的是？

A. 赵某不能再次提出回避申请，只能申请复议

B. 鲍法官应当暂停本案的审理工作

C. 法院可以裁定驳回赵某的回避申请

D. 如果法院决定鲍法官回避，赵某可以再次提出管辖权异议

29. 素文公司和宇威公司发生纠纷，诉至甲市乙区法院，宇威公司提出管辖权异议，乙区法院裁定驳回。宇威公司对此不服，遂不到庭，法院作出缺席判决。之后宇威公司不服一审判决，上诉至甲市中级人民法院，经审查，两公司确实存在管辖协议，约定发生纠纷时应由丙市丁区法院管辖。关于本案，下列选项中说法正确的有？

A. 裁定撤销一审判决，移送至丙市丁区法院审理

B. 裁定撤销一审判决，发回甲市乙区法院重审

C. 二审法院继续审理，依法裁判

D. 裁定撤销一审判决，移送丙市中级法院审理

30. 常某到吕某家做客，吕某家住临街楼房三楼，常某因抽烟打开窗户致窗边物品跌落，砸伤过路的赵某，赵某诉至法院主张赔偿责任。关于适格被告的说法，下列选项正确的是？

A. 仅吕某为被告

B. 常某和吕某为必要共同被告

C. 常某和吕某为普通共同被告

D. 仅常某为被告

31. 许某、韩某、魏某共同将秦某的汽车烧毁，秦某起诉许某、韩某要求二人承担连带赔偿责任，因秦某爱慕魏某之女，未起诉魏某。关于法院的处理方式，下列哪一选项是正确的？

A. 应追加魏某为共同被告，魏某拒不参加的，可以拘传

B. 可以不追加魏某为共同被告，但可在判决书中明确其承担连带责任

C. 应追加魏某为共同被告，魏某拒不参加的，不影响其承担责任

D. 可以不追加魏某为共同被告，但可告知秦某对其另行起诉

32. 中国甲公司与M国乙公司签订贸易合同，约定合同适用M国法律。后双方发生纠纷，甲公司依约向中国法院提起诉讼，为明确M国法律内容，甲公司申请某大学下设的外国法查明中心的林博士出庭，下列说法正确的是？

A. 林博士可作为鉴定人出庭

B. 林博士可作为专家辅助人出庭

C. 林博士可作为证人出庭

D. M国法律的内容不是证明对象，没有规定林博士必须出庭

33. 张三与甲公司存在劳动合同关系，但是由于甲公司迟迟不发工资，张三向当地劳动仲裁委申请劳动仲裁。在仲裁过程中，张三以生活困难为由提出先予执行的申请，下列选项正确的是？

A. 由受理案件的仲裁庭裁决先予执行，并依法执行

B. 由受理案件的仲裁庭裁决先予执行，移交法院执行

C. 由受理案件的仲裁庭交由仲裁机构所在地法院审查后作出裁定

D. 仲裁庭对于先予执行的申请无权处理，应当不予受理

34. 房某驾车将石某撞伤，石某将房某诉至法院，要求房某赔偿医疗费20万元。在法院主持下，双方当事人达成调解协议，约定房某一次性向石某支付10万元，双方就本案再无争议。法院根据上述调解协议制作调解书，双方当事人签收后履行完毕。1年后，石某主张调解协议是由于受到房某胁迫所签署，且因为治疗车祸事故的后遗症又花费手术费4万元。关于本案表述正确的是？

A. 因为调解书显失公平，石某可以申请撤销调解书

B. 因为调解违反自愿原则，石某可以对该调解书申请再审

C. 调解协议未涉及后遗症的问题，石某可以就医疗费4万元再次起诉

D. 因为调解书违反法律规定，石某可以起诉请求确认调解书无效

35. 孙某（男，28周岁）向法院起诉钱某（女，22周岁）离婚，法院经审理查明，两人感情已破裂，但钱某结婚时未满20周岁，法院应当如何处理？

A. 判决确认婚姻关系无效

B. 裁定驳回起诉

C. 判决驳回离婚诉讼请求

D. 判决准予离婚

36. 甲公司因为合同纠纷起诉乙公司，某县人民法院适用简易程序审理后判决甲公司败诉。甲公司不服一审判决，提起上诉，二审法院指定吴法官对本案独任审理，乙公司当庭表示异议，关于本案，下列说法正确的是？

A. 二审程序应当组成合议庭审理，不得适用独任制

B. 简易程序一审终审，不得上诉

C. 二审法院有权直接指定法官适用独任制审理

D. 二审法院应裁定转为合议庭审理

37. 朱某和葛某的民间借贷纠纷，法院一审判决朱某向葛某支付本金及利息。朱某不服一审判决提起上诉，二审中葛某表示一审判决正确应该维持。二审法院判

决驳回上诉，维持原判。判决生效后，葛某以一审判决利息计算存在错误为由申请再审。下列说法正确的是？

A. 葛某有再审利益，法院应当裁定再审

B. 经法院院长同意，法院可以裁定再审

C. 经朱某同意，法院可以裁定再审

D. 葛某缺乏再审利益，违反诉讼诚信原则，法院应当裁定驳回再审申请

38. 甲某欠乙某 100 万元货款，乙某申请法院对甲某进行了诉前财产保全，三天后，乙某申请法院对甲某发出支付令。法院应当如何处理？

A. 本案属于金钱给付，法院应当受理乙某的申请

B. 法院不应受理乙某的申请，因为本案属于合同纠纷

C. 法院不应受理乙某的申请，因为乙某已经申请了诉前保全

D. 法院应当受理乙某的申请，向甲某发出支付令

39. 关于公示催告程序中法院作出的除权判决，下列哪一说法是正确的？

A. 因具有排除他人对票据享有权利的效果，属于形成判决

B. 因申请人可凭判决要求支付票据上记载的金钱数额，属于执行依据

C. 因不具有解决实质争议的效果，属于非诉程序的判决

D. 因具有推定票据权利归申请人所有的效果，属于确权判决

40. 法院判决钟某偿还赵某借款 100 万元，赵某申请执行该判决，法院冻结了钟某名下持有的某公司股份，孙某向法院提出执行异议，主张自己才是实际出资人，钟某是代持有股份，法院驳回异议后，孙某向法院提起诉讼，依然以自己是实际股东为由，请求法院判令停止执行并解除查封。关于孙某提起的诉讼进行诉的分类，下列选项中正确的是？

A. 积极确认之诉

B. 给付之诉

C. 消极确认之诉

D. 形成之诉

41. 吴某通过网络购物平台购买了甲公司销售的电热毯，后来因为电热毯质量问题，吴某起诉甲公司。法院受理案件后就开庭方式征求当事人意见，甲公司明确表示同意通过线上方式开庭，而吴某拒绝通过线上方式开庭。关于本案表述正确的是？

A. 由于本案是发生在互联网上的纠纷，故应当由互联网法院专属管辖

B. 法院可以依职权决定通过在线方式开庭审理

C. 法院可以组织甲公司在线上开庭，吴某线下开庭的方式进行审理

D. 既然吴某不同意线上开庭，故本案不能通过在线开庭方式审理

【多项选择题】

42. A 区公司所有货车在 C 区与另一辆小汽车相撞，经查，肇事小汽车在 B 区保险公司投保交强险，肇事司机甲负全部责任。甲住所地在 D 区，该车车主为 E 区的乙，甲系向乙借用。现该公司欲起诉赔偿，请问对本案有管辖权的法院包括：

A. A 区　　B. B 区

C. C 区　　D. D 区

43. 朱某起诉刘某离婚，在诉讼中二人达成调解协议，法院据此制作调解书，法院通知朱某和刘某到法院领取调解书，朱某到法院领取并签收了调解书，刘某一

直未领取调解书，后朱某反悔，不愿意离婚，下列说法正确的是？

A. 朱某可以反悔，法院依调解协议制作判决书

B. 朱某可以反悔，法院应当根据案件审理情况制作判决书

C. 朱某不能反悔，因为其已经签收调解书

D. 朱某可以向法院申请撤回起诉

44. 大山公司欠五岳公司 5000 万元，海伦公司提供抵押担保，因到期未支付，五岳公司向法院申请对大山公司发出支付令。支付令发出后，五岳公司将海伦公司起诉至法院，要求其履行担保责任，问以下哪些选项正确？

A. 该支付令对大山公司有拘束力，对海伦公司没有拘束力

B. 该支付令对大山公司和海伦公司均有拘束力

C. 五岳公司对海伦公司提起诉讼，不影响支付令效力

D. 五岳公司对海伦公司提起诉讼，支付令失效

45. 某生效判决乙公司向甲公司支付 30 万元货款。甲公司申请执行，在执行中，发现乙公司没有可供执行的财产，但是乙公司对案外人丙公司有 30 万元债权，甲公司申请法院向丙公司发出了履行到期债务的通知。丙公司收到通知后向法院提出异议，称该笔欠款已经归还。同时案外人丁公司向法院主张乙公司已经将该笔债权转让给自己了，自己是该笔债权的受让人，下列表述正确的是？

A. 甲公司可以申请法院对丙公司强制执行

B. 甲公司不能申请法院对丙公司强制执行

C. 丁公司提出案外人异议被驳回后应该申请再审

D. 丁公司提出案外人异议被驳回后应该提起执行异议之诉

46. 甲公司和乙公司签订一份买卖合同，约定因为履行本合同发生纠纷可以向 A 市的仲裁机构申请仲裁。A 市有两个仲裁机构，分别为 A 仲裁委员会和中国国际经济贸易仲裁委员会 A 市分会。现在甲公司和乙公司因为履行该合同发生争议，甲向 A 仲裁委申请仲裁，乙在 A 仲裁庭首次开庭前向 A 市中院申请确认仲裁协议无效。下列表述正确的是？

A. 乙向 A 市中级法院申请仲裁协议无效，A 市中院应当受理

B. A 市中院应当裁定确认仲裁协议无效

C. 甲、乙公司如果协议选择其中一个仲裁机构，仲裁协议有效

D. A 仲裁委应当继续仲裁

47. 甲公司因与乙公司合同纠纷申请仲裁，要求解除合同。某仲裁委员会经审理裁决解除双方合同，还裁决乙公司赔偿甲公司损失 6 万元。关于本案的仲裁裁决，下列哪些表述是正确的？

A. 因仲裁裁决超出了当事人请求范围，乙公司可申请撤销超出甲公司请求部分的裁决

B. 因仲裁裁决超出了当事人请求范围，乙公司可向法院提起诉讼

C. 因仲裁裁决超出了当事人请求范围，乙公司可向法院申请再审

D. 乙公司可申请不予执行超出甲公司请求部分的仲裁裁决

48. 张三诉李四合同纠纷一案，诉讼进行中，张三将合同转让给王五，王五欲参加诉讼，下列对当事人表述正确的是？

A. 法院直接更换王五为原告

B. 法院应直接追加王五为本案的无独立请求权的第三人，生效的法律文书对王五生效

C. 王五申请参加诉讼，法院可以更换其为原告

D. 王五申请参加诉讼，法院不同意变更其为原告，则王五可被追加为无独立请求权的第三人

49. 甲和乙因为人身损害赔偿纠纷起诉到法院，一审法院作出判决，甲对赔偿标准有异议，提起上诉。原审法院也发现赔偿金及利息的适用标准有错误，原审法院将案件移交上级法院，甲没有按期缴纳上诉费，法院应该如何处理？

A. 二审法院撤销原判，发回原审

B. 一审法院启动审判监督程序

C. 继续审理

D. 二审法院按撤回上诉处理

50. 李一和王二的借款合同纠纷一案，标的额为20万元，法院适用小额诉讼程序审理，生效法律文书作出后，李一欲申请再审，下列关于再审的说法正确的是？

A. 李一可以发现新证据为由申请再审

B. 李一可以法院适用小额诉讼程序审理错误为由申请再审

C. 法院裁定再审的，应当适用合议庭审理

D. 法院裁定再审的，适用小额诉讼程序审理

51. 根据《民事诉讼法》以及相关司法解释，关于离婚诉讼，下列哪些选项是正确的？

A. 被告下落不明的，案件由原告住所地法院管辖

B. 一方当事人死亡的，诉讼终结

C. 判决生效后，不允许当事人申请再审

D. 原则上不公开审理，因其属于法定不公开审理案件范围

52. 甲申请法院发公示催告的公告，称遗失的票据到期付款日为2016年8月1日。法院依申请发了公告，确定催告期间为60日，下列关于公告说法正确的是？

A. 公告是必经程序

B. 由审判员一人签发

C. 催告的期间应不少于60日，且必须在2016年8月16日后届满

D. 付款日届至，乙作为利害关系人申报权利，其申报的期间为15日

53. 甲欠乙钱，丙为甲担保。到期后乙向甲发支付令。下列说法正确的是？

A. 支付令仅对甲生效

B. 支付令对甲、丙均生效

C. 如果乙起诉担保人丙，支付令效力不受影响

D. 如果乙起诉担保人丙，则支付令效力失效

54. 案外人对执行标的提出异议后，法院作出裁定，关于该裁定说法正确的是？

A. 该裁定不是终局裁定，对该裁定不服的，可以再审，也可以提起执行异议之诉

B. 该裁定是终局裁定，一经作出立即生效

C. 法院裁定的内容可以是中止执行，也可以是驳回异议

D. 如果法院裁定中止执行，且执行标的与原生效法律文书无关，则申请执行人必须在15日内起诉，不起诉的，法院裁定解除对该标的的执行措施

55. 法院判决乙向甲还债（金钱），执行了乙的房屋，乙的父亲对该房屋主张权利。下列说法正确的是？

A. 乙的父亲可以直接提起异议诉讼

B. 乙的父亲可以对执行标的提出异议

C. 法院作出判决支持乙的父亲的请求后，执行法院应解除对该房屋的查封

D. 乙的父亲可以对执行行为提出异议

56. 下列哪些情况下，法院不应受理当事人的上诉请求？

A. 宋某和卢某借款纠纷一案，卢某终审败诉，宋某向区法院申请执行，卢某提出执行管辖异议，区法院裁定驳回卢某异议。卢某提起上诉

B. 曹某向市中院诉刘某侵犯其专利权，要求赔偿损失 1 元钱，中院驳回其请求。曹某提起上诉

C. 孙某将朱某打伤，经当地人民调解委员会调解达成协议，并申请法院进行了司法确认。后朱某反悔提起上诉

D. 尹某诉与林某离婚，法院审查中发现二人系禁婚的近亲属，遂判决二人婚姻无效。尹某提起上诉

57. 关于证明责任，下列哪些说法是正确的？

A. 只有在待证事实处于真伪不明情况下，证明责任的后果才会出现

B. 对案件中的同一事实，只有一方当事人负有证明责任

C. 当事人对其主张的某一事实没有提供证据证明，必将承担败诉的后果

D. 证明责任的结果责任不会在原、被告间相互转移

58. 甲公司与乙公司因某纠纷起诉至法院，二审审理过程中，甲公司和丙公司合并为丁公司。关于本案，下列说法正确的是

A. 法院作出的一审判决对丁公司有实质的既判力

B. 乙公司可以向法院申请更换丁公司为诉讼当事人

C. 法院可依职权更换丁公司为诉讼当事人

D. 法院继续审理，作出的判决对丁公司有拘束力

59. 王某向张某借款，双方约定因借款产生的纠纷由王某所在地甲地法院管辖，后张某又与刘某就该借款合同签订保证合同，约定就保证合同产生的纠纷，由刘某所在地乙地法院管辖。后王某未归还借款，则张某应如何救济？

A. 若起诉王某和刘某，甲地法院有管辖权

B. 若起诉王某和刘某，乙地法院有管辖权

C. 若只起诉王某，甲地法院有管辖权

D. 若只起诉刘某，乙地法院有管辖权

60. 陈某起诉要求任某还钱，任某主张已经归还所有欠款，并且提供有陈某签名的还款凭证，陈某主张该签名是任某伪造的。关于本案中证明责任的承担，下列说法正确的是？

A. 陈某应对签名是伪造的事实提供证据证明

B. 任某应对签名是真实的事实提供证据证明

C. 由任某对还款凭证的真实性承担证明责任

D. 由陈某对还款凭证的真实性承担证明责任

61. 朱某在甲 4s 店购买汽车，该店提供试驾体验，朱某提出上高速公路测试汽车性能，甲 4s 店安排经理程某陪同朱某试驾。在试驾过程中，突遇曾某横穿高速公路，朱某紧急刹车，但因为刹车距离太短，仍然将曾某撞伤。曾某欲就损害赔偿问题提起诉讼，下列哪些民事主体可以成为本

案的适格被告？

A. 甲 4s 店

B. 高速公路管理人

C. 朱某

D. 程某

62. 张某向刘某借款 60 万元，张某向刘某出具借条载明，今借到刘某人民币 60 万元整，借款期限为 2 年。黄某作为连带保证人在借条上签字。还款期限届满，张某仅向刘某归还了 6 万元。刘某起诉张某和黄某，要求归还本金 60 万元，并按照双方口头约定的 10%每年的利率支付利息 6 万元。开庭时，张某承认已经支付的 6 万元是首年利息。但是在第二次开庭时，张某主张归还的 6 万元为本金，双方并不存在关于利息的约定。黄某自始至终主张当事人之间不存在关于利息的约定。关于利息问题各方当事人均无法提供证据。关于本案表述正确的是？

A. 张某第一次开庭已经自认存在利息的约定，应当承担 66 万元的还款义务

B. 黄某应当对 60 万元本金承担连带保证责任

C. 黄某应当对 54 万元本金承担连带责任

D. 张某第一次开庭时的自认因为黄某反对而无效，应当承担 54 万的还款义务

63. 陈某向法院起诉郝某返还借款 20 万元，并向法院提交了由郝某签名的借条。诉讼中郝某承认借条为其亲笔书写的，但不承认向陈某借款，而是其参与陈某组织的赌球活动欠下的赌债。并向法院提交了相关证据。后法院查明，郝某参与了陈某的赌球活动并输了钱。下列选项中正确的是？

A. 郝某尽管证明双方存在赌债，但并未证明陈某主张的 20 万元就是该笔赌债，法院应判郝某返还借款

B. 陈某应对其所主张 20 万元不是赌债承担证明责任

C. 郝某应对其所主张 20 万元实为赌债承担证明责任

D. 法院应认定陈某主张的借款为赌债的事实，并判决驳回陈某诉讼请求

64. 甲公司和美国乙公司因为合同纠纷诉至某区法院。该区法院根据冲突规范，认为本案应当适用 A 国法律，但对 A 国法律规范具体内容并不了解。甲公司申请法学专家刘教授向法院提供 A 国法律相关内容，乙公司对刘教授的中立性表示质疑。下列说法正确的是？

A. 甲公司应当证明刘教授的中立性

B. 刘教授的陈述可以视为甲公司的举证行为，具有证明力

C. 刘教授可以书面提供 A 国的法律报告，无需参加开庭审理

D. 法院可以依职权委托其他专家提供 A 国法律内容

65. 张三与甲开发商签订房屋买卖合同，开发商交房后，房屋出现质量问题，张三要求开发商赔偿，开发商让张三出具房屋有质量问题的鉴定报告。张三申请某鉴定中心出具鉴定意见书，该鉴定意见书认定房屋存在质量问题。张三起诉甲开发商，向法庭提交该鉴定意见书，甲开发商认为该鉴定意见书是张三私自委托的鉴定，对其不予认可，申请重新鉴定。关于本案表述正确的是？

A. 该鉴定意见书应当视为当事人的陈述意见，法院可以组织当事人质证

B. 法院对该鉴定意见书进行审查后确定其是否可以作为定案根据

C. 申请鉴定是当事人的权利，开发商有权向法院申请鉴定

D. 该鉴定属于张三个人委托，法院可以组织当事人质证

66. 黄某起诉王某归还借款 5 万元，向法院提供转账凭证；王某称黄某向自己支付 5 万元是支付的演出费定金，请求法院驳回原告诉讼请求，并判令黄某根据演出合同约定向自己赔偿 10 万元违约金。关于本案说法正确的是？

A. 黄某提供的转账凭证是本证

B. 法院应当对是否存在演出合同进行审查

C. 王某要求判令被告支付 10 万是一种反诉主张

D. 王某应当对存在演出合同承担证明责任

67. 外国人汤姆通过网络平台以人民币 500 元购买了中国人杨某销售的衬衫，后双方因为衬衫质量问题发生纠纷，汤姆向互联网法院起诉杨某要求赔偿，互联网法院依法受理此案。关于本案的审理，下列表述正确的是？

A. 本案可以适用小额诉讼的程序审理

B. 本案法院可以决定线下审理

C. 本案经当事人同意后可以通过电子方式送达判决书

D. 本案可以适用独任制审理

68. 唐某是甲公司的股东，持股比例为 50%。蓝光公司起诉甲公司土地使用权纠纷一案，蓝光公司获得胜诉判决。判决生效后，蓝光公司申请强制执行。唐某提出第三人撤销之诉，主张拥有该块土地使用权。经查，甲公司在判决生效前已经以市场价格将该土地使用权转让给唐某，唐某已经支付价款，并完成了土地使用权转让登记。关于本案表述正确的是？

A. 如果唐某因自身原因没有参加原审，则不能提起第三人撤销之诉

B. 蓝光公司可以另行起诉请求撤销甲公司与唐某之间的土地转让合同

C. 蓝光公司可以申请法院执行该判决

D. 本案判决未侵犯唐某合法权益，唐某不能提出第三人撤销之诉

69. 甲、乙订立买卖合同后，书面通知乙，因其商品不达标要求解约，乙收到通知后一直置之不理，甲向法院起诉确认合同解除，一审法院判决合同解除，并向双方送达判决书，乙在上诉状中提出，即使解除合同，甲也应该返还商品，二审判决维持原判，下列哪些选项是正确的？

A. 乙提出返还商品的请求构成诉的预备合并，二审法院应当一并审理

B. 甲的诉讼请求是确认合同解除，属于确认之诉

C. 甲的诉讼请求虽是确认合同解除，但解除权是形成权，本案属于形成之诉

D. 买卖合同自乙收到解除书面通知时解除

70. 全某起诉吴某支付借款利息 2 万元，法院一审判决驳回其诉讼请求。后市检察院以本案一审程序违法为由提出抗诉，中院裁定再审后认为原一审程序错误，遂撤销原一审判决，发回一审法院重审。在重新审理过程中，全某明确诉讼请求为支付利息 2 万元，并要求追加保证人郑某承担连带责任。吴某以已经支付的利息超过法定标准，请求全某返还 3 万元不当得利。关于本案表述正确的是？

A. 法院应当根据检察院的抗诉范围对本案进行重新审理

B. 应当根据全某的诉讼请求，追加郑某为共同被告审理其是否承担连带责任

C. 根据吴某的请求，对返还 3 万元不当得利的请求进行审理

D. 再审时应当追加郑某为共同被告

71. 刘某与银行签订贷款合同，并以刘某本人拥有的一套房屋和王某拥有的一套房屋作为抵押。同时约定因为发生纠纷由某仲裁委仲裁。还款期限届满，刘某无力归还借款，银行向法院申请实现担保物权。刘某没有异议，王某对此提出异议，称抵押合同系因欺诈而订立。关于本案表述正确的是？

A. 法院应当裁定驳回拍卖刘某房屋的申请，告知另行通过仲裁程序解决纠纷

B. 法院应当裁定准许拍卖刘某的房屋

C. 法院应当裁定驳回拍卖王某房屋的申请，告知另行通过仲裁程序解决纠纷

D. 法院应当裁定准许拍卖王某房屋的申请

72. 李四向张三借款30万，当事人在借款合同中约定发生纠纷由广州仲裁委仲裁；王五对该笔债务承担连带保证责任，但在保证合同中并未约定仲裁条款。李四拒不归还借款，张三向王五住所地法院起诉王五要求承担保证责任。王五向法院提出异议，主张本案借款合同中存在仲裁协议。关于本案表述正确的是？

A. 法院应当驳回张三起诉

B. 法院应当继续审理

C. 本案借款合同中的仲裁协议对担保合同的当事人有约束力

D. 本案借款合同中的仲裁协议对担保合同的当事人没有约束力

73. 住所地在B区的乙向住所地在A区的甲借款20万，借款合同中约定因为履行本合同发生纠纷应当由B区法院管辖；住所地在C区的丙为该笔债务提供担保，在担保合同中约定因为履行本合同发生纠纷，应当由C区法院管辖。关于本案表述正确的是？

A. 甲可以在B区法院起诉乙

B. 甲可以在B区法院起诉乙和丙

C. 甲可以在C区法院起诉丙

D. 甲可以在C区法院起诉乙和丙

74. 凯胜公司和晨明公司签订买卖合同，约定合同发生纠纷由某仲裁委3名仲裁员组成合议庭裁决。凯胜公司现要求晨明公司支付货款50万元，根据该仲裁委规则，100万元以下的案件可适用简易程序，由一名仲裁员独任仲裁。因此仲裁委决定适用简易程序审理本案，指定仲裁员张律师担任仲裁员，裁决支持凯胜公司请求，晨明公司向法院申请撤销裁决。下列说法正确的是？

A. 因仲裁裁决系张律师独任作出，法院可由法官独任审理晨明公司撤销裁决的申请

B. 法院可通知仲裁庭重新仲裁

C. 晨明公司以张律师并非自己选定为由申请撤销裁决，法院应支持

D. 晨明公司以仲裁庭组成违法为由申请撤销裁决，法院应支持

75. 甲省乙市的某仲裁委员会就S公司与F公司的买卖合同纠纷做出裁决。S公司认为仲裁程序违反法律规定，向乙市中院申请撤销仲裁裁决。乙市中院合议庭经过审查后认为符合撤销条件，经过报核后做出撤销仲裁裁决的裁定，关于撤销仲裁裁决的裁定，下列说法正确的是？

A. F公司对撤销仲裁裁决的裁定不服，可以申请省检察院抗诉

B. 撤销裁决应当根据高院的审核意见作出

C. 撤销裁决应当根据乙市审委会的审核意见作出

D. F公司对撤销裁决不服的，可以就买卖合同纠纷另行起诉

76. 乙欠甲30万元，乙以45万元的价

格从丙处购买一辆价值 20 万元的轿车。甲认为乙以明显不合理的高价从丙处购买财产，影响其债权的实现，遂向法院提起诉讼，请求法院判决撤销乙、丙之间的买卖合同，同时请求将乙支付给丙的款项返还给自己，以清偿乙对甲的债务。关于甲的诉讼请求，下列表述正确的是？

A. 属于诉的主体合并

B. 属于诉的重叠合并

C. 属于诉的预备合并

D. 属于诉的客体合并

77. 牛某驾车将行人任某撞倒，经查，牛某所驶车辆系刘某所有，某日被苏某盗窃后苏某将车出借给牛某。现任某拟提起诉讼，关于起诉，下列哪些选项是正确的？

A. 牛某，苏某为共同被告

B. 以牛某为被告向法院提起诉讼

C. 以苏某为被告向法院提起诉讼

D. 以刘某为被告向法院提起诉讼

78. 高中生小赵在校园中不小心伤害了小张（侵权时小张和小赵均未满 18 周岁），小赵的监护人老赵和小张的监护人老张协商未果。起诉时，小赵年满 18 周岁。下列选项正确的是？

A. 小赵和老赵为共同被告

B. 小赵为被告，老赵为小赵的法定代理人

C. 小张为原告，老张为小张的法定代理人

D. 小张和老张为共同原告

79. 向某经营食品店，顾客张某购买后认为食品存在质量问题，遂起诉向某要求赔偿，向某向法院申请应该加上生产商甲公司作为共同被告，法院依法追加甲公司为共同被告。甲公司庭前提交的答辩状里说他们产品确实有问题。庭审时，甲公司主张答辩状是之前请的律师写的，其内容不属实，且甲公司已经更换律师。法庭询问向某时，向某自始至终说自己对情况不了解。下列说法中正确的是？

A. 甲公司庭前答辩状构成自认

B. 法官不应允许甲公司当庭撤回自认

C. 向某构成默示自认

D. 甲公司的自认对向某也构成自认

80. 艾某因与王某借款纠纷诉至法院，请求判令王某偿还借款本金及利息，诉讼中，艾某出具在 ATM 机向王某银行卡转账凭证的复印件，以证明王某向其借款事实，关于银行卡转款凭证的复印件，判断正确的是？

A. 属于传来证据

B. 属于直接证据

C. 属于本证

D. 属于间接证据

81. 我国实行立案登记制，关于民事第一审普通程序，下列表述正确的是？

A. 原告必须提交书面起诉状

B. 被告具有诉讼权利能力

C. 原告是正当当事人

D. 原告应提供支持自己诉讼请求的证据

82. 甲起诉乙离婚，诉讼中经法院调解双方达成协议：甲抚养孩子，乙有探望权，后法院制作调解书结案。一年后，乙发现孩子学习成绩明显下降，于是起诉要求由自己来抚养孩子。下列选项中说法正确的有？

A. 乙的起诉属于重复诉讼，法院不予受理

B. 乙的起诉属于确认之诉

C. 乙的起诉属于形成之诉

D. 乙提起的是一个新的诉讼，法院应当受理

83. 甲起诉乙归还借款 200 元，某区

法院受理后适用小额诉讼的程序审理。关于本案，下列说法正确的是？

A. 法院可以采用短信方式传唤当事人

B. 法院可以采用短信送达裁判文书

C. 本案不得适用小额诉讼的程序审理

D. 本案法院所作判决一审终审

84. 某省上年度就业人员平均工资为 8 万元。张三诉李四归还借款 6 万元，该省某基层法院受理案件后，张三和李四均同意适用小额诉讼程序审理。在审理过程中，李四对张三提出反诉，要求张三归还欠款 8 万元，法院应当如何处理？

A. 法院应当继续适用小额诉讼程序审理

B. 如果张三、李四同意适用小额诉讼程序审理的，法院应当适用小额诉讼程序审理

C. 当事人可以对法院适用小额诉讼程序审理提出异议

D. 法院应当适用简易程序的其他规定审理或者裁定将案件转为普通程序

85. A 区张某和 B 区甲公司在 C 区签订租赁合同，约定将甲公司在 D 区的一套公寓租赁给张某，同时约定因为履行本合同产生纠纷应当由合同签订地 C 区法院管辖。后来张某拒不支付租金，甲公司向 C 区法院起诉张某，C 区法院受理案件后依法适用小额诉讼的程序审理。张某认为本案应当由 D 区法院专属管辖，故向 C 区法院提出管辖权异议。C 区法院认为管辖权异议不成立，裁定驳回其异议。后 C 区法院经过审理后判决张某支付租金。张某认为该判决在认定事实和适用法律方面存在错误。关于本案表述正确的是？

A. 张某对法院驳回其管辖权异议的裁定可以提起上诉

B. 张某对法院驳回其管辖权异议的裁定不能上诉

C. 张某对本案生效判决可以向 C 区法院申请再审

D. 张某对本案生效判决可以向中院申请再审

86. 汉江石油集团是一家上市企业，其位于某县的子公司排放污染物致本地下游受到污染，某公益组织以汉江石油和子公司为被告提起公益诉讼，下列说法不正确的是？

A. 公益组织应通知县环保局

B. 公益组织应发布公告

C. 该集团为适格被告

D. 起诉期 6 个月

87. 张三向甲小额贷款公司借款十万元，后张三逾期未归还借款和利息。甲公司起诉张三，法院判决张三向甲公司偿还借款十万元，张三拒不履行生效判决，甲公司向法院申请执行，执行中甲公司和张三达成执行和解协议后，法院裁定中止执行。后张三认为该和解协议系受胁迫达成，拒不履行和解协议，关于本案说法正确的是？

A. 甲公司可以申请恢复对原生效判决的执行

B. 甲公司可以就和解协议起诉张三

C. 张三可以起诉甲公司要求撤销和解协议

D. 甲公司可以重新就借款合同纠纷提起诉讼

88. 乙受甲的委托从古董商丙处购买一个古董花瓶，乙将该花瓶暂放在自己家中。乙的债权人丁申请对乙的财产进行强制执行，在执行中，法院扣押了这个花瓶。甲向法院提出异议，法院裁定驳回了甲的异议。关于本案表述正确的是？

A. 甲可以向上一级法院申请复议一次

B. 甲可以提起执行异议之诉

C. 花瓶的所有权人是甲

D. 花瓶的所有权人是乙

89. 甲与乙工艺品公司签订买卖合同，以10万元价格购买了一个雕像工艺品，后乙公司觉得价格过于便宜，拒不履行合同。甲起诉乙公司要求履行合同，乙公司主张合同显失公平，请求法院撤销合同。一审、二审法院均认为乙公司的答辩理由成立，判决撤销合同，驳回甲的诉讼请求。甲申请再审，再审法院经过审理后认为甲的诉讼请求成立，遂撤销原一审、二审判决，改判乙公司向甲交付该工艺品。甲申请法院执行，但是执行中法院发现乙公司已经把该工艺品卖给了丙，丙又将其捐赠给了博物馆，请问甲该如何救济自己的权利？

A. 甲和乙公司友好协商，乙公司同意向甲赔偿18万元

B. 甲可以另行起诉乙公司要求赔偿，法院裁定终结执行

C. 甲申请法院继续对该工艺品采取执行措施

D. 甲可以申请法院执行乙公司价值10万元的其他财产

90. C市甲与D市乙在E市签订买卖合同，合同中约定发生争议可以向A市的A仲裁委员会和B市的B仲裁委员会仲裁，后乙不履行合同，甲申请仲裁，乙请求确认仲裁协议无效。下列说法中正确的是？

A. 甲可以向A仲裁委员会申请仲裁

B. 乙可以向A仲裁委员会申请确认仲裁协议效力

C. 甲可以向B仲裁委员会申请仲裁

D. 乙可以向B仲裁委员会申请确认仲裁协议效力

91. 韦某有一花瓶价值5万元，孙某借去观赏，称次日返还。但孙某拖延数日未还，韦某诉至法院请求孙某返还花瓶并胜诉。因孙某并未履行，韦某申请执行。执行中，法院发现该花瓶已被损毁，双方达成和解协议，约定由孙某将其所有的另外一个花瓶给韦某。后孙某觉得吃亏，拒绝履行和解协议。关于本案，下列说法正确的有？

A. 韦某可申请恢复执行原生效法律文书

B. 法院可执行孙某5万元的其他财产

C. 韦某可以就和解协议提起诉讼

D. 韦某可以申请对和解协议强制执行

答案速查

民法

【单项选择题】

1. B　2. D　3. B　4. C　5. A
6. A　7. A　8. A　9. B　10. B
11. B　12. D　13. C　14. D　15. B
16. D　17. B　18. D　19. C　20. A
21. D　22. D　23. A　24. D

【多项选择题】

25. BCD　26. ABCD　27. BCD
28. BCD　29. AC　30. ABCD
31. BD　32. ACD　33. AC
34. BC　35. BC　36. BD
37. BC　38. CD　39. AC
40. ABCD　41. BD　42. BD
43. BCD　44. ABC　45. AB
46. CD　47. AD　48. ACD
49. BCD　50. BCD　51. ABC
52. ABCD　53. BCD　54. AC
55. BCD　56. ACD　57. BC
58. AB

知识产权法

【多项选择题】

1. ACD　2. BD　3. ACD
4. ACD　5. ABC　6. ABC
7. BCD　8. AC　9. AB
10. AB　11. CD　12. ABC
13. BC　14. BD　15. BCD
16. ABCD　17. AC　18. AB
19. BC　20. ABC

【不定项选择题】

21. ABCD　22. ABCD　23. AC　24. BC

商　法

【单项选择题】

1. C　2. D　3. A　4. B　5. C
6. D　7. A　8. C　9. B　10. A
11. C　12. C　13. D　14. B　15. A
16. D　17. B　18. C　19. C　20. C
21. C　22. B　23. D　24. B　25. C
26. A　27. A　28. D　29. A　30. A
31. D　32. A　33. B

【多项选择题】

34. ABC　35. AC　36. AC
37. ABCD　38. AC　39. CD
40. BCD　41. AD　42. BCD
43. BD　44. ABC　45. ACD
46. AB　47. AD　48. BD
49. AD　50. CD　51. AD
52. BD　53. BC　54. BC

55. AD　56. ABC　57. AC　58. BC
59. BD　60. BD　61. AD

经济法

【单项选择题】

1. B　2. C　3. B　4. A　5. C
6. A　7. A　8. C　9. A　10. C
11. D　12. B

【多项选择题】

13. BC　14. AB　15. AB
16. BCD　17. ACD　18. CD
19. ACD　20. ABCD　21. B
22. ABD　23. ABCD　24. ABC
25. AB　26. BC　27. AC
28. AD　29. ACD　30. BC
31. AC　32. CD　33. BD

环境资源法

【单项选择题】

1. C　2. D　3. C　4. C　5. C　6. B

【不定项选择题】

7. B　8. B

劳动与社会保障法

【单项选择题】

1. A　2. D　3. A

【多项选择题】

4. AD　5. ABD　6. AB

国际私法

【单项选择题】

1. B　2. D　3. D　4. A　5. C
6. A　7. B　8. D　9. C　10. A
11. B　12. D　13. A　14. A　15. A
16. B　17. A　18. B　19. C　20. D
21. D　22. C　23. C　24. B

【多项选择题】

25. CD　26. BC　27. AC
28. BCD　29. ABCD　30. AC
31. AB　32. BC

【不定项选择题】

33. B　34. ABC

国际经济法

【单项选择题】

1. D　2. C　3. D　4. A　5. A
6. B　7. B　8. D　9. C　10. C
11. D　12. D　13. B　14. B

【多项选择题】

15. CD　16. ABD　17. CD
18. ABC　19. BD　20. ACD
21. AC　22. BC　23. ACD
24. AC

【不定项选择题】

25. ABC

民事诉讼法

【单项选择题】

1. C	2. D	3. B	4. D	5. D
6. D	7. C	8. B	9. A	10. B
11. B	12. C	13. C	14. B	15. D
16. A	17. D	18. D	19. C	20. C
21. D	22. B	23. C	24. D	25. B
26. A	27. B	28. B	29. C	30. B
31. C	32. B	33. B	34. C	35. D
36. D	37. D	38. C	39. C	40. A
41. C				

【多项选择题】

42. BCD	43. CD	44. AD
45. BD	46. ABC	47. AD
48. CD	49. BD	50. ABC
51. AB	52. ABCD	53. AD
54. ACD	55. BC	56. AC
57. ABD	58. BC	59. AC
60. AC	61. AC	62. CD
63. AC	64. BD	65. BCD
66. ABCD	67. BCD	68. AC
69. BD	70. BCD	71. BC
72. BD	73. ABC	74. CD
75. BD	76. CD	77. ABC
78. AC	79. ABCD	80. ACD
81. BC	82. CD	83. ABD
84. CD	85. BC	86. ABCD
87. ABC	88. BC	89. AB
90. BD	91. AC	

模拟试卷（一）

试卷一

一、单项选择题

1. 关于先秦时期的法制内容，下列说法正确的是：

A. 西周时期奉行“德主刑辅”的治国思想，要求统治者应具有“敬天、敬祖、保民”的道德品行

B. 西周时期，男女离婚的法定理由称为“七出”，即若具法定七种理由之一，男女即可离婚

C. 西周时期，张三和李四就买卖一头黄牛所签订之契约称为“质剂”，因此产生的纠纷法官审理称为“听讼”

D.《法经》是中国历史上第一部比较系统的成文法典，具有六篇制的法典结构，其中《具法》相当于现代刑法的总则部分，置于法典最后

2. 张某发现甲企业在生产有毒有害食品，于是向A县质量监督局举报。A县质量监督局受理后经过调查发现甲企业已经构成生产有毒有害食品罪，遂将案件移送给A县公安局立案侦查。A县公安局审查后作出不予立案的决定。关于张某与A县质量监督局的诉讼权利，下列哪一选项是正确的？

A. 张某可以向作出不予立案决定的公安机关申请复议

B. 张某可以向作出不予立案决定的公安机关的上一级公安机关申请复核

C. A县质量监督局可以向作出不予立案决定的公安机关申请复议

D. A县质量监督局可以向作出不予立案决定的公安机关的上一级公安机关申请复核

3. 我国《合同法》第135条规定：“出卖人交付的标的物不符合质量要求的，买受人可以依照本法第一百一十一条要求承担违约责任。”下列哪一选项符合这一规定的表述

A. 授权性规则和委任性规则

B. 命令性规则和准用性规则

C. 授权性规则和准用性规则

D. 任意性规则和委任性规则

4. 司法独立是司法改革的重要目标。下列关于司法独立说法不正确的是：

A. 人民法院、人民检察院依照法律规定独立行使审判权、检察权，不受行政机关、社会团体和个人的干涉，也不受党和人大的监督

B. 人民法院工作人员在审理相关案件时，以本人或者他人名义持有与所审理案件相关的上市公司股票的，应主动申请回避

C. 健全维护司法权威的法律制度，完善惩戒妨碍司法机关依法行使职权、拒不执行生效裁判和决定、藐视法庭权威等违法犯罪行为的法律规定

D. 非因法定事由，非经法定程序，不得将法官、检察官调离、辞退或者作出免职、降级等处分

5. 某药厂以本厂过期药品作为主原料，更改生产日期和批号生产出售。甲市

市场监督管理局以该厂违反《药品管理法》第49条第1款关于违法生产药品规定，决定没收药品并处罚款20万元。药厂不服向甲市政府申请复议，甲市政府依《药品管理法》第49条第3款关于生产劣药行为的规定，决定维持处罚决定。药厂起诉。关于本案的被告和管辖，下列说法哪一个是正确的？

A. 被告为甲市场监督管理局

B. 被告为甲市政府

C. 药厂的起诉期限为6个月

D. 基层法院对此案有管辖权

6. 关于刑法解释，下列哪一说法是正确的？

A. 将持有“大炮”解释成持有枪支，成立非法持有枪支罪，不违反罪刑法定原则

B. 生产、销售假药罪中的“假药”是没有药效的药，所以有药效的不是假药

C. 将注册与他人商标“相似”的商标解释为刑法第213条（假冒注册商标罪）中所要求的“注册相同商标”，违反罪刑法定

D. 将刑法第111条（为境外窃取、刺探、收买、非法提供国家秘密、情报罪）中“情报”解释为“关系国家安全和利益、尚未公开或者依照有关规定不应公开的事项”，属于缩小解释

7. 甲、乙为中国人，居住在A市，两人一同前往日本留学。在留学期间，甲伙同外国人丙绑架了乙，并以此要挟乙的家属赎金。案发后，甲和丙在中国B市进入中国国境，并居住C市。乙从D市入境。本案中，对甲和该外国人的犯罪行为，哪一法院没有管辖权？

A. A市法院

B. B市法院

C. C市法院

D. D市法院

8. 马锡五在审理“抢亲案”时发现，女方与男方两情相悦，定有婚约，女方父亲为了更多的彩礼将女儿许配另一人，男方父亲带领婚礼抢亲，马锡五判婚姻有效，男方父亲判徒刑半年，女方父亲判劳役半年，判决一出，群众无不交口称赞。关于马锡五审判，以下说法错误的是

A. 群众不能理解的判决，很难具有公信力

B. 司法裁判要坚持走群众路线

C. 马锡五知民情知民意

D. 只要群众满意，不必恪守法律

9. 关于加快建设法治政府，下列说法不正确的是哪一项？

A. 必须建立重大责任终身责任追究制度及责任倒查机制

B. 建立健全行政裁量权基准制度，细化、量化行政裁量标准

C. 积极推进政府法律顾问制度，建立政府法治机构人员为主体、吸收专家和律师参加的法律顾问队伍

D. 为完善行政组织和行政程序法律制度，行政机关可以法外设定权力。

10. 赵某在甲省乙市贩卖毒品，张某为自己吸食而从赵某处购买毒品。赵某涉嫌重大毒品犯罪被乙市公安局立案侦查。关于本案侦查，下列选项错误的是？

A. 乙市公安局经批准可对张某实施通信监控的侦查措施

B. 乙市公安局经批准对赵某实施通信监控的侦查措施，实施后三个月内发现须将技术侦查措施变更为行动监控的技术侦查措施，需要重新办理批准手续

C. 由于本案案情复杂、疑难，对赵某实施的通信监控期限届满需要继续延长三

个月，需要经过批准手续

D. 若本案需要隐匿真实身份实施侦查，应报甲省公安厅负责人批准

11. 关于法的移植与法的继承，下列说法正确的是：

A. 法的移植的对象是外国的法律，国际法律和惯例不属于移植对象

B. 与法律继承不同，法律移植的主要原因在社会发展和法的发展的不平衡性

C. 当前我国对美国诉讼法的吸收不属于法律移植

D. 法律继承的对象，必须局限于本民族的古代的法律

12. 甲在家中吸毒后产生幻觉，快递员乙前来甲家中送快递，甲以为前来送快递的快递员乙要杀害自己，将乙打成重伤。关于甲的行为，下列哪一说法是正确的：

A. 甲的行为构成故意伤害罪，不需要从轻或者减轻处罚

B. 甲产生了幻觉，没有意志自由，缺乏辨认和控制自己行为的能力，不构成犯罪

C. 甲产生了幻觉，但是是其自已吸毒导致的，可以从轻或者减轻处罚

D. 甲虽然有吸毒的故意，但没有伤害的故意，仅成立过失致人重伤罪

13. 下列关于人权的说法错误的是：

A. 人权与法律权利在内容上是一致的

B. 人权的存在和发展是社会经济、文化发展的结果

C. 人权的主体要比公民权的主体宽泛，不仅包括个体人权，还包括集体人权

D. 为了更好的保护人权，人权应当被尽可能的法律化

14. 甲因贷款诈骗罪被判处有期徒刑12年，在D市监狱服刑。服刑期间认真遵守监规，接受教育改造，确有悔改表现，在刑罚执行4年后，D市监狱向D市中级人民法院提出减刑建议书。关于本案的减刑程序，下列说法正确的是？

A. D市中级人民法院审理本案可以书面审理

B. D市中级人民法院可由审判员李某一人独任审判

C. 在审理过程中，甲对报请理由有疑问的，在经审判长许可后可以申请能够证明其有悔改表现的证人乙出庭作证

D. D市中级人民法院受理本案的，应当由甲提供其确有悔改表现的具体事实的书面证明材料

15. 关于保证公正司法，提高司法公信力，下列说法不正确的是

A. 要逐步实行办案质量终身负责制和错案责任倒查问责制

B. 要逐步实行人民陪审员不单审理事实认定，而且还参与法律适用问题，切实保障人民群众参与司法。

C. 改革法院案件受理制度，变立案审查制度为立案等级制度

D. 依法规范司法人员与当事人、律师、特殊关系人、中介组织的接触、交往行为。

16. 甲乙两国都是联合国会员国，现因领土争端，甲国欲向国际法院提起诉讼，关于该问题以下说法正确的是：

A. 如国际法院受理该案件，发现主审法官中有甲国公民，则乙国可以申请该法官回避

B. 如审理案件中甲国发现法官中有乙国法官，则可以申请增加本国国籍的法官为专案法官

C. 如法院判乙国败诉又不执行该判决，则甲国可以申请国际法院强制执行该判决

D. 如果国际法院作出判决，则该判决可以成为国际法渊源对所有联合国成员国都有约束力

17. 下列关于2018年宪法修正案说法错误的是？

A. 2018年宪法修正案是对1982年宪法的全面修改，共计21条修正案

B. 2018年宪法修正案明确了监察委员会的宪法地位

C. 2018年宪法修正案增加了习近平新时代中国特色社会主义思想

D. 体现了宪法与时俱进全面发展

18. 甲因犯故意杀人罪被H省S市中级法院判处死刑立即执行，甲未上诉，检察机关也未抗诉。最高人民法院经复核后认为，原判认定事实清楚，证据确实充分，但量刑过重，依法不应当判处死刑，不予核准，发回重审。关于本案的诉讼程序，下列说法错误的是？

A. S市中级法院判处死刑立即执行后，应当先报请H省高级法院复核后再报请最高法院核准

B. 最高人民法院发回S市中级法院重新审判的，S市中级法院应当另行组成合议庭审理

C. 最高人民法院发回S市中级法院重新审判的，S市中级法院应当开庭审理

D. S市中级法院重新审判后，甲如果不服判决结果的，可以上诉

19. 下列关于宪法的分类，正确的选项是：

A. 世界上第一部宪法是1787年的《美国宪法》，欧洲的第一部宪法是1791的《法国宪法》

B. 中国是典型的刚性宪法国家，宪法的修改程序严于普通法律，宪法修正案要求全国人大全体代表的三分之二以上多数通过，普通法律只需要二分之一以上通过即可

C. 在成文宪法国家，宪法典就是通常意义上的宪法，而在不成文宪法国家，其宪法往往体现为实质意义上的宪法性法律、宪法惯例等形式

D. 1889年的《明治宪法》和1830年的《法国宪法》是两部典型的钦定宪法

20. 孙某将李某杀害，经鉴定孙某系精神病人，甲县检察院遂向甲县法院申请适用强制医疗程序。关于本案，下列说法正确的是？

A. 在法院决定强制医疗前，甲县检察院可以对孙某采取临时的保护性约束措施

B. 甲县法院受理检察院的强制医疗申请后，可由审判员一人独任审判

C. 甲县法院审理该案，应当会见孙某

D. 经审理发现孙某具有部分刑事责任能力，依法应当追究刑事责任的，可直接判处孙某故意杀人罪

21. 有关一般议案、质询案说法正确的是：

A. 一个代表团或者是三十名以上的全国人大代表，可以向本级人大和本级人大常委会提出议案和质询案

B. 本级法院、检察院可以向本级人大和本级人大常委会提出议案

C. 县级以上人大的专门委员会可以向本级人大和本级人大常委会提出议案

D. 5名以上乡级人大代表可以向本级人大提出议案和质询案

22. 在公交车上，歹徒甲看中乘客乙价值5000元的手包，在公交车到站准备开门的时候，夺过手包就跑下车，乘客乙追着不放，好心的乘客丙也帮忙下车追赶甲。跑出200米后，甲拿起旁边水果摊的水果刀威胁丙：“再过来我就不客气了。”丙毫

不示弱，拼死抢回手包。关于甲的行为，下列哪一说法是正确的？

A. 甲的行为构成转化型抢劫罪（第269条），不适用“在公共交通工具上抢劫”这一加重处罚情节

B. 甲的行为仅构成抢夺罪

C. 甲的行为构成抢劫罪，属于“在公共交通工具上抢劫”

D. 甲的行为仅构成抢夺罪，因为后续的暴力行为并没有造成被害人轻伤以上，不能转化成抢劫

23. 近期，无人驾驶汽车在公共交通道路行驶，公众围绕其是否违法、事故后是否担责、如何加强立法进行规制展开讨论，下列说法中正确的是？

A. 若无人驾驶汽车上路行驶引发民事纠纷被诉至法院，因法无明文规定，法院不得裁判

B. 科技发展引发的问题只能通过法律解决

C. 现行交通法规对无人驾驶汽车上路行驶尚无规定，这反映了法律的局限性

D. 只有当科技发展造成了实际危害后果时，才能动用法律手段干预

24. 第十二届全国人大常委会，第二十九次会议通过了《国歌法》并于2017年10月1日起施行，根据《宪法》和《国歌法》，关于国歌，下列哪项不正确？

A. 国歌是国家的象征和标志

B. 宪法宣誓仪式上应奏唱国歌

C. 国歌应加入中小学教育

D. 国歌是历部宪法中不可缺少的内容

25. 甲骑摩托车搭着乙过山路，路面崎岖泥泞，甲便下车推着摩托车前行。这时乙提出帮忙把车骑过去，甲同意，并且紧跟其后，双眼一直注视乙。不料过了山路乙骑着摩托扬长而去。乙的行为构成何罪？

A. 盗窃罪

B. 侵占罪

C. 抢夺

D. 抢劫

26. 甲（A公司股东）、乙（A公司总经理）为男女朋友，分手后，甲怀恨在心，经自己研究发现，A公司生产的保健品毫无保健作用。甲抛售股票后紧接着在网上公布该研究结果，并写明乙是公司总经理。该报告导致乙公司股价狂跌。关于甲的行为，下列哪一说法是正确的？

A. 甲构成破坏生产经营罪

B. 甲构成侵犯公民个人信息罪

C. 甲构成内幕交易罪

D. 不构成犯罪

27. 甲在高速公路休息站开店经营汽车补胎业务，故意在靠近经营点附近的高速公路上撒钉子，长达数百米。造成很多汽车爆胎，足以导致车辆倾覆的危险，很多车主经常抱怨。司机问甲为什么会有这么多钉子在路上，甲闭口不谈，只是按照市场价格补胎收费。甲的行为构成何罪？

A. 故意毁坏财物罪

B. 破坏交通工具罪

C. 破坏交通设施罪

D. 诈骗罪

28. 6月1日，甲省乙市房管局出台《关于乙市商品住宅项目公证摇号销售实施意见》（以下简称《实施意见》），称7月1日起，乙市商品住宅项目，实行公证摇号方式公开销售。《实施意见》要求即日起乙市商品住宅已办理预售许可证未公开销售的楼盘暂不销售，违者处罚。某房企德利公司为回笼资金，在此期间仍然组织楼盘销售，被市房管局依据《实施意见》的有关规定予以20万元处罚。德利公司不

服该处罚决定和《实施意见》，向法院提起诉讼。下列哪一选项是错误的？

A. 德利公司对《实施意见》有关规定不服的，也可以直接起诉

B. 法院在审查中发现《实施意见》可能不合法的，应当听取市房管局的意见

C. 法院经审查发现《实施意见》不合法的，在裁判生效之日起3个月内向市房管局提出处理建议，市房管局应当在收到司法建议之日起60日内予以书面答复

D. 法院认为《实施意见》不合法的，应当在裁判生效后报送上一级法院备案

29. 关于县人大代表的选举，下列说法正确的是：

A. 县人大代表的选举由县人大主席团主持

B. 10个选民联名有权提出县人大代表候选人

C. 县人大代表选举时，候选人的人数比应选代表人数至少应多出1/5，至多多出1/2倍

D. 县人大代表的选举与罢免，均要求全体选民过半同意

30. 关于宋代的法律制度，下列说法错误的是

A.《宋刑统》是中国历史上第一部刊印颁行的法典，全称为《宋建隆详定刑统》

B. 张三借李四纹银十两，约定三个月后归还十两五钱，此种借贷宋朝称为“出举”

C. 南宋宋慈所著之《洗冤集录》是中国也是世界历史上第一部系统的法医学著作

D. 宋朝法律承认绝户之在室女与继子的继承权，具体比例为在室女继承三分之一，继子继承三分之一，另三分之一收为官有

31. 赵某（16周岁，高中学生）在游乐园游玩时因琐事与李某（15周岁，高中学生）发生争执，赵某殴打李某致其轻伤。李某向法院提起自诉，要求追究赵某的刑事责任。关于本案，说法错误的是？

A. 法院受理李某的自诉案件后，李某自愿撤诉，2个月后，李某又以同一事实对赵某提起自诉，法院应当受理

B. 赵某的父亲是一名律师，其可以同时担任赵某的辩护人

C. 李某的母亲可以为李某委托诉讼代理人

D. 法院在审理本案时，可以进行调解

32.《中华人民共和国法官职业道德基本准则》为加强法官职业道德建设，保证法官正确履行法律赋予的职责，规定了相关内容，以下说法正确的是？

A. 法官应当严格遵守法定办案时限，提高审判执行效率，及时化解纠纷，注重节约司法资源，杜绝玩忽职守、拖延办案等行为，符合司法为民的要求

B. 法官认真贯彻司法公开原则，尊重人民群众的知情权，自觉接受法律监督和社会监督，同时避免司法审判受到外界的不当影响，符合司法公正的要求

C. 法官加强自身修养，培育高尚道德操守和健康生活情趣，杜绝与法官职业形象不相称、与法官职业道德相违背的不良嗜好和行为，遵守社会公德和家庭美德，维护良好的个人声誉，符合司法忠诚的要求

D. 法官不从事或者参与营利性的经营活动，不在企业及其他营利性组织中兼任法律顾问等职务，不就未决案件或者再审案件给当事人及其他诉讼参与人提供咨询意见，符合司法中立的要求

33. 关于黑社会性质组织犯罪，下列哪一说法是正确的？

A. 甲是某有组织犯罪的首要分子，该组织成立两年后甲中途离开，后该组织未被认定为黑社会性质组织。甲不需要对其离开后该组织实施的犯罪行为负责

B. 对黑社会性质组织的首要犯罪分子的处罚一定比其他成员的处罚要重

C. 对黑社会性质组织的首要分子的处罚一定比实行者要重

D. 具有保护伞不是认定黑社会性质组织的必备条件

34. 关于辩护律师在刑事诉讼中享有的诉讼权利，下列哪些说法是正确的？

A. 在侦查阶段，辩护律师可以向犯罪嫌疑人核实证据

B. 在案件侦查终结前，辩护律师可以查阅侦查机关的起诉意见书

C. 辩护律师认为在侦查期间公安机关收集的证明犯罪嫌疑人无罪或者罪轻的证据材料未随案移送的，可以向检察院申请调取

D. 法院在开庭前 7 日给辩护律师送达起诉书副本，辩护律师可以以此为理由拒绝出庭辩护

35. 最高人民法院、最高人民检察院、公安部、国家安全部、司法部《关于推进以审判为中心的刑事诉讼制度改革的意见》第 14 条规定："完善当庭宣判制度，确保裁判结果形成在法庭。适用速裁程序审理的案件，除附带民事诉讼的案件以外，一律当庭宣判；适用简易程序审理的案件一般应当当庭宣判；适用普通程序审理的案件逐步提高当庭宣判率。规范定期宣判制度。"下列关于该规定的理解，错误的是？

A. 法庭当庭宣判体现了集中审理原则的要求

B. 法庭当庭宣判能够保障被告人的迅速审判权

C. 法庭当庭宣判有助于提高诉讼效率

D. 法庭当庭宣判是审判公开性和终局性的体现

36. 甲乙两国因政治问题交恶，甲国将其驻乙国的大使馆降级为代办处。后乙国出现大规模骚乱，某乙国公民试图翻越围墙进入甲国驻乙国代办处，被甲国随员汤姆开枪打死。根据该案情以下说法正确的是？

A. 因甲国主动将驻乙国使馆降级为代办处，根据相关公约的规定，代办处不再受到外交法的保护

B. 随员汤姆的行为是为了保护代办处的安全，因此不负任何刑事责任

C. 乙国可以因随员汤姆的开枪行为对其采取刑事强制措施

D. 如果甲国明示放弃汤姆的外交豁免权，则乙国可以对汤姆采取刑事强制措施

37. 下列关于唐律中公罪和私罪说法正确的是？

A. 缘公事致罪就是公罪

B. "公罪"处刑从重

C. "私罪"处刑从轻

D. 不缘公事，私自犯者是私罪

38. 甲以牟利为目的复制淫秽物品后，又将其销毁。关于甲的行为，下列哪一说法是正确的？

A. 甲的行为成立复制淫秽物品牟利罪的既遂。

B. 甲的行为成立复制淫秽物品牟利罪的犯罪中止

C. 甲的行为不构成犯罪，因为甲没有牟利

D. 甲的行为不构成犯罪，因为甲没有将该物品传播出去

39. 张某因自己居住的房屋楼上漏水，遂找楼上住户李某洽谈赔偿事宜。因协商不成，张某殴打李某致轻微伤，被公安局处以行政拘留10日并处500元罚款的处罚。下列哪一选项是正确的？

A. 本案调查中，警察经出示工作证件，可以检查张某的住所

B. 对张某的询问查证时间不得超过48小时

C. 公安局局长必须亲自出庭

D. 诉讼中，若证人刘某出庭的，交通、住宿等费用由败诉一方承担

40. 某家具厂老板张某与其员工李某发生纠纷，二人发生口角后张某威胁不给李某发工资，李某气愤之下拿了一个杯子砸向张某但没有砸着，张某找人把李某打成重伤。李某报案后，公安局逮捕了张某，检察机关提起公诉，李某也提出刑事附带民事诉讼，法院依法进行了裁判。之前，检察院和张某签订了一项家具买卖合同。对此，下列说法不正确的是：

A. 张某和李某之间既有调整性法律关系又有保护性法律关系

B. 张某和检察院之间的买卖合同属于横向法律关系

C. 张某与法院之间是纵向法律关系

D. 张某和公安机关之间是调整法律关系

41. 王某因某市发生一起火灾事故在处置过程中过失处置不当，造成了社会上强烈的反响，王某引咎辞去领导职务。关于引咎辞职，下列说法哪一个是正确的？

A. 行政处分是追究刑事责任的必经程序

B. 是行政处分

C. 是行政问责

D. 王某不再具有公务员身份

42. 张某涉嫌诈骗罪被甲县公安局立案侦查。侦查人员在3日内讯问了张某两次，但只在第二次讯问时才告知其有权委托律师、亲友等人担任辩护人。张某遂委托了王律师担任其辩护人。王律师向甲县公安局提出了会见张某以及了解案件有关情况的请求。关于本案，下列哪一说法是正确的？

A. 甲县公安局在第二次讯问张某时告知其有权委托辩护人，符合《刑事诉讼法》的规定

B. 对于王律师的会见请求，甲县公安局批准其会见张某并派员在场，是依法保障律师执业权利的表现

C. 甲县公安局告知张某有权委托亲友担任辩护人，充分保障了张某的辩护权

D. 若甲县公安局以妨碍侦查为由拒绝告知王律师本案的有关情况，则侵犯了王律师的诉讼权利

43. 关于法律概念，下列说法错误的是？

A. 法律概念具有一定的独立性，特定案件事实符合该法律规范中的法律概念的特征，才能将该法律规范适用于该案件

B. 含有评价性概念的语句涉及使用者的主观价值判断，没有真假之分。在实务中，描述性概念往往会被转化为评价性概念

C. 论断性概念是指基于对某个事实的确认来认定另一个事实的存在的概念，“宣告死亡”即属于论断性概念

D. 不确定性法律概念可以区分为描述性不确定性概念和规范性不确定性概念

44. 某县法院的法官毛某交际广泛，其同学张某经营一家洗浴中心，经常组织聚会，毛某每次均欣然赴约，一起吃喝玩乐。张某在经营、生活中遇到法律纠纷，

毛某尽力为其提供法律咨询意见。张某到县法院打官司，毛某主动提出回避。根据《法官职业道德基本准则》，毛法官的行为直接违反了下列哪一要求？

A. 约束业外活动

B. 保障司法廉洁

C. 保持中立地位

D. 忠诚司法事业

45. 市场监督管理局针对福禧公司涉嫌生产过期的鸡肉依法实施了扣押，下列哪一说法是正确的？

A. 经市场监督管理局负责人批准，执法人员张某可以单独实施扣押

B. 如情况紧急，执法人员当场扣押的，返回单位后应当立即向市场监督管理局负责人报告并补办批准手续

C. 执法人员张某应当佩戴执法记录仪全程录像

D. 市场监督管理局扣押后，可以委托他人保管

46. 甲、乙、丙三人合谋放火制造事故后越狱，最后只有丙越狱成功。下列哪一说法是错误的？

A. 甲、乙、丙三人的行为均构成脱逃罪既遂

B. 丙的行为构成脱逃罪的既遂，甲、乙的行为构成脱逃罪的未遂

C. 甲、乙的帮助、鼓励，对丙的脱逃成功起了作用，即便甲、乙没有脱逃成功，甲、乙的行为亦构成脱逃罪既遂

D. 认定甲、乙构成脱逃罪既遂与甲、乙未越狱成功并不矛盾，因为丙的越狱成功与甲、乙二人的行为之间有因果关系

47. 张三系退伍军人，因涉嫌抢劫、杀人被某市公安机关立案侦查，张三没有委托辩护人。某市公安局认为张三可能被判处死刑，便通知法律援助机构为张三提供法律援助。案件随后由某市检察院向某市中级法院提起公诉。下列表述正确是的有？

A. 某市退役军人事务局的公职律师李四接受法律援助中心的指派可以为张三提供法律援助

B. 在侦查阶段，李四提出了口头辩护意见，侦查机关要求李四必须出具书面辩护意见

C. 庭审中，李四因违反法庭纪律被法警强制带出法庭，法庭应当决定延期审理

D. 庭审中，李四因违反法庭纪律被法警强制带出法庭，法庭应当为张三重新提供法律援助

48. 某县政府发布公告，要求北苑小区居民与县政府协商拆迁安置补偿款事宜，根据补偿标准签订安置补偿协议，并于60日内搬离。该公告的法律性质为？

A. 行政协议

B. 行政指导

C. 单方行政行为

D. 行政强制

49. 关于单位犯罪的说法，下列哪一选项是错误的？

A. 甲、乙为了实施走私而成立了单位，后该公司实施了走私犯罪。公司的走私行为不能认定为是单位犯罪

B. 某国有公司高管集体研究决定，将该单位的50万元在5个高管中平均分配。该行为不能认定为单位犯罪（私分国有资产罪）

C. 甲公司实施单位犯罪后，甲公司被乙公司兼并了。既要追究甲公司原直接责任人的刑事责任，亦应追究甲公司的刑事责任

D. 甲实施拐卖儿童行为，借用其所在的单位的车及司机帮忙运送被拐卖儿童，

该单位参与拐卖儿童的行为亦构成单位犯罪

二、多项选择题

50. 张某因超速驾驶发生交通事故，不慎将行人A撞成重伤，且把B停放在路边的摩托车撞毁了。张某因害怕承担责任在肇事后逃逸。S区公安局在张某哥哥的协助下将张某抓获归案。S区检察院以交通肇事罪对甲提起公诉。关于本案，下列说法正确的是？

A. 张某就民事赔偿问题与A没有达成和解，而与B达成了和解，法院应当对张某从轻处罚

B. 只有向法院提起附带民事诉讼后，才能委托诉讼代理人

C. B向法院提起附带民事诉讼后，张某与B达成和解，但张某不能即时履行全部赔偿义务，S区法院应当制作附带民事调解书

D. 对张某哥哥协助公安机关抓获张某的行为，因为不是法定量刑情节，法院可不予以审理

51. 关于刑法及司法解释的时间效力，下列选项正确的有？

A. 甲在2010年受贿500万，2016年司法解释规定受贿罪“数额特别巨大”的标准为300万元，2017年司法解释规定受贿罪“数额特别巨大”的标准为600万元，甲在2018年被抓获，应适用新的司法解释，不能认定为受贿“数额特别巨大”

B. 2016年司法解释规定了受贿罪的数额标准，乙于2015年-2018年连续受贿多次，乙的所有受贿行为均可以适用该司法解释

C. 1997年刑法规定，生产、销售有毒、有害食品罪为具体危险犯，只有造成具体的危险才能定罪。2011年《刑法修正案（八）》将该罪规定为抽象危险犯，只要实施了生产、销售行为，就认为有抽象的危险，应以犯罪论处。丙于2010年实施了生产、销售有毒、有害食品的行为，但并没有造成具体危险状态，于2015年被抓获。甲的行为可以适用《刑法修正案（八）》，应以犯罪论处

D. 2000年最高人民法院出台了针对某一问题的司法解释，该解释不能适用于其生效之前的犯罪行为

52. 2018年2月7日，国务院第198次常务会议通过《快递暂行条例》，经国务院总理签署，于2018年3月2日公布，该条例应当在下列哪些载体上刊载？

A. 国务院公报

B. 中国政府法制信息网

C. 全国范围的报纸

D. 全国人大常委会公报

53. 海关总署，为国务院的直属机构、正部级单位。关于海关总署的设立和编制管理，下列哪些选项是错误的？

A. 它的设立由全国人大或者全国人大常委会决定

B. 海关总署有权制定规章

C. 海关总署可以自行设立司级和处级内设机构

D. 海关总署编制的增加由国务院机构编制管理机关最终决定

54. 下列关于法律规则、法律原则和法律条文的说法，错误的是？

A. 法律规则在逻辑上由假定条件、行为模式和法律后果三部分组成，上述任何一个部分，在具体条文的表述中，均可能被省略

B. 法律条文既可以表达法律规则，也可以表达法律原则，还可以表达规则或原

则以外的内容，而规范性条文就是直接表达法律规则的条文

C. 在诉讼过程中，与当事人有利害关系的，应当回避，这是一个法律原则，其行为模式为应为模式

D. 法律规则与法律条文的关系为内容与形式的关系，因此，法律规则既可以通过法律条文来表达，也可以通过法律条文以外的形式来表达，典型如判例和习惯

55. 宪法作为国家根本法，在国家和社会生活中发挥着重要作用，关于宪法作用和相关制度的说法，下列选项正确的是？

A. 宪法宣誓制度有利于宪法作用发挥

B. 宪法修改是宪法作用发挥的重要前提

C. 宪法为避免法律体系内部冲突提供了具体机制

D. 宪法能够为司法活动提供明确而直接的依据

56. 李某驾驶摩托车与高某驾驶的出租车相撞，李某死亡。交警部门认定高某、李某承担事故的同等责任。在交警部门主持下，高某与死者李某之妻达成调解协议，由高某赔偿李某家属各项费用 12.2 万元，双方永无纠葛。不久，李某之妻发现自己已有身孕，并在 7 个月后生下女儿小鑫。李某之妻依据全国人大制定的《民法通则》第一百一十九条，将受偿主体确定为死者生前“扶养”的人的规定，向高某索要女儿依据抚养费。高某根据国务院制定的《道路交通事故处理办法》第三十七条，将受偿主体确定为死者生前“实际扶养”的人为由，拒绝做出赔偿。下列说法错误的是？

A. 根据特别法优于一般法的原则，本案应当优先适用《道路交通事故处理办法》

B. 双方当事人及律师关于本案法律适用问题的辩论，属于外部证成

C. 法官对本案案件事实的确定过程，是一个纯粹的事实判断的过程

D. 李某之妻和高某的举动，均显现了法律的指引作用

57. 诉讼效率是指诉讼中所投入的司法资源（包括人力、财力、物力等）与案件处理数量的比例。刑事诉讼法在保障公正优先的前提下尽量提高办理刑事案件的效率。下列关于刑事诉讼中的做法有哪些体现效率原则？

A. 集中审理原则

B. 速裁程序

C. 在看守所派驻值班律师为犯罪嫌疑人提供法律帮助的认罪认罚案件

D. 网上远程视频开庭

58. 丁某精神病，丁之妻郭某系丁某监护人。一日，二人到丁父母家吃饭时，丁某和其父母争吵，拿起菜刀将其父母砍死（实际未死），郭某未制止，未呼救也未报警，而是关了门走了，丁父母流血休克而亡，郭某事后还洗了丁某的血衣。事后证明，丁某当时精神病发作没有责任能力。关于郭某，下列说法正确的是？

A. 妻子郭某构成不作为的故意杀人罪和帮助毁灭证据罪，应数罪并罚

B. 妻子郭某构成不作为的故意杀人罪

C. 如果认为即使及时送医仍会死亡，也不应认为与妻子郭某不作为的故意杀人无因果关系

D. 妻子构成帮助毁灭证据罪

59. 下列选项中，哪些行为不属于行政强制措施？

A. 市场监督管理局责令某食品生产企业停产 1 年

B. 市场监督管理局对某企业有效期届

满未申请延续的营业执照予以注销

C. 为防止生态破坏，市林业局责令超范围采伐树木的孙某种十棵树

D. 公安交管局暂扣违章驾车的赵某驾驶执照6个月

60. 中国人张某在甲国将甲国公民杀死后逃至乙国，已知甲国和乙国之间没有签订引渡条约，但是中国和甲乙两国都有引渡条约。下列说法正确的有：

A. 中国外交部可以向乙国政府请求将张某先行采取强制措施再行引渡

B. 如甲国向乙国申请引渡，乙国无正当理由不得拒绝引渡

C. 如果乙国未经中国同意将张某引渡给甲国，则中国可以向乙国提起外交保护

D. 如乙国将张某引渡给中国后，甲国向中国提请引渡张某，中国政府应当予以拒绝

61. 赵某、钱某、孙某与李某四人涉嫌共同抢劫被立案侦查。侦查期间，赵某和钱某被逮捕，孙某被监视居住，对李某未采取强制措施。案件起诉到法院后，法院判处赵某有期徒刑5年，钱某有期徒刑2年缓刑3年，孙某免予刑事处罚，李某无罪。一审判决下来之后，检察院对本案提起抗诉。法院对他们四人强制措施的变更，错误的是？

A. 对赵某应当变更为取保候审

B. 对钱某变更为取保候审或释放

C. 对孙某变更为取保候审或释放

D. 对李某应当予以释放

62. 法律规则和法律原则的区别，下列哪些表述是正确的？

A. 对一般情形之个案，两个冲突规则，一个有效，另一个就无效

B. 对一般情形之个案，两个竞争原则，一个有分量，另一个就无分量

C. 对一般情形之个案，需穷尽规则，方可适用原则

D. 对一般情形之个案，可以先适用原则再适用规则

63. 下列案件，哪些不属于行政诉讼受案范围？

A. 李某不服县环保局作出的行政处罚决定，向县政府申请复议，在法定复议期间内向法院起诉的

B. 李某不服房屋征收部门对其作出的补偿决定，提起行政诉讼

C. 房屋征收部门以李某不履行房屋征收补偿协议为由提起行政诉讼

D. 郭某不服房屋征收部门对其作出的征收决定，提起行政诉讼

64. 张某因涉嫌受贿罪被F市监察委员会立案调查。在调查过程中，F市监察委员会对张某采取了留置措施。案件调查终结后，F市监察委员会将案件移送F市人民检察院审查起诉。下列关于本案的处理，说法正确的是？

A. 由于F市监察委员会在调查过程中对张某采取了留置措施，案件移送人民检察院审查起诉后，人民检察院应对张某进行拘留

B. F市监察委员会在《监察法》生效前对张某留置6个月，在《监察法》生效后被调查人被判处有期徒刑3年。该留置的6个月折抵刑期6个月

C. 对于经过两次退回监察委员会补充调查的案件，F市人民检察院在审查起诉中认为仍然事实不清，证据不足，直接作出不起诉的决定

D. F市监察委员会认为人民检察院不起诉决定有错误的，有权向F市人民检察院提请复议

65. 甲、乙、丙、丁四人预谋杀戊，

甲、乙用铁棒打，丙徒手，丁拿着刀在一边助威呐喊。最后造成戊死亡，尸检报告表明，只有一处头部致命伤，且是遭利器所致。无法证明甲、乙二人是谁的行为导致了被害人死亡，但肯定不是丙、丁的行为导致。下列说法正确的是？

A. 丙、丁的行为没有导致被害人死亡，故二者的行为成立故意杀人罪未遂

B. 甲、乙的行为导致了被害人死亡，但无法查清是谁的行为导致了被害人死亡结果，故甲、乙二人的行为均成立故意杀人罪未遂

C. 甲、乙、丙、丁四人的行为均成立故意杀人罪既遂，因为四人系故意杀人罪的共同犯罪

D. 认定四人成立故意杀人罪既遂与存疑有利于被告的原则并不矛盾

66. 下列哪些情形下当事人需要先申请行政复议，才可以提起行政诉讼？

A. 某企业对反垄断执法机构作出的禁止和限制经营者集中的决定不服的

B. 江某对省政府作出的行政行为不服的

C. 县政府为孙某颁发采矿许可证，刘某认为该行为已经侵犯了自己已有的采矿权

D. 王某不服税务局要求其补缴 2300 元个人所得税决定的

67. 甲的邻居乙家中着火，甲便冲入乙家救火。因火势太大，甲无法将位于乙家中的婴儿丙（1 岁）带出，甲便将丙从二楼窗户上扔下了。后甲自己从大火中逃出，赶紧将被摔伤的丙送往医院，最终造成丙轻伤。关于甲的行为，下列说法正确的是？

A. 甲的行为属于紧急避险

B. 甲的行为在客观上都不属于犯罪行为，不需要通过正当防卫、紧急避险等排除犯罪性事由将其从犯罪中排除出去，不属于紧急避险，不构成犯罪

C. 甲的行为在客观上降低了丙的风险，不构成犯罪

D. 甲的行为成立过失致人重伤罪

68. 区公安分局以曹某涉嫌职务侵占罪为由将曹某刑事拘留，区检察院批准对曹某的逮捕。区法院判处曹某构成侵占罪，不予刑事处罚。曹某上诉。甲市中级法院判决曹某无罪。判决生效后，曹某请求国家赔偿。下列哪些说法是错误的？

A. 区法院为赔偿义务机关

B. 区检察院为赔偿义务机关

C. 因为曹某没有受到刑事处罚，国家不予赔偿

D. 曹某申请国家赔偿的，应当先向赔偿义务机关提出

69. 建设中国特色社会主义法治体系，必须坚持立法先行，发挥立法的引领和推动作用，关于完善立法体制，下列说法正确的有？

A. 完善立法体制，需加强党对立法工作的领导，完善党对立法工作中重大问题决策的程序

B. 完善立法体制，需要加强法律解释工作，及时明确法律规定含义和适用法律依据

C. 完善立法体制，需要明确地方立法权限和范围，依法赋予设区的市地方立法权

D. 完善立法体制，需要加强政府立法制度建设，完善行政法规、规章制定程序，完善公众参与政府立法机制

70. 某幼儿园老师甲因 4 岁的小朋友小杨午休期间吵闹而用针扎了他。同是 4 岁的小刘目睹了小杨被针扎的过程。小刘

放学后把小杨被老师针扎的事情告诉了自己妈妈。小刘妈妈随即报警。甲因涉嫌犯罪被公安机关立案侦查。关于本案，下列说法正确的是？

A. 因小刘对所证事实具有辨别能力，符合其智力水平，其证言可以作为定案的依据

B. 4 岁的小杨作为被害人可以对犯罪嫌疑人甲进行辨认

C. 由于小杨的辨认笔录没有见证人的签名，该辨认笔录不能作为定案的依据

D. 小杨的母亲与案件有利害关系，其证言不可以作为定案的依据

71. 关于刑事诉讼中查封、扣押、冻结的在案财物的处理，下列哪些做法是正确的？

A. 张一盗窃案，公安机关在侦查过程中将盗窃的电视机返还被害人陈某

B. 王二贩卖毒品案，本案关键证据海洛因应当随案移送当庭出示质证

C. 李三受贿金条案，金条未随案移送。法院作出生效判决后，公安机关将该金条上缴国库

D. 黄四受贿案，黄四在审查起诉期间自杀身亡，检察机关应当通知银行将冻结的黄四的存款、汇款上缴国库

72. 甲交通肇事后，其父协助公安机关抓获甲。下列说法正确的是？

A. 甲的行为不成立自首，因为甲并没有自动投案

B. 甲父协助公安机关抓获甲，可以认定为代甲自首，故甲的行为成立自首

C. 甲的父亲协助公安机关抓获甲，可以认定为立功，但该立功也是为了甲，故可认定为甲成立立功

D. 甲的行为虽然不能成立自首，但对于甲父协助公安机关抓获甲的行为，在对甲量刑时可以酌情从轻处罚

73. 律师事务所应当建立利益冲突审查制度，在接受委托之前，应当进行利益冲突审查。办理委托事务的律师与委托人之间存在利害关系或利益冲突的，不得承办该业务并主动提出回避。以下哪几项构成利益冲突应该回避的情形？

A. 甲曾是行政执法人员，曾承办对甲公司的行政处罚案件，1 年后成为律师受该公司委托，成为该公司的法律顾问

B. 在张某诉王某侵权案中，张某解除对赵律师的委托关系后，在后续审理中，赵律师接受了王某的委托

C. 在非诉业务中，各方当事人共同委托甲律师事务所的律师同时担任各方当事人的代理人

D. 汪律师接受张某委托，担任张某的辩护人，而同所的方律师是该案被害人的近亲属，张某尚不知情

74. 关于不作为犯，下列说法正确的是？

A. 甲乙共同入户抢劫丙，进入被害人丙家，甲将丙捆绑后，二人共同实施了抢劫行为。之后，乙临时起意杀了丙，甲站在一旁观看没有制止。乙的杀人行为成立故意杀人罪，甲对此构成不作为犯的故意杀人罪

B. 母亲甲生一女，怕婆家嘲笑，甲让自己的亲妹妹乙把孩子遗弃至菜市场。妹妹在法律上不是扶养人，仍构成遗弃罪(不作为犯)

C. 失主甲空手追赶小偷乙，乙逃至河边，为摆脱甲的追赶而跳河，欲游到对岸。乙游至河心时因体力不支，向甲呼救。甲心想：“淹死也算活该。”甲未对乙施救，乙溺亡。甲的行为构成不作为犯的故意杀人罪

D. 父亲甲过失将自己的孩子摔在地上，看孩子没有哭闹，就没有送往医院。三天后孩子死亡，经查明，死亡原因是脑部受到重创导致的，但查明受伤太严重，就算当时被摔当时送往医院也救不活。甲的行为不构成不作为犯的故意杀人罪

75. 城管局接到群众举报孙某在过街天桥上占道摆摊，遂组织工作人员徐某、孟某前往调查。在执法过程中，工作人员孟某对孙某实施殴打，后经鉴定构成 7 级伤残。孙某申请国家赔偿。下列属于国家赔偿范围的是：

A. 医疗费

B. 未成年子女生活费

C. 残疾生活辅助具费

D. 残疾赔偿金

76. 权责统一是依法行政的必然要求，下列说法正确的有哪一或哪些？

A. 权责统一，要求行政机关拥有的职权应与其承担的职责相适应。不应当有无责任的权力，也不应当有无权力的责任

B. 完善审级制度，一审注重解决事实认定和法律适用，二审重在解决事实法律争议

C. 法律、法规对行政机关的授权要严格，立法在赋予有关行政机关必要职权的同时，也要规定其行使职权的条件、程序和应承担的责任

D. 不受监督的权力必然导致腐败。为了保证行政权力的行使始终在法律的轨道上进行，必须加强对行政权力行使的监督

77. 下列关于具体行政行为正确的是？

A. 确定力是指具体行政行为一经生效，行政机关和相对人必须遵守

B. 2014 年修改的行政诉讼法中并未出现具体行政行为这一用语

C. 具体行政行为是指对特定人或者特定事项的一次性处理

D. 授益性行政行为与裁量性行政行为是相对应的

78. 某市中级人民法院对甲被指控故意杀人一案进行了第一审审理，判处甲无期徒刑。检察院认为量刑过轻，提出抗诉。关于本案的第二审程序，下列说法正确的是？

A. 如果甲不服一审判决，可以口头方式提起上诉

B. 二审法院可以不开庭审理

C. 二审法院仅就甲的量刑问题进行审查

D. 第二审法院经审查，认为原判事实不清、证据不足，需要发回重新审判的，可以不开庭审理

79. 某建设工程公司总经理王某涉嫌工程重大安全事故罪被立案侦查。侦查机关聘请某省工程质量监督检测中心进行检验，检验人张某出具的检验报告认为，该建设工程公司违反国家规定，降低工程质量标准是造成重大安全事故的主要原因。关于本案，下列说法正确的是？

A. 张某在本案中是鉴定人身份，属于应当回避的对象

B. 经法院通知，张某需出庭作证

C. 张某出具的检验报告可以作为证据来使用

D. 张某所进行的检验属于勘验、检查的一种形式

80. 张三因醉酒驾车涉嫌危险驾驶罪在某县法院受审，法院决定用速裁程序进行审理，下列关于速裁程序说法错误的是？

A. 法官经过审理认为案情复杂，决定择日宣判

B. 指派值班律师帮助张三进行辩护

C. 法官经过审理认为案件不符合速裁

程序适用条件，决定改用合议庭继续审理

D. 若张三构成危险驾驶罪，本案审理期限应当是10日

81. 陈某因涉嫌抢夺罪被某县检察院向某县法院提起公诉，某县法院适用速裁程序进行审理，下列表述正确的是？

A. 若某县法院经过审理认为陈某构成抢劫罪，则不能适用速裁程序进行审理

B. 若某县法院经过审理认为案件复杂，可以在庭后听取控辩双方意见后定期宣判

C. 若某县法院作出一审判决后陈某不服，有权上诉

D. 若某县法院作出一审判决后陈某不服，有权上诉，某县检察院可以在陈某上诉的同时提出抗诉

82. 下列哪些情况，代表要终止代表资格？

A. 被行政拘留的

B. 未经批准一次不出席本级人大会议的

C. 被判处管制并附加剥夺政治权利

D. 丧失行为能力的

83. 下列关于强制措施的性质，表述正确的有？

A. 对证据不足的犯罪嫌疑人不予逮捕，体现了强制措施的法定性原则

B. 对在住处监视居住的犯罪嫌疑人，发现可能妨碍侦查而采取指定居所监视居住，体现了比例原则

C. 侦查阶段认为被逮捕的犯罪嫌疑人社会危险性降低，决定释放犯罪嫌疑人体现了变更性原则

D. 检察院为了更方便讯问犯罪嫌疑人而批准逮捕违反了必要性原则

84. 甲用乙的淘宝账号从网上买了一个手机，用甲自己的银行卡付了款，留的是自己的号码。手机卖家核实信息时，按照淘宝账号信息打电话给了乙，乙骗商家说手机是他买的，并告知商家更改收货地址，商家把手机发货给乙。下列说法正确的是？

A. 若承认商家对该货物有处分权，乙欺骗商家的行为成立诈骗罪

B. 如果否认商家对该货物有处分权，商家只是被乙利用的工具，乙的行为成立盗窃罪的间接正犯

C. 如果持B选项的观点，乙成立盗窃罪的间接正犯，盗窃的对象是甲对商家的债权（发货权）

D. 该案是一种较为特殊的“三角诈骗”，即便认为乙的行为成立诈骗罪，商家受骗了，但商家的做法并没有违反法律规定，实际财产遭受损失的人仍然是甲

85. 某快递公司快递员甲在分拣包裹的过程中，把不属于自己负责的传送带上的包裹，放入自己的快递车内，然后离开公司送货途中，拆开包裹，据为己有。下列说法正确的是？

A. 认定甲没有利用职务上的便利的理由在于，甲取走该包裹时，该包裹并不处于其经手、管理过程中

B. 甲利用了职务上的便利，其行为构成职务侵占罪

C. 认定甲利用了职务上的便利的理由在于，甲系该单位的员工，且其工作就是收取快递包裹

D. 甲没有利用职务上的便利，其行为构成盗窃罪

三、不定项选择题

86. 甲、乙共谋盗窃丙的银行卡，乙偷窥到丙的密码，甲盗窃了丙的卡。甲去ATM取钱，乙帮忙望风掩护，显示余额有

7万，甲取了出了2万，但骗乙说卡里只有1万，并分了5000元给乙。后甲又自己取了5万。下列说法正确的是：

A. 甲成立盗窃罪，金额是7万

B. 乙成立盗窃罪，金额2万

C. 乙成立盗窃罪，金额是1万

D. 甲对乙成立诈骗罪

87. 甲犯合同诈骗罪，法院经审查决定适用简易程序审理。关于本案，下列说法正确的是？

A. 本案开庭审理时，检察院应当派员出席法庭

B. 法院若认为本案可能判处3年以下有期徒刑，可由审判员一人独任审判

C. 在法庭审理中，被告人对被指控的犯罪事实无异议，但认为本案构成诈骗罪，而非合同诈骗罪，法院于是转为普通程序重新审理

D. 法院于2018年9月10日对本案开庭审判，于2018年10月12日判决甲有期徒刑5年，则本案已超过法定审判期限

88. 根据我国《宪法》的规定，下列说法不正确的是？

A. 城市的土地属于国家所有，农村和城市郊区的土地，除有法律规定属于国家所有的以外，属于集体所有

B. 宅基地、自留地、自留山属于集体所有

C. 国家为了公共利益的需要，可以对土地实行征收或征用并给予补偿

D. 土地的所有权可以依照法律的规定转让

89. 村民甲为了多获土地补偿款，找到负责核定土地面积的国家机关工作人员乙，让其核定面积时多写面积，并且送了十万元感谢费给乙。乙答应照办，甲因此多获了四十万的土地补偿款。下列说法正确的是？

A. 甲、乙二人成立贪污罪的共犯，贪污的金额为40万元

B. 甲送给乙十万元构成行贿罪

C. 乙收受甲提供的十万元，构成受贿罪

D. 甲送给乙行贿的十万元，不应从其贪污的40万元补偿款中扣除

90. 关于中国古代法典的表述，下列选项错误的是？

A.《法经》由李悝制定，其中《盗法》《贼法》位于法典篇首，《具法》则位于篇尾，是中国历史上第一部成文法典

B.《魏律》依据《周礼·八辟》规定了八议，这是死刑复奏制度的最早规定

C.《宋刑统》颁行于建隆四年，其主体结构与唐律基本相同

D.《大清新刑律》是中国历史上第一部近代意义上的专门刑法典，抛弃了以往“诸法合体”的编纂形式，但其总则部分仍称为《名例律》

91. 根据《全国人民代表大会常务委员会关于国家监察委员会制定监察法规的决定》，国家监察委员会制定了《中华人民共和国监察法实施条例》。关于该条例的说法正确的是？

A. 全国人民代表大会常务委员会公布

B. 可以对监察法变通

C. 效力相当于行政法规

D. 应报全国人民代表大会常务委员会备案

92. 甲市乙区卫健局以韩某未取得《医疗机构执业许可证》擅自执业为由，做出没收违法所得1200元和罚款7000元的决定。韩某不服，申请行政复议。关于此案，下列哪一说法是正确的？

A. 韩某应当向市卫健局提出复议申请

B. 行政复议期间，卫健局不得改变被申请复议的行政行为

C. 韩某申请复议材料不齐全的，自收到该行政复议申请之日起5日内书面通知韩某补正

D. 权利义务关系明确，争议不大的，可以由1名行政复议人员参加行政复议案件的审理

93. 李某因涉嫌多次盗窃被检察院提起公诉。法院判处李某盗窃罪并对其盗窃所得的赃款赃物进行追缴。以下哪些赃款赃物依法应当予以追缴?

A. 李某将盗窃所得的价值100万元却以10万元卖给古玩店的古董

B. 李某赠予其女友的价值一万元的金项链

C. 李某通过网络二手买卖平台将价值8000元而以6000元转卖他人的智能手机

D. 李某用于偿还赌债的4万元盗窃赃款

94. 下列与法律解释相关的分析中，正确的是：

A. 李某将其仇人坟墓掘开并将骨头扔掉，其认为白骨不属于尸体，否认其构成侮辱尸体罪。他对白骨的解释属于无权解释、主观目的解释

B. 法官任某在审理案件中认为刑法中“伪造货币罪”中的货币不包括生肖纪念币，该解释为有权解释、文义解释

C. 最高人民法院某副院长在接受媒体采访时表示，《刑法修正案（八）》中的规定的“醉驾入刑”应结合《刑法》总则当中的“情节显著轻微，危害不大，不认为是犯罪”的规定来理解，因此并非只要醉驾就一定入刑，这属于体系解释方法的运用

D. 李某认为组织他人卖淫罪中“他人”不仅包括女性，而且包括男性。其理由是目前组织男性卖淫的现象很普遍，危害性很大，要发挥法律的社会功能，应包含男性。其对相关条文的解释为客观目的解释

95. A省某自治州人大选举产生人大常委会主任甲、州长乙、监察委主任丙、中级法院院长丁、检察院检察长戊。关于上述人事安排下列选项正确的是哪些?

A. 甲必须由实行区域自治的民族的公民担任

B. 乙必须由实行区域自治的民族的公民担任

C. 丁必须由实行区域自治的民族的公民担任

D. 戊的任职还须由省检察院检察长报省人大常委会批准

96. 黄某、张某在A省B市组建网贷公司进行非法集资，B市公安局立案侦查，经过群众举报，侦查人员将黄某抓获，张某逃窜至C省D市躲藏。下列表述正确的是?

A. 若需通缉张某，B市公安局应当报请公安部发布通缉令

B. B市公安局将黄某侦查终结后移送B市检察院审查起诉，由于本案系共同犯罪案件，B市检察院需要等张某到案后一并审查起诉

C. B市公安局将黄某侦查终结后移送B市检察院审查起诉，B市检察院可以将黄某、张某组建的“P2P”网贷公司列为单位犯罪嫌疑人

D. 若B市检察院对黄某向B市中级法院提起公诉，在审理过程中张某到案，B市检察院对张某追加起诉需要经过B市中级法院同意

97. 国家工作人员甲收受贿赂为乙的企业提供便利，而后担心自己被监察部门调查并找到监察部门的丙，希望其能够在调查中提供便利。丙提出需要 50 万，后经甲、乙、丙三人共同商讨，给予丙 50 万，由乙支付该 50 万元。但是实际上丙并不能干预调查活动，于是找到了相关人员丁，但是丁拒绝了丙的要求。对于给予丙 50 万元的这一事实，下列说法正确的是？

A. 甲、乙构成行贿罪共同犯罪

B. 甲、丙构成受贿罪共同犯罪

C. 丙未能利用其职务上的便利为甲谋取利益，不构成受贿罪

D. 甲不构成受贿罪

98. 甲因涉嫌组织、领导黑社会性质组织罪被某县公安机关立案侦查并被拘留羁押于某县看守所。在刑事拘留期间，甲受到侦查人员的刑讯逼供，申请排除非法证据，下列表述正确的是？

A. 在拘留期间，甲只能向某县公安机关申请排除非法证据

B. 甲只能说清遭受殴打的时间，但无法说清侦查人员的姓名，甲属于提供了相关的线索

C. 甲被殴打后作出了有罪供述，甲有权申请排除因遭受殴打出于恐惧作出的与该有罪供述相同的后续供述

D. 若甲在审判阶段申请排除非法证据，法庭开展调查，检察院若不能证明取证合法性，应当排除相关证据

99. 某化工厂违法排污，严重污染环境，涉嫌犯罪，由某县检察院向某县法院提起公诉，某县法院依法审理。鉴于某化工厂的行为严重侵害了当地民众的公共利益，检察机关决定提起附带民事公益诉讼，要求某化工厂承担附带民事责任。下列选项正确的是？

A. 第一审附带民事公益诉讼案件应当由污染环境、破坏生态行为发生地、损害结果地或者被告人住所地的中级以上人民法院管辖

B. 经过审理，法院作出附带民事公益诉讼判决后应当判令被告人向检察院交付赔偿款

C. 法院作出一审判决后，检察院可对附带民事公益诉讼的判决提起上诉

D. 法院可以判令被告人向社会公众公开赔礼道歉

100. 根据我国宪法规定，中国人民政治协商会议是爱国统一战线的组织。下列说法正确的是？

A. 中国人民政治协商会议属于我国的国家机构

B. 1993 年《宪法修正案》增加规定，中国共产党领导的多党合作和政治协商制度将长期存在和发展

C. 2004 年《宪法修正案》增加了“社会主义事业的建设者”的规定，丰富了爱国统一战线的组成人员

D. 2018 年《宪法修正案》增加了“致力于中华民族伟大复兴的爱国者”的规定，丰富了爱国统一战线的组成人员

答案速查

一、单项选择题

1. D　2. C　3. C　4. A　5. D
6. D　7. D　8. D　9. D　10. D
11. B　12. A　13. A　14. C　15. B
16. B　17. A　18. B　19. C　20. C
21. C　22. A　23. C　24. D　25. A
26. D　27. C　28. A　29. B　30. D
31. A　32. B　33. D　34. C　35. D
36. D　37. D　38. A　39. D　40. D
41. C　42. D　43. B　44. A　45. D
46. B　47. A　48. C　49. D

二、多项选择题

50. AC　51. AB　52. ABC
53. ACD　54. BC　55. AB
56. AC　57. ABCD　58. BC
59. ABD　60. AD　61. AC
62. AC　63. AC　64. AB
65. CD　66. ACD　67. BC
68. BC　69. ABCD　70. AB
71. AC　72. AD　73. BD
74. ABCD　75. ACD　76. ACD
77. BC　78. AD　79. BC
80. ABC　81. CD　82. CD
83. ACD　84. ABCD　85. AD

三、不定项选择题

86. AB　87. AB　88. D
89. ABCD　90. ABD　91. CD
92. C　93. ABD　94. CD
95. BD　96. AC　97. AB
98. BCD　99. CD　100. BCD

试卷二

一、单项选择题

1. 某大师带着自己的三层镂空作品，参加电视台节目，说没人能做出更高的。主持人问如果有人做出来了呢？大师说做出来，就把自己之前的作品赠送给他。大师与主持人击掌为誓，并邀请观众做见证。节目播出后，有人做出了 5 层镂空作品。关于某大师的行为应如何定性？

A. 显失公平的合同

B. 戏谑行为

C. 赠与合同，大师可随时撤销

D. 悬赏广告，大师应交付作品

2. 某地因地理位置得天独厚经常有陨石掉落，当地人多以陨石买卖为业且收入颇丰。一天，一块陨石从天而降，落入乙家的菜地里。邻居甲看到后将其捡到。关于陨石的归属，下列哪一说法是正确的？

A. 归甲所有

B. 归乙所有

C. 归甲、乙共同共有

D. 归国家所有

3. 某市公安局出台文件，指定当地印章协会统一负责全市新型防伪印章系统的开发建设，强令全市公安机关和刻章企业卸载正在使用的，经公安部检测通过的软件系统，统一安装印章协会开发的软件系统，并要求刻章企业向印章协会购买刻章设备和章料。根据《反垄断法》，的相关规定，反垄断执法机构拟采取下列哪一措施是正确的：

A. 撤销该协会的社团资格

B. 责令该市公安局改正

C. 对该市公安局罚款

D. 建议市人民政府责令该市公安局改正

4. 徐某是甲公司总经理，甲公司为其配备了一辆轿车供上下班使用。后徐某辞职，甲公司尚欠其 10 万元工资。徐某与甲公司多次交涉无果，欲对轿车行使留置权。关于本案，下列哪一说法是正确的？

A. 徐某可以行使留置权

B. 徐某不可以行使留置权

C. 徐某向甲公司主张 10 万元工资的债权请求权不受诉讼时效限制

D. 徐某向甲公司主张 10 万元工资的债权请求权受 2 年诉讼时效期间的限制

5. 2018 年 5 月，甲有限责任公司成立，张某持有公司 80%的股权，并担任公司董事长；李某持有公司 7%的股权。公司章程规定，公司召开股东会应当提前十天以书面形式通知全体股东。为了扩大公司规模，张某认为甲公司应当与乙公司合并，遂提议召开公司股东会会议，但因准备匆忙，在会议召开前五天才通知李某。股东会会议中持有公司 90%表决权的股东同意合并，3%表决权的股东反对，最终通过了与乙公司合并的决议，李某拒绝在决议上签字。下列说法正确的是？

A. 该次股东会会议的召集程序违反法律规定，李某可以主张该决议无效

B. 李某有权要求公司以合理价款回购

其所持有的甲公司股权

C. 该次股东会会议的召集程序违反法律规定，李某可以要求撤销该决议

D. 如果李某针对股东会决议效力提起相关诉讼，应当以公司为被告，其他股东列为第三人

6. 中国江苏龙叔公司与意大利图歌公司签订 DAT（南京）的合同进口一批服装，根据《2010 年国际贸易术语解释通则》。下列哪一选项属于双方在合同中约定的内容？

A. 卖方只需将货物运到南京交由买方处置即可，无需承担将货物从交通工具上卸下的业务

B. 卖方需要将货物运到南京，将货物从运输工具上卸下并交由买方处置

C. 卖方需要将货物运到南京，完成进口清关手续后将货物交给买方

D. 卖方需要承担货物在南京货交第一承运人之前的所有风险和费用

7. 2017 年 3 月 2 日，吕某前往超市购物途中，恰逢孟某牵着自己家的泰迪狗迎面走来。泰迪狗突然上前追咬吕某，吕某见此情形吓得狂奔。路人张某为救吕某，拿起旁边菜贩何某的伞与泰迪狗扭打起来。结果：吕某得救，张某被狗咬伤，花去医药费 2000 元。关于本案，下列哪一说法是错误的？

A. 张某的行为构成无因管理

B. 张某的行为不构成无因管理

C. 张某可以请求吕某支付 2000 元医药费

D. 张某可以请求孟某支付 2000 元医药费

8. 乙融资租赁公司根据甲公司的选择，以 100 万元的价格向生产厂商丙公司购买了一台大型医疗设备出租给甲公司使用，租期 2 年，每月租金 5 万元，租期届满后该设备归乙公司所有。后丙公司依据乙公司的指示直接将设备交付给甲公司。关于本案，下列哪一说法是正确的？

A. 如租期内医疗设备存在瑕疵，乙公司应减少租金

B. 如租期内医疗设备存在瑕疵，乙公司应承担维修义务

C. 租期内医疗设备毁损、灭失的风险应由乙公司承担

D. 租期内医疗设备毁损、灭失的风险应由甲公司承担

9. 甲公司与乙公司于 2016 年 10 月签订《房屋租赁合同》一份，甲公司将房屋出租给乙公司使用。该合同约定：租赁期限自 2016 年 10 月 30 日起至 2026 年 10 月 29 日止，每月租金为人民币 11.8 万元，装修免租期为五个月，逾期支付租金需按日租金千分之五支付违约金，逾期支付租金累计超过一个月，出租方可提前解除合同，承租方应支付违约金 11.8 万元。合同签订后，乙公司自 2017 年 7 月起拒不履行支付租金的义务。甲公司经多次催讨无果，2018 年 2 月诉至法院，要求支付自 2017 年 7 月 30 日起至 2018 年 2 月 28 日止的房屋租金 70.8 万元。一审法院审理后作出判决，支付拖欠的房屋租金 70.8 万元，并支付逾期付款的利息 3600 元，解除双方之间的租赁合同。关于法院对该案判决的评论，下列哪一选项是正确的？

A. 该判决符合法律规定，实事求是，全面保护了权利人的合法权益

B. 该判决不符合法律规定，违反了民事诉讼的处分原则

C. 该判决不符合法律规定，违反了民事诉讼的公开审判制度

D. 该判决不符合法律规定，违反了民

事诉讼的两审终审制度

10. 高某向杨某借款23万5000元，到期后一直没有归还。杨某于2018年10月21日向高某住所地A区法院申请支付令，并向法院提交了高某向杨某借款时出具的借条，要求高某偿还借款23万5000元。在支付令异议期间，杨某觉得支付令不如法院判决更稳妥，于是向自己住所地的B区法院起诉。关于本案，下列说法错误的是：

A. 杨某向A区法院申请支付令

B. 杨某向B区法院起诉

C. 杨某向B区法院起诉，会导致支付令失效

D. 杨某未向发出支付令的法院起诉，不影响支付令的效力

11. 奇能公司是电动车领域的巨头，使用“标准”牌电池。为了扩张产业链与下列企业签订了相关协议，且协议涉及的交易规模都达到国务院规定的申报标准，以下哪一选项应当向反垄断执法机构申报？

A. 奇能公司跟某太阳能企业达成协议约定信息互通共享

B. 奇能公司收购某电子板公司30%的股份，成为其第二大股东，取得其控制权

C. 奇能公司收购旗下控股子公司的股份达到80%

D. 电霸公司享有奇能公司52%表决权的股份，享有天霸公司55%表决权的股份，奇能公司收购天霸公司的股份达到70%

12. 某校研究生陈某下课后发现电梯人多拥挤便选择走楼梯，在下楼过程中由于陈某专注玩手机失足摔倒，造成擦伤和中度脑震荡。关于陈某的损害，下列说法正确的是？

A. 学校电梯设置不合理，负全部责任

B. 学校未尽到安全保障义务，负全部责任

C. 学校和陈某均有过错，各负一半责任

D. 陈某自身玩手机疏忽造成，自身负全部责任

13. 刘某因买卖合同纠纷向法院起诉，要求被告冯某履行合同并承担违约责任。法院按照普通程序审理该案件，决定由法官张某和人民陪审员乔某、吉某组成合议庭，张某任审判长。刘某得知陪审员乔某是被告的表弟，便要求其回避，但回避申请被张法官当场拒绝。法庭审理后作出判决，原告不服判决，提起上诉。关于本案，下列说法正确的是：

A. 刘某申请回避理由成立

B. 乔某作为人民陪审员，其是否应当回避审判长有权决定

C. 对法院作出的决定不服的，刘某可以提出上诉

D. 发回重审后，应当由组成新的合议庭进行审理，且合议庭组成人员中不得有人民陪审员

14. 张三在寝室复习法考考试，隔壁寝室的学生李四、王五到张三寝室强烈要求张三打开电视观看世界杯，张三照办。由于质量问题，电视机突然爆炸，张三、李四和王五三人均受重伤。关于三人遭受的损害，下列哪一选项是正确的？

A. 张三可要求电视机的销售者承担赔偿责任

B. 张三可要求李四、王五承担损害赔偿责任

C. 张三、李四无权要求电视机的销售者承担赔偿责任

D. 张三、李四有权要求王五承担损害赔偿责任

15. 某大学在未设围栏的露天篮球场

举办篮球比赛，拾荒老妇詹某为抄近道横穿球场，篮球队员马某专心比赛快速奔跑不慎撞倒詹某，致詹某头部受伤。关于詹某的人身损害，下列哪一选项是正确？

A. 应由马某承担部分赔偿

B. 应由某大学承担全部赔偿责任

C. 应由马某承担全部赔偿责任

D. 应由詹某自担损失

16. 甲公司取得了规划许可证在某工业园建一仓库，当地城乡规划主管部门在巡查时发现，甲公司为了存放货物私自在仓库边挖一地下室，并在仓库楼顶搭设了工人居住的临时工棚。根据城乡规划法，下列哪一说法是正确的是？

A. 甲公司可补办该工棚的临时建设规划许可证

B. 甲公司可补办该地下室的规划许可证

C. 规划主管部门可以责令限期拆除临时工棚并处以不超过建造成本的罚款

D. 规划主管部门可以责成有关部门填埋地下室

17. 甲、乙、丙、丁、戊五人是昌盛有限公司股东，其中甲持有公司股权比例为1%；乙持有公司股权比例为2%；丙持有公司股权比例为17%，但丙与好友赵某签订了股权代持协议，约定由好友赵某实际出资，享受投资收益；丁持有公司股权比例为30%；戊持有公司股权比例为50%，且担任公司董事长。公司章程规定，持股比例低于5%的股东不得查阅公司会计账簿。对此，下列说法正确的是？

A. 甲无权查阅公司会计账簿

B. 丙无权查阅公司会计账簿

C. 赵某无权查阅公司会计账簿

D. 丁有权查阅并复制公司会计账簿

18. 2015年5月10日甲公司与方某签订房屋买卖合同，约定："2016年5月10日办理房屋过户登记手续，房屋价款分2次付清"。2015年6月10日，甲公司将该套房屋再次以400万元出卖给韩某，双方约定2016年5月6日交房，交房后10天内办理房屋过户登记手续。2016年5月10日，甲公司未按约定与方某办理房屋过户登记手续。方某得知甲公司已于2016年5月6日将房屋交付韩某使用，遂产生纠纷。关于本案，下列哪一表述是错误的？

A. 甲公司与方某签订的房屋买卖合同系分期付款买卖合同

B. 如方某举证证明甲公司与韩某构成恶意串通，则甲公司与韩某的购房合同无效

C. 2016年5月6日后，房屋毁损、灭失的风险由韩某承担

D. 方某可以催告甲公司在3个月内办理房屋过户登记手续，逾期不履行的，方某可以解除合同

19. 国务院环保检查组至某市巡察时，发现该市频发重大环境污染案件，请问责任主体是？

A. 该市政府

B. 该市生态环境局

C. 该市市长

D. 该市生态环境局局长

20. 温某驾驶未登记的电动车回家，路上不慎撞倒黄某，致其重度颅内损伤构成五级伤残。事故发生后，双方达成赔偿协议，约定温某一次性赔偿黄某医疗费、护理费等各项损失共计8.4万元，此次事故一次性解决后了事。后黄某以欺诈为由诉请撤销该协议，并要求温某赔偿损失120万元。法院受理后，对该案进行了开庭审理，但是在庭审结束后第二天，黄某又被电动车撞倒，当场死亡。法院查明，

黄某只有唯一一个继承人黄小明，现黄小明下落不明。法院应该如何处理？

A. 裁定撤诉

B. 裁定中止诉讼

C. 根据庭审情况直接作出判决

D. 裁定终止诉讼

21. 甲公司为支付向乙有限公司采购商品的款项，向乙开具一张金额为 100 万元的银行承兑汇票，并向丙银行办理了承兑。2018 年 6 月乙又将该票据背书给丁公司，2018 年 7 月丁公司办公楼失火，该张票据被烧毁灭失，仅剩其留档复印件。甲公司、乙公司均在该复印件上签章，以证明彼此间的交易情况。对此，下列说法正确的是？

A. 丙银行无须承担票据责任

B. 丁公司向丙银行出具票据复印件提示付款，丙银行应当无条件付款

C. 丁公司可凭票据复印件向乙公司主张票据权利

D. 丁公司可凭票据复印件向甲公司主张票据权利

22. 周某（男）与张某（女）婚后因感情纠纷，诉至法院，请求离婚。诉讼中双方达成调解协议：约定两个孩子由女方抚养，两套房屋均归女方所有，男方每月支付抚养费 1 万元，法院依据调解协议制作调解书送达给双方当事人。张某发现法院调解书上关于房屋部分的内容错误，将调解协议中约定都归她所有的两套房屋写成了周某和张某一人一套，遂提出异议。关于本案，下列说法正确的有：

A. 调解书已经生效，不能提出异议，可以违反自愿原则为由申请再审

B. 调解书不生效，法院收回调解书，重新制作后再送达给双方

C. 法院审查后认为异议成立的，及时作出判决

D. 法院审查后认为异议成立的，作出裁定予以补正

23. 主营业地在广州的法国某公司雇佣了一个韩国人金某，金某的工作内容为巡回于东亚从事产品售后服务工作。后金某提出辞职，公司不允许并向广州法院起诉了金某。下列说法正确的是：

A. 如果金某是韩国来中国的留学生，则公安机关应对法国公司进行罚款处理

B. 关于该劳动合同的纠纷双方可以在一审庭审辩论终结前协商一致选择韩国法为准据法

C. 该劳动合同纠纷应该适用法国法

D. 对于该案件我国法院无管辖权，应裁定驳回法国公司的起诉

24. 甲是某有限公司的工人，2016 年 8 月 2 日，甲因工伤住院治疗，久治未愈，期间医疗费用、护理费等一直由该公司垫付。2017 年 9 月，该公司向甲支付 10 万元赔偿金后便不再垫付其后续的医疗费用。甲认为公司支付的赔偿金额过低，于 2017 年 10 月向法院提起诉讼，要求该公司支付医疗费、护理费、伤残补助金等共计 20 万元。2017 年 11 月，该公司经营不善，法院裁定受理其破产申请。对此，下列说法正确的是？

A. 管理人可以要求甲返还医疗费

B. 对于该公司向甲支付的赔偿金，管理人可向法院申请予以撤销

C. 甲经过申报债权后，有权参加债权人会议

D. 法院裁定受理某公司破产申请后，甲提起的诉讼应当中止审理

25. 中国甲公司从意大利乙公司进口珠宝饰品，签订买卖合同约定由卖方负责安排航空运输。意大利乙公司委托航空货

运代理人在意大利安排丙航运公司运输，后因飞行故障丙公司飞机在航空站外降落，导致货物受损。根据《华沙公约》《蒙特利尔公约》和《1980年联合国货物买卖公约》，下列说法正确的是？

A. 若合同中有质量保证条款，则货损应由卖方负责

B. 航空运单不是物权凭证

C. 因货物于航空站外降落发生损害，丙航空公司可免除责任

D. 乙公司有义务为该批货物投保商业保险

26. 杨某为全家人投保了人身保险同时也为全部家庭财产投保了财产险，在两份保险合同的存续期间，保险公司在下列哪项情况下不享有解除保险合同的权利？

A. 杨某全家的人身保险合同中都是约定采用分期交纳保险费的方式，但是杨某在支付首期保险费后已超过合同约定的期限2年半未缴纳第2期的保险费的

B. 杨某的房屋在保险合同成立后，由于周边环境的改变，出现危险程度显著增加的情形

C. 财产保险中保险事故发生后杨某不积极进行施救的

D. 人身保险中杨某为其母亲申报的年龄不真实，合同成立3个月后保险公司发现被保险人杨某的母亲的真实年龄不符合合同约定的年龄限制

27. 2018年春节前夕，孟某的妻子刘某收拾房间时发现一件孟某穿了5年的旧大衣。刘某欲购买一件新衣服给孟某，遂将孟某的旧大衣扔到楼下的垃圾箱里。第二天，孟某问妻子刘某自己的大衣为何不见了。刘某说已经扔掉啦。孟某说："大衣里价值27 500元的欧米茄手表拿出来了么?"。刘某说没有。经查，该大衣连同手表被同小区捡拾垃圾的徐老太捡走。关于本案，下列哪一说法是正确的？

A. 刘某将孟某大衣扔掉的行为属于事实行为

B. 大衣属于遗失物，徐老太应当返还

C. 手表属于无主物，徐老太可以先占

D. 徐老太应当返还手表，但大衣可以先占

28. 2015年10月1日，甲将自己的房屋以350万元卖给乙，双方约定2016年1月1日办理过户登记手续。同时，为了在办理房屋登记时避税，将实际成交价写为150万元。2015年11月1日，乙将该房屋以400万元卖给丙，双方签订了书面房屋买卖合同，约定2016年2月1日办理过户登记手续。2015年12月1日，甲乙签订的房屋买卖合同被认定为无效。关于本案，下列哪一说法是错误的？

A. 丙以乙在缔约时对房屋没有所有权为由主张房屋买卖合同无效，法院不予支持

B. 乙丙的房屋买卖合同有效

C. 丙可以要求乙继续履行合同

D. 丙可以解除与乙的房屋买卖合同并主张损害赔偿

29. 成顺公司的股东胡某是公司的大股东和法定代表人，2018年12月，胡某召集股东会商议收购力耀公司的股权事宜，此次股东会没有通知持有公司百分之一股权的小股东郑某。胡某提议转让成顺公司的一块土地使用权给力耀公司作为受让股权的对价，在胡某操作下，股东会通过该决议并让秘书代替郑某签字，郑某知道后坚决不同意，诉至法院，该股东会决议效力如何？

A. 该股东会决议无效

B. 该股东会决议可撤销

C. 该股东会决议有效

D. 该股东会决议不成立

30. S市（直辖市）A区的甲公司与S市B区的乙公司签订一份包含仲裁条款的室内装修合同，双方约定如果产生争议，均提交S市C区仲裁委员会仲裁。合同签订后，甲公司被并入S市D区的丙公司。丙公司完成室内装修任务后，乙公司认为其装修风格不符合自己的要求，拒绝支付部分装修费。关于本案纠纷，下列解决办法说法正确的是：

A. 丙公司可以和乙公司双方自行协商达成和解协议

B. 双方应当依据合同的约定通过仲裁的方式解决

C. 因变更主体，该仲裁协议无效，双方应当通过诉讼解决

D. 因该案属于专属管辖，仲裁协议无效，双方应当向B区法院诉讼解决

31. 美国博顿公司2018年2月1号在我国政府举办的净水器国际展览会上首次在净水器上使用“蓝天”商标，中国的蓝天公司于同一天独立研发出相同的净水器并使用“蓝天”作为商标。博顿公司于2018年7月1号上午向我国商标局申请注册“蓝天”商标并主张优先权。蓝天公司于2018年7月1号下午向商标局申请注册“蓝天”商标。关于该商标权的归属下列说法正确的是？

A. 博顿公司应获得“蓝天”商标，因为其享有优先权

B. 博顿公司应获得“蓝天”商标，因为其申请在先

C. 蓝天公司应获得“蓝天”商标，因为其使用在先

D. 应由博顿公司和蓝天公司协商，协商不成的，抽签决定

32. 2018年3月2日，苏某为了庆祝自己和其他作者合著的新书大卖，邀请其他作者一起前往海河大饭店聚餐。前往饭店前，苏某在海鲜市场张某处购买了一只大海螺。后交给海河大饭店加工，厨师何某剥开发现海螺里有一颗橙色的椭圆形大珍珠。请问：珍珠归谁所有？

A. 苏某

B. 张某

C. 海河大饭店

D. 何某

33. 王某与吴某是同学关系。2010年2月王某因结婚需要购买住房向吴某借款20 000元，口头约定年底归还。后无力偿还借款。吴某在多次催讨无果的情况下，于2012年2月7日诉诸法院。2月28日开庭时，王某辩称此前已还了10 000元借款，但未向法庭提供证据。在调解未果的情况下，法庭电子邮件通知双方决定于2012年3月8日就该案进行宣判。王某因事无法走开，委托其妻子到庭代为签收判决书。宣判之日，王某妻子发现判决王某败诉，并没对10 000元还款事实予以认定，当即表示不认可判决结果，并拒绝在送达回证上签字。审判人员、书记员在送达回证上注明了送达情况并签名。关于本案的送达方式，下列说法正确的是：

A. 构成留置送达

B. 构成直接送达

C. 构成委托送达

D. 构成电子送达

34. 黄东创作了乐曲《春天》，由吉他手陈西演奏。黄东私自将吉他演奏曲专有使用权许可给甲公司，甲公司将乐曲上传到了其公司的音乐平台，并创设了账户认证。未经注册付费，不能访问该音乐平台。乙公司开发了智能玩具狗，指使公司员工

张南，利用技术手段避开甲公司的账户认证，下载了包括《春天》在内的一些乐曲，并植入在玩具狗内。李北为儿子购买了该玩具狗，只要按下跳舞键，玩具狗就能随着音乐跳舞并播放《春天》这首歌。下列说法正确的是？

A. 乙公司侵犯了陈西的表演者权

B. 甲公司侵犯了黄东的技术措施权

C. 李北侵犯了黄东的表演权

D. 张南对甲公司承担侵权责任

35. 甲公司的一名金牌销售人员出国培训造成人手短缺，销售压力巨大。甲公司决定请求乙公司派遣一名员工协助分担销售工作。乙公司派遣小李到甲公司工作，但乙公司没有为小李缴纳工伤保险费，小李在一次接客户的途中发生交通事故。下列有关说法正确的是？

A. 小李可以就任甲公司销售经理

B. 小李在甲公司的业绩很差，经过甲公司就业培训后仍然不见起色，甲公司有权将小李退回

C. 因为乙公司没有为小李缴纳工伤保险费，小李不能享受工伤保险待遇

D. 小李在获得工伤保险待遇后不可向肇事司机索赔

36. 根据我国法律规定，关于法人成立，下列哪一说法是正确的？

A. 事业单位法人均从登记之日起具有法人资格

B. 社会团体法人均从成立之日起具有法人资格

C. 捐助法人均从登记之日起取得法人资格

D. 有独立经费的机关法人从登记之日起具有法人资格

37. 金某祖上为清朝八旗贵胄，家中有一块祖传清代玉佩。当地恶霸孟某甚是喜爱，多次上门求购，均被金某拒绝。2015 年 2 月 1 日，孟某手下曹某带着二十名小弟再次来到金某家中，扬言：“三日内不将玉佩卖给孟某，小心金某在某高中上学的女儿”。金某心生恐惧，次日主动以 5 万元出售给不知情的孟某。2017 年 3 月 2 日，女儿留学德国，金某再无后顾之忧，于 3 月 10 日向法院起诉要求撤销玉佩买卖合同。经查，玉佩实为赝品，市值仅 300 元，金某对此不知情。孟某此时方知自己购买的玉佩乃赝品。关于本案，下列哪一说法是正确的？

A. 因孟某不知曹某胁迫金某一事，金某无权请求撤销与孟某的玉佩买卖合同

B. 孟某基于金某欺诈为由撤销玉佩买卖合同的，法院应予支持

C. 金某基于受胁迫撤销玉佩买卖合同的权利因超过 1 年除斥期间而不予支持

D. 孟某基于重大误解撤销玉佩买卖合同的权利至 2017 年 6 月 10 日届满

38. 甲国多家出口企业在乙国被终裁具有倾销行为，并征收了反倾销税，现这些出口企业欲进行相关法律救济，已知甲乙两国均为 WTO 成员方，那么以下说法错误的有：

A. 甲国出口企业可以在乙国提起对乙国政府征税行为的行政诉讼

B. 甲国政府可以直接向乙国政府提起外交保护

C. 甲国政府可以在 WTO 起诉乙国政府违反其承担的 WTO 的相关义务

D. 如果乙国政府在 WTO 被裁决败诉，WTO 有权责令乙国修改其本国的法律或相应的反倾销措施

39. 经常居住在天津的德国公民托马斯家中失窃，名画丢失，该画后被中国公民李伟在韩国艺术品市场购得，得知李伟

将画带回中国并委托拍卖公司在天津拍卖后，托马斯欲通过诉讼途径索回该画作。根据我国《法律适用法》，关于本案下列哪一说法是正确的？

A. 托马斯的诉讼行为能力应适用德国法来判断

B. 关于该画作的物权问题，当事双方应当在与案件有实际联系的德国法、中国法以及韩国法中进行选择

C. 关于该画作的物权问题，当事双方不能就准据法的选择达成一致时，应适用韩国法

D. 关于该画作的物权问题，当事双方不能就准据法的选择达成一致时，应适用法院地法中国法

40. 甲为妻子乙投保了以其死亡为给付保险金条件的人身保险，并指定其子小甲为受益人。甲投保时并未征得乙同意，但在后来保险公司回访时，乙称对于保险合同的内容已知情且对保险金额予以认可。2017 年甲与乙离婚，小甲由乙抚养。2017 年 12 月，在一次交通事故中，乙与小甲死亡，且不能确定死亡先后顺序。对此，下列说法正确的是？

A. 保险合同有效，保险金归甲所有

B. 保险合同有效，保险金归小甲的继承人

C. 保险合同有效，保险金归乙的继承人

D. 因投保时未征得乙同意，故该保险合同无效，保险公司无须赔偿

41. 甲、乙因一幅字画所有权问题产生争议，甲主张该幅字画属于自己所有，起诉要求乙返还该幅字画。A 市 B 县法院判决乙交付字画给甲，双方均未提起上诉。后因乙拒不履行判决义务，甲申请强制执行。执行过程中，丙向法院提出异议，主张该字画的所有权，法院经审查驳回了其异议。丙遂向 A 市中级法院申请再审，A 市中级法院在再审中发现该字画实为甲和丙共同所有。关于 A 市中级法院的做法，下列选项中正确的有？

A. 应当进行调解，调解不成的，再审审理后直接作出判决

B. 应当进行调解，调解不成的，驳回丙再审申请，告知其提起执行异议之诉

C. 应当进行调解，调解不成的，驳回其诉讼请求，告知丙另行起诉

D. 应当进行调解，调解不成的，裁定撤销原判决，发回重审

42. 曹某、孟某、刘某三人是司法考试的培训老师，利用业余时间共同完成一幅绘画作品《从头再来》，他们的好朋友李某提供了一些创作上的建议，并提出在署名的时候最好把自己的名字署上，这样可以利用自己的知名度提高作品的影响力，曹某、孟某、刘某三人一致同意。孟某提议要把这个作品公开发表，曹某说最好还是低调一些，自己欣赏就可以了，刘某则不置可否。孟某不顾曹某的反对把作品在招生现场进行了展览，结果被现场咨询报班的学员岳云鹏看中，出价 10 000 元予以购买，曹某、孟某、刘某三人均表示同意。岳云鹏购买后随即拍照在微博上进行发布，一时引起热议。请问下列说法正确的是：

A. 李某对作品的完成提出了建议，应是作者

B. 曹某、孟某、刘某三人同意李某在作品上署名，李某也表示同意，该署名行为合法

C. 孟某不顾曹某的反对把该画发表的做法合法

D. 岳云鹏购买后随即拍照在微博上进行发布的行为合法

43. 博纳影业将许某编写的剧本《中国机长》拍摄成电影，赢得了很好的票房和口碑。甲公司经授权获得该电影的网络转播权，某电视台未经许可，截取30秒的电影情节，用于该电视台的电影推荐栏目，下列有关说法正确的是?

A. 甲公司应同时征得许某和博纳影业许可

B. 电视台侵犯了博纳影业的著作权

C. 电视台侵犯了许某的著作权

D. 电视台没有侵犯著作权

44. 王某和某一公司打官司，被气得脑梗。变成植物人。针对此官司，王某的父亲老王主张撤诉，王某的老婆张某主张继续进行诉讼。法院应如何处理?

A. 裁定追加张某为原告，继续审理

B. 裁定诉讼中止

C. 裁定张某为法定代理人，由张某继续进行诉讼

D. 根据老王的申请裁定准予撤诉

45. 甲向法院申请作出支付令，支付令的内容是让乙支付欠款50万元和利息2万元。支付令作出后，乙主张自己已经偿还了30万元。关于甲的请求，下列可以得到法院支持的是

A. 要求乙归还20万元欠款和2万元利息

B. 要求乙归还20万元欠款

C. 要求乙归还2万元利息

D. 应当转为诉讼程序审理

46. 甲沾酒就倒。某日，甲去酒店参加乙的生日聚会，聚会上甲喝多了。第二天，甲醒来出酒店时，酒店前台对甲说昨晚甲在参加乙生日聚会时打碎了酒店的花瓶，让甲赔偿2000元。关于本案，以下选项正确的是?

A. 花瓶损失由乙赔偿

B. 甲因醉酒不具有民事行为能力

C. 甲因醉酒不具有民事权利能力

D. 花瓶损失由甲赔偿

47. 孙某是某手机辅助装置的实用新型专利权人，其在名为贝尔的网店发现并购买了一款侵犯其专利权的手机套，该网店经营者甲公司在该手机套的商品类别上注册了“贝尔”商标，后孙某收到的该款手机套上并无贝尔商标或其他商标，也没有生产信息，遂向法院提起侵权之诉。经查明，该手机套是乙公司生产并销售给甲公司的，甲公司向法院提供了其与乙公司的采购合同，但并未提供支付凭证和发票。对甲公司的行为，下列哪一选项是正确的?

A. 侵犯了制造权和销售权，应停止侵害并赔偿损失

B. 侵犯了销售权和许诺销售权，应停止侵害但不赔偿损失

C. 侵犯了销售权和许诺销售权，应停止损害并赔偿损失

D. 侵犯了制造权和许诺销售权，应停止损害并赔偿损失

48. 甲与乙教育培训机构就课外辅导达成协议，约定甲交费5万元，乙保证甲在接受乙的辅导后，高考分数能达到二本线。若未达到该目标，全额退费。结果甲高考成绩仅达去年二本线，与今年高考二本线尚差20分。关于乙的承诺，下列哪一表述是正确的?

A. 属于无效格式条款

B. 因显失公平而可变更

C. 因情势变更而可变更

D. 虽违背教育规律但属有效

49. 甲委托乙销售一批首饰并交付，乙经甲同意转委托给丙。丙以其名义与丁签订买卖合同，约定将这批首饰以高于市场价10%的价格卖给丁，并赠其一批箱包。

丙因此与戊签订箱包买卖合同。丙依约向丁交付首饰，但因戊不能向丙交付箱包，导致丙无法向丁交付箱包。丁拒绝向丙支付首饰款。下列哪一表述是正确的？

A. 乙的转委托行为无效

B. 丙与丁签订的买卖合同直接约束甲和丁

C. 丙应向甲披露丁，甲可以行使丙对丁的权利

D. 丙应向丁披露戊，丁可以行使丙对戊的权利

50. 某国际著名芯片G公司计划收购第三国H芯片公司，G公司的芯片在我国市场占有率约为45%，H公司在我国的芯片市场占有率约为25%。根据《反垄断法》的规定，下列哪一说法是正确的？

A. 由于G公司与H公司均为外国公司，因此该收购行为不能适用我国《反垄断法》

B. 可直接推定H公司具有市场支配地位

C. 如收购成功，可直接按市场份额认定收购后的G公司具有市场支配地位

D. 即使G公司因收购而具有市场支配地位，也并不为《反垄断法》所禁止

二、多项选择题

51. 某商业银行，为增加贷款业务量，与李某合作，李某协助该商业银行开拓联系贷款客户和办理贴息贷款业务，并在贴息中获取个人报酬。自2017年以来，李某长期使用该银行场地及柜员开展业务，经查李某是该银行离职人员。对此，下列说法正确的是？

A. 李某可以开展银行贷款业务

B. 银行与李某的合作应该遵循公平竞争原则

C. 商业银行资产的安全性与流动性呈反比关系

D. 商业银行资产的安全性与收益性呈反比关系

52. 甲公司承建某小区的开发建设，环境影响报告书已经经过市生态环境主管部门审批，甲公司为了建设地下停车场，经批准临时占用林地搁置建设材料。甲公司的停车场建设过程中因噪音过大被群众举报，经调查噪音超过了环评文件的要求。下列有关说法正确的是？

A. 甲公司可以就停车场单独进行环境影响评价并报送审批

B. 甲公司应当进行后评价

C. 甲公司占用的林地最迟应当在三年内恢复植被和林业生产条件

D. 甲公司的环评文件报省生态环境主管部门备案

53. 甲、乙是某有限责任公司股东，甲、乙分别持有公司51%和49%的股权，公司章程约定公司外部的人如果加入公司需内部股东一致同意。2018年10月甲想把持有的公司51%的股权转让给外部的第三人丙，但乙不同意，于是，甲提出只转让0.1%的股权给丙，乙便同意了甲的请求。在丙成为公司的股东后，甲于2018年12月把自己持有的剩下50.9%的公司股权也转给了丙，并且办理了股权登记证明，这时候乙出来反对。关于两次股权转让是否有效，下列说法正确的是？

A. 甲的第一次股权转让有效

B. 甲的第一次股权转让无效

C. 甲的第二次股权转让有效

D. 甲的第二次股权转让无效

54. 2017年6月，李某、张某、汪某、赵某四人共同出资成立了某有限责任公司，公司章程约定李某认缴出资400万元，其

他三人分别认缴出资200万元，出资期限为公司成立后3个月内缴足。至2017年年末，经公司多次催告，李某仍未缴纳出资。2018年1月，公司召开股东会会议，李某未出席，经张某、汪某、赵某三股东同意，最终通过了对李某除名的决议。对此，下列说法正确的是？

A. 李某系该公司重要股东，其未出席此次股东会会议，该决议无效

B. 对李某除名的决议，李某有利害关系，没有表决权，该决议有效

C. 在李某被除名的相关登记事项变更完成之前，若公司有对外债务不能清偿，李某仍需承担补充赔偿责任

D. 公司对李某除名后，应当及时办理相应的减资程序，或安排其他主体缴纳相应的出资

55. 孟某系北京市海淀区幸福小区2号楼2单元402室的业主，购买商品房后欲在自家卧室对应的外墙上安装空调外机。隔壁401业主老王认为2号楼外墙属于全楼业主共有，如孟某安装空调外机应获得全楼2/3以上业主同意并支付相应的使用费。孟某不同意，各方产生纠纷。关于本案，下列哪些说法是错误的？

A. 2号楼外墙属于全楼业主共有

B. 孟某未经其他业主同意在外墙安装空调外机的行为构成侵权

C. 孟某安装空调外机需交纳合理费用

D. 孟某有权无偿利用与其专有部分相对应的外墙面

56. 消费者曹某从某土特产超市购买了野生菇一包（售价五十元），食用后因食物中毒口吐白沫、倒地不起，被紧急送往医院抢救，花费医疗费五千元。事后查明，该野生菇由当地企业蘑菇世家生产，因不符合食品安全标准，已多次发生消费者食物中毒事件。关于本案的责任承担，下列说法正确的是？

A. 土特产超市发现食品安全事故后，可以立即停止销售，召回已经销售野生菇的食品

B. 如果曹某要求土特产超市赔偿，该超市有权以无过错为由拒绝赔偿

C. 曹某有权获得最高1.5万元的惩罚性赔偿金

D. 若生产企业财产不足以同时支付行政罚款和民事赔偿，应当先行支付民事赔偿

57. 2015年2月，家住陕西省W县的孙某（男，51周岁，有配偶）依法收养了孤儿小丽（女，11周岁）为养女，后孙某多次对小丽实施性侵害，造成小丽先后产下两名女婴。2017年5月，当地群众向公安机关匿名举报，媒体也纷纷曝光此事。2017年8月，当地法院判决孙某构成强奸罪，判决有期徒刑3年。关于本案，下列哪些说法是错误的？

A. W县民政部门可以直接取消孙某的监护人资格

B. 孙某被人民法院取消监护资格后可以不再给付抚养费

C. 孙某出狱后，如确有悔改表现的，经其申请，人民法院可以恢复其监护人资格

D. 小丽对孙某的损害赔偿请求权的诉讼时效期间自法定代理终止之日起计算

58. 中国大象公司和非洲斑马公司订立了出口一批机电产品的合同。因目的港无直达航线，需要转船运输，合同约定了信用证支付方式。关于斑马公司申请开立的信用证，下列哪些情形属于“软条款”信用证？

A. 信用证要求保兑

B. 信用证要求提单为已装船提单

C. 信用证规定“开证行须在货物经检验合格后方可支付”

D. 信用证规定“禁止转船”，但实际上装运港至目的港无直达船只

59. 某商业银行对其资金管理作出了一系列安排，包括向各分支机构拨付相关运营资金、调整流动性比例、处分抵押物及拆入资金等资金使用行为。下列哪些行为不符合法律规定？

A. 规定本行的流动性资产余额与流动性负债余额的比例不得低于35%

B. 为扩大经营规模，拨付给各分支行的运营资金总和为总行资金的65%

C. 因行使抵押权取得的商品房，规定应当自取得之日起2年内予以处分

D. 规定可以利用拆入的资金发放固定资产贷款，但不得用于投资

60. 2017年11月16日，顾某接到某商城销售经理詹某电话，请他帮忙发送商城的销售广告，约定一条短信0.1元。后顾某在朋友的介绍下花1万元购买了伪基站设备，并驾驶面包车携带该设备在市区范围内群发广告。11月20日下午，顾某还没有拿到自己的工钱就被公安机关抓获。经查，顾某已群发短信10万条，并获取10万个手机用户信息并将该信息出卖给了一家房地产开发公司，获益1万元。关于本案，下列哪些说法是正确的？

A. 顾某和詹某之间的约定无效

B. 顾某和詹某之间的约定效力待定

C. 顾某可以请求詹某给付自己1万元报酬

D. 顾某侵害了他人对其个人信息享有的民事权益

61. 2016年，由陈某和周某共同创办了逐月有限公司，其中陈某持有公司67%的股权，并担任董事长、法定代表人。公司章程规定，只要公司可分配利润超过10万元，即向周某分配10万元，剩余部分向陈某分配。2017年公司业务不佳，税后利润提取公积金后，公司可分配利润仅为11万元。当年股东会会议中，陈某以周某业务能力差、对公司贡献少为由，主张将可分配利润全部分配给自己，不向周某分配。该决议两股东均签字，但周某注明了反对意见。据此，当年全部利润均分配给了陈某。对此，下列说法正确的是？

A. 周某可以主张该决议无效

B. 周某可以主张撤销该决议

C. 周某可以主张公司赔偿其损失

D. 周某可以主张陈某赔偿其损失

62. 甲超市与乙公司存在长期的进货关系，丙公司以其办公用房在300万元的额度范围内为甲超市在未来5个月内连续发生的货款债权提供抵押担保，并办理了抵押登记。两个月后，乙公司将其中一笔30万元的货款债权转让给丁公司，并通知了甲公司。就以上事实，下列哪些表述是不正确的？

A. 若抵押权设定前，甲超市另欠乙公司50万元债权，当事人可以约定将之纳入抵押担保的范围

B. 30万元债权转让有效，丁公司有权主张抵押权

C. 若30万元债权转让未通知甲公司，丁公司将因此而无权主张抵押权

D. 在本题所述的5个月内，丙公司不得转让其办公用房

63. 甲国A公司在乙国投资设立B公司，并就该投资项目向多边投资担保机构投保货币汇兑险。A公司的某项产品发明在甲国首次申请专利后，又在乙国提出同一主题的专利申请，同时要求获得优先权

保护。甲乙两国都是《多边投资担保机构公约》和《保护工业产权巴黎公约》的缔约国，下列哪些判断是正确的？

A. 乙国应为发展中国家

B. 乙国的外汇管制是商业风险，不属于货币汇兑险的承保范围

C. 乙国有权要求A公司委派乙国境内的本地专利代理机构申请专利

D. 即使A公司在甲国的专利申请被驳回，也不影响其在乙国申请的优先权

64. 因中国与新加坡不承认同性婚姻，经常居所同在新疆的新加坡男性公民毛毛与中国男性公民萌主到伦敦结婚。后因感情不和，毛毛与萌主欲解除婚姻关系引发争议，诉到某中国法院，并要求分割财产。关于该案，根据中国相关法律，下列哪些选项是正确的？

A. 两人在伦敦结婚的行为，属于国际私法上的法律规避

B. 因伦敦是婚姻缔结地，两人的婚姻条件应适用英国法

C. 二人的财产分割应根据夫妻财产关系法律适用规则

D. 因新疆是两人共同经常居所地，两人的结婚条件应适用中国法

65. 2017年3月2日，甲有限公司因资不抵债进入破产重整程序。乙公司因向甲公司提供商品，对甲公司享有100万元到期债权，但乙公司因业务繁忙在债权申报期间并未申报债权。2018年1月，甲公司重整计划执行完毕，全体普通债权人的清偿比例为45%。下列说法正确的是？

A. 对乙公司的债权，甲公司无须承担偿还义务

B. 对乙公司的债权，参考甲公司重整方案，按同性质债权等比例清偿

C. 乙公司的债权由甲公司全额清偿

D. 针对乙公司的债权，重整方案对乙公司也具有法律效力

66. 广东雅诗有限公司（住所地在广州）与浙江新地贸易有限公司（住所地在杭州）于2017年9月26日签订《代理经销协议》及《补充协议》，协议中双方约定如产生纠纷，提交广州仲裁委员会仲裁解决。后在合同履行过程中，浙江新地贸易公司认为广东雅诗发送的产品不符合协议的约定，于2018年2月1日向雅诗公司发出通知解除《协议》。雅诗公司认为新地公司未能按照协议计划完成销售任务，违反了协议的约定。不同意退还新地公司的50万元的保证金。新地公司向广州仲裁委员会提出仲裁申请，广州仲裁委员会作出仲裁裁决，支持新地公司请求。雅诗公司向法院申请撤销仲裁。关于本案，下列说法正确的是：

A. 雅诗公司应当向广州市中院或者杭州市中院申请撤销仲裁裁决

B. 如中院认定不应撤销仲裁裁决，可以直接作出裁定

C. 如中院认定应当撤销仲裁裁决，应当向高院报核，以高院审核意见为准作出裁定

D. 如中院认定应当撤销仲裁裁决，应当向高院报核，高院拟同意的，应当向最高院报核

67. 贾某因家里突发急事、急需用钱，向好友艾某借了30万元，并承诺下月还钱，因是朋友关系，再加上很快就会归还，艾某也就没有让贾某打借条。过了半年之后，贾某仍未归还该笔欠款。正好赶上艾某家里有事用钱，就打电话给贾某尽快还钱。电话中，艾某要求贾某归还欠款30万，并要求贾某支付逾期利息3000元。贾某承认借款30万元，但请求艾某免除利

息。后双方没有协商成功，艾某向法院起诉，要求贾某归还欠款及支付利息。艾某将其与贾某打电话时私下偷录的电话录音，剪辑之后提交给了法院。关于本案证据的认定，下列说法错误的是：

A. 电话录音没有经过对方同意，不能作为证据使用

B. 电话录音虽然没有经过对方同意，依然可以作为证据使用

C. 电话录音经过了剪辑，存有疑点，不能作为证据使用

D. 贾某对借款事实的承认构成了自认

68. 甲国公民汉斯是因公务来华的外国人，在北京居住满两年。根据中国法律和司法实践，下列说法正确的是？

A. 若汉斯有尚未了结的民事案件，边检机关可限制其出境

B. 汉斯的经常居住地是北京

C. 若汉斯利用假期在语言学校兼职授课，则属于非法就业

D. 若汉斯和中国公民王某在北京生育一子，则其子具有中国国籍

69. 孙新和孙立系双胞胎兄弟，2017年3月10日，弟弟孙立拿着哥哥孙新的身份证与哥哥的女友韩孟前往民政部门办理了结婚登记手续。4月2日，哥哥孙新因病前往医院治疗，住院期间爱上了照顾自己的小护士马冬梅，二人欲办理结婚登记手续。关于本案，下列哪些说法是错误的？

A. 韩孟可以向法院提起民事诉讼主张撤销婚姻

B. 孙新可以向法院提起民事诉讼主张撤销婚姻

C. 法院应当宣告孙立和韩孟的婚姻无效

D. 韩孟可以向法院提起行政诉讼

70. 中国甲公司与某国乙公司签订一项买卖合同，合同中约定了仲裁条款，为保障付款，甲公司向中国银行申请开立了以乙公司为受益人的独立保函，后因该保函履行引发纠纷，乙公司将中国银行诉至某人民法院。根据中国相关法律和司法解释，下列说法正确的有？

A. 本案可以向中国银行住所地法院提起诉讼

B. 买卖合同中的仲裁条款可以排除法院对本案保函纠纷的管辖权

C. 中国银行可以乙公司根本违反买卖合同为由，拒绝向其付款

D. 中国银行主张该案适用中国担保法关于一般保证的规定，法院不应支持

71. 2018年1月，甲、乙、丙三人共同发起设立了新川面馆有限公司，甲持股比例为30%，乙持股比例为60%，丙持股比例为10%。其中，乙至今未按约定履行出资义务，并且由乙担任公司法定代表人，丙担任公司唯一的监事。2018年7月，乙违规决议新川面馆公司为其本人提供担保，因此给公司造成损失100万元，而公司并未向其主张责任。下列说法正确的是？

A. 甲有权提议召开临时股东会会议变更法定代表人

B. 甲有权直接要求乙向公司履行出资义务

C. 甲有权直接要求乙赔偿其股权价值下降的损失

D. 甲有权提起代表诉讼，要求乙向自己承担赔偿责任

72. 小学生小刘（12周岁）邀请好友小崔（10周岁）和小冯（11周岁）前往学校旁的饭店吃饭。席间，小崔和小冯醉酒后因口角发生打斗。饭店老板孟某未上前制止。结果小冯将小崔打伤，花去医药费2000元。关于本案，下列哪些说法是正

确的？

A. 小刘的父母应承担相应的赔偿责任

B. 小冯的父母应承担赔偿责任

C. 饭店应在其过错范围内承担相应的赔偿责任

D. 小冯的父母和饭店应承担连带责任

73. 徐某和张某离婚，育有一子小徐9岁，由徐某抚养。后徐某经常殴打小徐，且将祖父母赠送给小徐的一只玉佩用于赌博并将其输掉。关于本案，下列哪些说法是正确的？

A. 张某有权向法院提起诉讼撤销徐某的监护人资格

B. 徐某应对小徐进行赔偿

C. 小徐向徐某主张损害赔偿的诉讼时效期间自年满18周岁之日起计算

D. 小徐生活的抚养费，不适用诉讼时效规定

74. 乔某是九环公司分公司负责人，因个人经商，欠郑某一千万。郑某要求在欠条保证人一栏中，加盖九环公司分公司单位印章。乔某称，自己的授权范围不足如此，且出示了相关授权文件证明，但郑某坚持加盖印章，乔某最终答应。关于本案，下列说法正确的有？

A. 乔某的行为属于表见代理

B. 九环公司应承担保证责任

C. 乔某行为构成无权代理

D. 九环公司不承担保证责任

75. 陈某与肖某系夫妻。婚后两人共同购买了一套房屋，登记在陈某名下。2019年2月3日，陈某找来老相好蔡某，以夫妻名义做了一张假结婚证和蔡某一起将房屋过户给不知情的秦某。妻子肖某发现后，要求撤销合同。关于本案，下列说法正确的有？

A. 虽然房屋登记在陈某名下，但依然系陈某和肖某共同共有

B. 肖某有权请求撤销房屋买卖合同

C. 秦某有权主张善意取得房屋所有权

D. 肖某有权请求蔡某赔偿损失

76. 于某因公司周转向汪海银行借款50万元，姜某做连带保证人。两个月后又追加借款20万元。告知姜某，姜某未置可否。关于姜某的保证责任说法正确的是？

A. 姜某可以向汪海银行行使先诉抗辩权

B. 于某对汪海银行的抗辩权，姜某也可以对银行主张

C. 姜某应为于某70万元承担保证责任

D. 姜某应为于某50万元承担担保责任

77. 关羽和定居美国的张飞系多年未见的好友。某日，张飞来到关羽家中做客，看见关羽的妻子秦莉怀有身孕，便指着秦莉的肚子说："如果孩子出生，就送十万元给孩子"。关羽为感谢张飞，当即决定给孩子取名为"关小飞"。后孩子顺利出生，张飞回美国并未履行诺言。关于本案，下列说法正确的有？

A. 赠与合同的受赠人为关小飞，而非关羽

B. 关小飞出生前，赠与合同成立并生效

C. 关小飞出生后，赠与合同生效

D. 张飞有权行使任意撤销权

78. 乐途公司生产新型电动车，2018年经营良好，销售额达1亿元，获利润1000万，同年，乐途公司支出如下：①购买原材料5000万；②以融资租赁方式租出厂房的折旧费100万；③补缴上年度所欠的企业所得税100万；④向贫困地区捐赠扶贫资金100万；⑤设备租赁费500万；

⑥明星演唱会赞助 100 万元；⑦支付专利使用费 1000 万元。哪些可以在 2018 年度纳税所得额中扣除？

A. ④⑦

B. ①⑤

C. ③⑤

D. ②⑥

79. 柳某欲出租房屋，于 2016 年 5 月与孟某签订合同 A，租期 1 年，孟某随即入住。2016 年 9 月柳某又与马某签订合同 B，租期 1 年，柳某与马某办理了备案登记手续。请问下列哪些选项是正确的？

A. 孟某因合法占有而具有优先权

B. A 合同虽然未经备案登记，但仍然有效

C. A 合同因成立在先而有优先权

D. B 合同因备案而具有优先权

80. H 地的刘某创作了歌曲《沙漠骆驼》，B 地的罗某、展某未经过刘某同意演唱了该首歌曲，一炮而红，并计划在 C 地开演唱会。刘某拟申请诉前禁令，关于本案，下列说法错误的有：

A. 刘某可以向 H 地、B 地、C 地法院申请诉前禁令

B. 刘某应在申请诉前禁令后的 30 天内去提起诉讼

C. 刘某申请诉前禁令时应当提供担保，且应当提供相当于请求保全数额的担保

D. 罗某、展某可在收到保全裁定之日起 5 日内提出异议，收到异议后，法院应当撤销原裁定，禁止令失效。

81. 如梦公司成立于 2015 年，股东是常记公司以及张溪亭、王日暮。章程规定公司的注册资本是 1000 万元，三个股东的持股比例是 5：3：2；各股东应当在公司成立时一次性缴清全部出资。常记公司将之前归其所有的某公司的净资产经会计师事务所评估后作价 500 万元用于出资，这部分资产实际交付给如梦公司使用；张溪亭和王日暮以货币出资，公司成立时张溪亭实际支付了 100 万元，王日暮实际支付了 50 万元。关于各位股东的出资，下列说法正确的是？

A. 常记公司履行了自己的出资义务

B. 张溪亭和王日暮没有完全履行自己的出资义务

C. 张溪亭和王日暮应当承担继续履行出资义务及违约责任

D. 如张溪亭和王日暮没有完全履行自己的出资义务，常记公司无须承担连带责任

82. 关于电影作品、职务作品、委托作品的著作权，下列说法正确的是？

A. 电影《流浪地球》著作权由制片者享有，但编剧享有署名权

B.《流浪地球》电影剧本的作者大刘有权单独行使其著作权

C. 如《流浪地球》属于职务作品，作品完成 2 年内，未经单位同意，大刘不得许可第三人使用该作品

D. 如《流浪地球》属于受委托创作的作品，著作权属于大刘

83. 蜿蜒公司从甲省承包一条高速公路的修建工程，该高速公路横跨甲乙两省，环境影响评价文件已经审批，准备开工时发现该公路需要延长到丙省。关于该公司的环评文件报批的相关事宜，下列说法正确的是？

A. 该公路的环境影响评价文件应由丙省的生态环境主管部门审批

B. 在原环境影响评价文件上做相应补充由丙省的生态环境主管部门审批

C. 未经生态环境主管部门审批环评文

件该公路不得开工建设

D. 应对此公路项目重新进行环境影响评价

84. 甲（男）系某快递公司的员工。2019年2月2日，甲驾驶机动车送快递过程中不慎剐蹭人行道上一老人曹某，致其受伤骨折。交警认定甲负全责。但经鉴定，老人曹某患有骨质疏松，对损害的发生参与度为70%。关于赔偿责任，下列表述正确的是？

A. 并不减轻快递公司的责任

B. 甲应当承担部分赔偿责任

C. 甲承担全部责任

D. 老人曹某不承担责任

85. 甲在妻子乙病故后性情日益暴躁，时常对独生儿子丙（8岁）虐待、体罚。因丙期末考试成绩不理想，甲酒后暴打丙致丙轻伤，甲因此被判有期徒刑1年，缓刑3年。下列选项正确的是？

A. 丙的祖父有权申请人民法院撤销甲的监护资格

B. 若甲的监护资格被撤销，丙仍有权请求甲支付抚养费

C. 若甲的监护资格被撤销后，丙的监护人确定前，人民法院可以指定丙住所地的居民委员会担任丙的临时监护人

D. 若甲的监护资格被撤销后，确有悔改表现，经甲申请，人民法院可以在尊重丙真实意愿的前提下，恢复甲的监护人资格

三、不定项选择

86. 甲向乙银行借款500万元，借期2年，丙、丁为保证人，约定承担连带责任保证，但未约定保证范围。戊、己分别以各自房屋向乙银行设定抵押并办理了抵押登记手续。其中，保证人丙要求债务人甲为其提供反担保，甲找到朋友庚为丙作保证。保证人丁亦要求债务人甲提供反担保，甲将自己的房屋1套为丁设定抵押，但未办理抵押登记手续。

请回答第1~3题

86-1. 关于甲、丙、丁关系的表述正确的是？

A. 如甲到期依约向乙银行清偿了借款，甲为丙设定的反担保继续有效

B. 如甲到期不能还款，乙银行可以选择甲、丙、丁中的任意一人要求承担责任

C. 如丙清偿了500万元债务，可以向甲、丁各自追偿250万元

D. 如丁清偿了500万元债务，可以向甲追偿，亦可向丙追偿

86-2. 关于甲、戊、己关系的表述错误的是？

A. 乙银行不能要求甲、戊、己承担连带责任

B. 乙银行可以就戊或者己的房产行使抵押权

C. 如戊承担担保责任后，应当先向甲追偿，不足部分要求己分担责任

D. 如甲将全部债务转让给好友辛，未经戊和己的书面同意，戊和己不再承担担保责任

86-3. 如乙银行的债务已过诉讼时效期间，下列哪些说法是正确的？

A. 如乙银行要求保证人丙承担保证责任的，保证人可以行使先诉抗辩权

B. 如乙银行要求保证人丁承担保证责任的，保证人丁可以行使诉讼时效抗辩权

C. 如乙银行要求抵押人戊承担担保责任的，戊无权拒绝

D. 如乙银行要求反担保人庚承担责任的，庚无权拒绝

87. 甲、乙、丙共同出资1亿元设立

某有限责任公司，后公司收益颇丰，净资产达到1.7亿元，三人欲将公司转为股份公司为将来公司上市做准备，下列说法正确的是？

A. 如变更后股份有限公司注册资本为2亿元，则所增加的注册资本可以由甲、乙、丙三人认购

B. 变更后股份公司注册资本为2亿元，则所增加的注册资本可向社会公开募集，但不能定向募集

C. 如变更后股份公司注册资本为1.7亿元，则公司不必另行办理增资程序

D. 变更后发现原公司净资产计算有误，漏记了一笔1000万元的对外债务，则此差额的补足责任由甲、乙、丙三人连带承担

88. 2015年，甲、乙、丙三人设立新川面馆（普通合伙企业）。随着业务扩展，合伙企业拟聘任谭某担任经理。下列说法正确的是？

A. 聘任谭某需经全体合伙人一致同意

B. 合伙企业和经理的关系可以类推适用委托代理法律关系

C. 谭某可以在其职权范围内以合伙企业名义签订合同

D. 谭某有权决定在现有合伙企业营业范围外新增其他业务

89. 2013年2月1日乙公司向甲公司订购巴西世界杯纪念短袖T恤1万件，双方约定：乙公司合同签订一周内向甲公司交付5万元定金，任何一方违约，应向对方支付6万元违约金，乙公司应在4月5日前支付30万元首期价款，甲公司从5月1日起分批交付T恤，交付完毕后乙公司付清余款。随后，乙公司按约交付了定金。4月4日，乙公司准备按约支付首期价款，甲公司的竞争对手告知乙公司，甲公司生产经营严重恶化，将要破产。乙公司随即暂停付款，并电告甲公司暂停付款的原因，要求甲公司提供担保。甲公司告知乙公司：本公司经营正常，T恤生产原料马上准备到位，正准备安排工人从4月10日起加班生产，乙公司应尽快履行合同，否则将不交货并追究违约责任。但乙公司坚持要求甲公司提供担保，甲不同意。乙没有按期支付首期价款，并于4月7日发出通知，解除甲乙之间合同，取消交易。甲公司与乙公司签订合同后，为生产该批T恤，于2013年2月2日立即向丙公司订购所需胚布一批，要求丙公司4月8日前送至甲公司。4月8日，丙公司将甲订购的胚布交由丁运输公司运送至甲公司时，甲公司负责人表示，由于乙公司昨日取消交易，甲公司也将解除与丙公司之间的合同，故请丁送回该批胚布于丙公司。丁回程途中，遭遇泥石流，该批胚布全毁。

请回答第1~2题。

89-1. 关于甲乙之间的关系，表述正确的是？

A. 乙公司虽然在4月5日前没有支付首期价款，但不应承担违约责任

B. 甲公司4月4日电话中关于将不交货的表示构成违约

C. 甲公司拒绝提供担保，乙公司有权解除合同

D. 乙公司无权解除合同，取消交易

89-2. 关于甲乙合同中的定金和违约金，下列说法正确的是？

A. 甲公司可以没收定金，并要求乙公司支付违约金

B. 若甲公司实际损失为9万元，甲公司可以没收定金，并要求乙公司赔偿4万元损失

C. 若甲公司实际损失为9万元，甲公

司可以要求将违约金增加为 9 万，增加违约金以后，甲公司还可以请求乙公司赔偿损失

D. 若甲公司实际损失为 3 万元，乙公司以不构成违约为由进行抗辩而未主张调整过高违约金的，法院应告知乙公司可申请减少违约金

90. 甲公司与乙公司签订长期代销产品合同，2015 年至 2017 年，甲公司支付给乙公司货款 660 万，乙公司供货后开具 590 万的增值税发票。2018 年 1 月，甲公司向法院起诉要求乙公司返还差额价款 70 万元，乙公司辩称发票少开是对方同意的，但是确实给甲公司提供了价值 660 万元货物，并提供了双方 2017 年 12 月合同期限结束时的对账单，对账单写明了双方以先送货后付款的方式发生了 660 万元的业务并全部结清。甲公司辩称该对账单是传真件，是对方伪造的。关于本案，下列说法正确的是：

A. 对账单只是对账簿记录审核、对照形成的会计凭证，并不能作为证据使用

B. 该对账单是传真件，没有单位盖章，不能作为证据使用

C. 该对账单可以作为证据使用，法官可以综合案件情况对该事实进行认定

D. 该对账单是伪造的，该事实举证证明责任应该由甲公司承担

91. 某商业银行董事长张某授意该银行隐瞒亏损并提供虚假财务报告，该商业银行被吊销经营许可证后被撤销清算。在此之前，该商业银行曾因未遵守关于资产负债的比例违规发放贷款被国务院银保监会处以罚款，该罚款尚未缴纳。该商业银行被撤销清算期间，发现未缴上一年度税款，还有一笔税款因商业银行计算错误而未缴。下列相关说法正确的是？

A. 在清算时，清算组应优先清偿包含企业所得税在内的欠缴税款

B. 在该商业银行被清算期间，经国务院银保监会负责人批准，可申请司法机关禁止张某买卖商品房

C. 因计算错误未缴的税款，税务机关可要求该商业银行补缴但不能收取滞纳金

D. 在清算期间，该银行应先向国务院银保监会缴纳罚款

92. 2017 年 1 月，张某入职飞信科技有限公司，担任总经理。至 2018 年 3 月，公司一直未与其签订书面劳动合同。为方便开展业务，公司为张某配置了一辆小轿车，2018 年 10 月，张某离职并要求公司支付双倍工资，遭到拒绝。张某遂将汽车留置，公司要求其返还。对此，下列说法正确的是？

A. 张某可以留置该汽车

B. 张某应当向公司返还汽车

C. 张某有权主张 2017 年 2 月至离职之日的双倍工资

D. 张某可直接向法院主张要求公司支付双倍工资

93. 辽沈公司因不能清偿到期债务而申请破产清算。法院受理后，管理人开始受理债权人的债权申报。对此，下列哪些债权人申报的债权不属于应当受偿的破产债权？

A. 债权人甲的保证人，以其对辽沈公司的将来求偿权进行的债权申报

B. 债权人乙，以其已超过诉讼时效的债权进行的债权申报

C. 债权人丙，要求辽沈公司作为承揽人继续履行承揽合同进行的债权申报

D. 某海关，以其对辽沈公司进行处罚尚未收取的罚款进行的债权申报

94. 刘某是一个小有名气的雕刻家，

孟某喜欢收藏各种奇石。刘某借孟某收藏的一块太湖石（价值3万元）和一块汉白玉（价值1万元）把玩欣赏。后刘某在装修房屋时将太湖石镶嵌在自己家中的电视背景墙中，并将汉白玉雕刻成了柏拉图雕像（价值3万元）。对此，下列哪些说法是正确的？

A. 因太湖石已经与背景墙附合，应归刘某所有

B. 刘某应该因太湖石给予孟某补偿

C. 柏拉图雕像可以归刘某所有

D. 刘某应因柏拉图雕像给予孟某补偿

95. 甲省M市A区的李某在位于乙省N市B区的张某电商平台上购买了货物，购物条款约定发生争议由乙省N市B区法院管辖。发生纠纷后，李某向甲省M市A区法院起诉，张某以有管辖协议为由提出管辖异议，李某认为，因乙省N市已成立互联网法院，管辖协议无效。M市A区法院认为管辖异议成立，将案件移送至N市B区法院，问N市B区法院如何处理？

A. 报N市中院指定管辖

B. 逐级报最高院指定管辖

C. 退回M市A区法院

D. 将案件移送N市互联网法院

96. 根据《民法典》的规定，下列关于婚姻的消灭的有关说法正确的是？

A. 一方患有重大疾病没有如实告知对方的，另一方可以自知道或者应当知道撤销事由之日起1年内向法院提出撤销婚姻

B. 婚姻无效或者被撤销的，无过错方有权请求过错方承担损害赔偿责任

C. 自婚姻登记机关收到离婚登记申请之日起30日内，任何一方不愿意离婚的，可以向婚姻登记机关撤回离婚登记申请；30日期间届满后30日内，双方应当亲自到婚姻登记机关申请发给离婚证；未申请的，视为撤回离婚登记申请

D. 夫妻一方因抚育子女、照料老年人、协助另一方工作等负担较多义务的，离婚时有权向另一方请求补偿，另一方应当给予补偿。

97. 邹某系甲公司员工，双方未签订书面劳动合同，后邹某因工受伤，再未到公司工作，公司也未出具解除劳动合同证明。后因解除劳动合同问题，邹某提起仲裁，要求公司支付未签订劳动合同的双倍工资差额，公司不服仲裁裁决提起诉讼。下列选项说法错误的是？

A. 邹某在仲裁时，未提供由甲公司掌握管理的入职资料的，应承担不利后果

B. 邹某在诉讼中，应对提供由甲公司掌握管理的工资清单承担举证责任

C. 甲公司在仲裁时，未及时提供由其掌握管理的邹某工资清单的，应承担不利后果

D. 如甲公司系小微企业，在诉讼时就无需对解除劳动合同时间承担举证责任

98. 张三和李四争议汽车的所有权纠纷一案，法院判决归张三所有，进入执行程序后，现王五认为自己是合法所有权人，下列说法正确的是？

A. 王五提起第三人撤销之诉，并向法院提供担保，法院裁定中止执行

B. 王五提起第三人撤销之诉后，王五以案外人身份提出执行异议

C. 王五提起第三人撤销之诉，在执行中又以案外人身份提出执行异议被驳回，王五不能申请再审

D. 王五在执行中以案外人身份提出执行异议被驳回，之前未提出第三人撤销之诉的，只能申请再审，不能提第三人撤销之诉

99. 甲公司欠乙公司和丙公司债务均

无法全部偿还。甲公司名下还剩下一辆汽车和一套房屋，乙公司带着礼物去找甲公司说你干脆把房屋和汽车都抵押给我正好还我的债，不然也是被丙公司拿去了，甲公司同意后签了抵押合同。甲公司到期后无法偿还所欠债务，乙公司申请实现抵押权。关于本案，下列说法正确的有？

A. 丙公司可以主张甲乙之间的抵押合同因未登记而不发生效力

B. 丙公司可以主张甲乙之间的抵押合同无效

C. 丙公司可以主张撤销甲乙公司之间的行为

D. 汽车和房屋的所有权依然归甲公司所有

100. 甲公司起诉乙公司要求支付货款50万并支付违约金10万元，某区人民法院一审判决支持了甲公司全部诉讼请求。判决生效后，甲公司申请法院强制执行该判决，乙公司向该市中级人民法院申请再审。中院认为理由成立，裁定本案再审。在再审审理过程中，甲、乙公司达成调解协议，约定乙公司在一个月内向甲公司支付货款50万，甲公司放弃违约金的请求。该市中级人民法院依当事人的调解协议制作了调解书。后乙公司拒不履行该调解书，甲公司应当通过何种途径救济权利？

A. 申请恢复对原判决书的执行

B. 申请执行调解书

C. 法院裁定对原判决书的执行

D. 就调解协议起诉

答案速查

一、单项选择题

1. B　2. A　3. D　4. B　5. D
6. B　7. B　8. D　9. B　10. D
11. B　12. D　13. A　14. A　15. D
16. C　17. C　18. A　19. A　20. B
21. A　22. D　23. A　24. D　25. B
26. C　27. D　28. C　29. B　30. A
31. A　32. A　33. B　34. A　35. B
36. C　37. D　38. B　39. C　40. C
41. D　42. C　43. D　44. B　45. B
46. D　47. C　48. D　49. C　50. D

二、多项选择题

51. BD　52. BC　53. AC
54. BCD　55. BC　56. CD
57. ABCD　58. CD　59. BD
60. AD　61. BD　62. BCD
63. ACD　64. AD　65. BD
66. BC　67. ACD　68. CD
69. ABC　70. AD　71. AB
72. BC　73. ABD　74. CD
75. ACD　76. BD　77. ACD
78. AB　79. AB　80. ACD
81. ABC　82. AB　83. CD
84. AD　85. ABC

三、不定项选择

86.（86-1. B　86-2. AC　86-3. AB）
87. AD　88. ABC　89.（89-1. D
89-2. BD）　90. CD　91. B
92. B　93. BCD　94. ABCD
95. A　96. ABCD　97. ABD
98. ABCD　99. BCD　100. B

模拟试卷（二）

试卷一

一、单项选择题

1.《唐律疏议》规定“一准乎礼”，通过引经决狱、引礼入律的方式，将儒家道德思想贯彻到立法、司法、守法的整个过程中。从法与道德的角度来看，下列说法中错误的是哪一项？

A. 唐律的制定者认为法律必须以儒家道德为基础

B. 说明中国古代封建社会道德与法律界限模糊

C. 反映了儒家道德伦理观念对古代国家法律的重要影响

D. 是“明刑弼教”思想的表现

2. 甲一直行为古怪，甲父带甲在某省人民医院进行检查，经过检查，诊断为处于发病期的精神分裂症。一周后，甲在路上持刀将乙捅伤，某县公安机关以故意伤害罪对甲立案侦查，随后案件由某县检察院向某县法院提起公诉。某县法院依法开庭审理，法院聘请专家丁进行鉴定，鉴定意见显示甲具有刑事责任能力，下列表述正确的有？

A. 在案发前一星期某省人民医院所做精神病诊断证明属于鉴定意见

B. 在案发前一星期某省人民医院所做精神病诊断证明不得作为证据使用

C. 甲父对法院的鉴定意见有异议，聘请了有专门知识的人丙，若法院认为有必要，可以通知丙出庭对鉴定意见发表意见

D. 法院通知鉴定人丁出庭说明情况，若丁无正当理由拒不出庭，其鉴定意见不得作为定案根据

3. 出租车司机甲送孕妇乙去医院，途中乙临产，情形危急。为争取时间，甲将车开至非机动车道掉头，被交警拦截并被告知罚款。经甲解释，交警对甲未予以处罚且为其开警车引道，将乙及时送至医院。但该孕妇送至医院后，医生以病人家属未签字为由，未对孕妇施救，出租车司机欲签字，该医生以出租车司机非病人家属为由拒绝。最终，孕妇不幸身亡。对此事件，下列表述正确的是：

A. 本案中交警既进行了事实判断，也进行了价值判断

B. 交警采取了个案中的比例原则解决了本案中的价值冲突

C. 该医生根据相关法律规定，拒绝给孕妇做手术，体现非实证主义的基本观点

D. 设若病人家属及时赶到并签字，医生对孕妇进行剖腹产，则体现了法限制人们自由的伤害原则

4. 下列哪一选项的事项不可以成为公证对象？

A. 胡某请求公证员公证其于 2012 年 5 月 1 日借给涂某 1 万元，涂某予以否认，胡某

就此向法院起诉涂某，目前尚未审结

B. 廖某于2013年12月15日8时43分在医院死亡

C. 钟某设立的一份自书遗嘱

D. 某有限公司的公司章程

5. 区规划局向光明公司作出了规划许可和建设许可，许可光明公司修建职工宿舍，但光明公司在修建时，超出规划范围，多修筑了1000平方米的地下室，并在地面搭建了500平方米的工棚供职工居住，对此，行政机关应当采取哪个做法？

A. 区规划局予以强制拆除

B. 区规划局应当要求光明公司申请补发地下室规划许可证

C. 责令限期拆除并予以罚款

D. 区规划局应当要求光明公司申请补发临时建筑规划许可证

6. 某法院将扣押的车辆放在停车场，甲对该停车场的保管员乙谎称自己是法院的人，受法院的委托过来把车开走。保管员乙信以为真，并收取了甲给的保管费后，让甲把汽车开走。下列哪一说法是错误的？

A. 甲的行为构成诈骗罪，保管员乙对该车辆有处分权

B. 甲的行为成立盗窃罪，保管员乙对该车辆没有处分权

C. 如果甲是该车辆的所有权人，甲通过欺骗方式骗回自己所有的汽车的，若坚持财产罪的保护法益为财产所有权，甲的行为不成立诈骗罪

D. 如果甲是该车辆的所有权人，甲通过欺骗方式骗回自己所有的汽车的，若坚持财产罪的保护法益为财产占有权，甲的行为成立诈骗罪

7. 黄某涉嫌贩毒，而且居无定所，经常流窜作案。一次黄某在A区某宾馆进行毒品交易时，被宾馆服务员小花看见，小花偷偷用手机拍下黄某长相后向公安机关报案，下列表述正确的有？

A. 公安机关在初查时，经过公安局长批准，可以采取技术侦查措施

B. 公安机关在初查时，可以对黄某实施监听

C. 公安机关在初查时，可以对宾馆地形进行勘验

D. 公安机关在初查时，可以扣押小花的手机提取其中的黄某照片

8. 关于党的领导和社会主义法治的关系，下列说法错误的是：

A. 党的领导是中国特色社会主义最本质的特征，是社会主义法治最根本的保证

B. 必须坚持党领导立法、保证执法、支持司法、带头守法

C. 政法委员会是党委领导政法工作的组织形式，必须长期坚持

D. 党内法规应严于和高于国家法律

9. 全面推进依法治国是一个系统工程，是国家治理领域一场广泛而深刻的革命。下列关于全面依法治国的表述错误的是？

A. 中国特色社会主义道路、理论体系、制度是全面推进依法治国的根本遵循

B. 必须保证人民在党的领导下，依照法律规定通过各种途径管理国家事务

C. 必须从中国实际出发，不应借鉴国外法治的经验、理念或模式

D. 任何组织和个人都必须在宪法和法律范围内活动

10. 下列关于技术侦查的表述，正确的有？

A. 检察院可以对利用职权实施的严重侵犯公民人身权利的重大犯罪案件实施技术侦查

B. 为了追捕被通缉或者批准逮捕的在逃的犯罪嫌疑人，经过批准，公安机关可以采取追捕所必需的技术侦查措施

C. 公安机关只能对危害国家安全犯罪、恐怖活动犯罪、黑社会性质的组织犯罪、重大毒品犯罪实施技术侦查

D. 侦查人员对采取技术侦查措施获取的与案件无关的材料，应当保密

11. 立法体制是关于立法权限、立法权运行、立法权载体的体系和制度所构成的有机整体，其核心是有关立法权限的体系和制度。下列关于立法体制的说法中，错误的选项是？

A. 立法体制主要涉及立法权限的体系和制度，主要是指立法权的性质、种类及立法权和其他权力的关系等静态因素

B. 立法权运行的体系和制度，包括立法权的运行原则、过程和方式等

C. 立法权载体的体系和制度主要是指，立法主体的建制、组织原则和活动形式等。世界上主要的立法体制包括单一立法体制、复合立法体制和制衡立法体制三种类型

D. 我国现行的立法体制是单一制立法体制

12. 甲卖迷药，明知乙将使用迷药进行犯罪活动，仍然教乙迷药的使用方法等知识，乙用迷药迷倒丙后拿走了财物。后乙多次使用该迷药实施犯罪行为。关于甲的行为的定性，下列哪一说法是错误的？

A. 甲的行为成立以危险方法危害公共安全罪，因为该行为会导致乙实施不特定的犯罪

B. 甲的行为不成立以危险方法危害公共安全罪，因为出售迷药的行为不会危害公共安全

C. 乙的行为成立抢劫罪

D. 甲的行为成立抢劫罪的帮助犯，亦触犯了传授犯罪方法罪，属于想象竞合

13. 根据《村民委员会组织法》的规定，下列选项正确的是：

A. 村民委员会每届任期5年，村民委员会成员连续任职不得超过2届

B. 村委会有权审议村民会议的报告，评议村委会协助乡、民族乡、镇人民政府开展工作

C. 乡、民族乡、镇人民政府领导、支持、帮助村委会的事务，但不得干预自治事项

D. 村民委员会成员丧失行为能力的，其职务自行终止

14. 犯罪盗窃、诈骗、抢夺罪，事后使用暴力的，转化成抢劫罪（刑法第269条）。下列哪一说法是正确的？

A. 转化型抢劫罪的着手，应以前行为“盗窃、诈骗、抢夺罪”的着手为准

B. 成立刑法第269条的转化型抢劫，要求前行为“盗窃、诈骗、抢夺罪”必须达到

“数额较大”

C. 成立刑法第 269 条的转化型抢劫，要求前行为必须是盗窃罪、诈骗罪、抢夺罪，行为人实施诸如盗窃类型的犯罪，如盗伐林木罪，不能转化为抢劫罪

D. 如果没有刑法第 269 条的规定，盗窃后使用暴力抗拒抓捕的，不成立抢劫罪

15. 党的十九大报告指出，坚持全面依法治国，必须把党的领导贯彻落实到依法治国全过程和各方面，坚定不移走中国特色社会主义法治道路。关于中国特色社会主义法治道路说法正确的是？

A. 坚持党的领导，必须善于通过各级党组织直接实施党对国家和社会的领导

B. 法律规范体系只包括以宪法为核心的国家规范体系，不包括市民公约、乡规民约、行业规章、团体章程等社会规范体系

C. 人民的主体地位是中国特色社会主义的最本质特征，是社会主义法治最根本的保证

D. 必须把党领导人民制定和实施宪法法律同党坚持在宪法法律范围内活动统一起来

16. 甲乙两国建立正式外交关系数年后，因两国多次发生边境冲突，甲国宣布终止与乙国的外交关系。根据国际法相关规则，下列哪一项是正确的？

A. 甲国终止与乙国的外交关系，并不影响乙国对甲国的承认

B. 甲国终止与乙国的外交关系，表明甲国不再承认乙国作为一个国家

C. 甲国主动与乙国断交，则乙国可以撤回其对甲国作为国家的承认

D. 乙国从未正式承认甲国为国家，建立外交关系属于事实上的承认

17. 根据《宪法》和法律的规定，关于民族自治地方自治权，下列哪一表述是正确的？

A. 自治权由民族自治地方的权力机关、行政机关、审判机关和检察机关行使

B. 自治州人民政府可以制定政府规章对国务院部门规章的规定进行变通

C. 自治条例可以依照当地民族的特点对宪法、法律和行政法规的规定进行变通

D. 自治县制定的单行条例须报省级人大常委会批准后生效，并报全国人大常委会备案

18. 下列关于刑事证明责任分配理论的表述，正确的有？

A. 检察院指控被告人犯强奸罪，辩护人发现案发时被告人在外地的证据，应当向法庭承担被告人不在犯罪现场的证明责任

B. 被告人申请法庭排除自己的供述，声称遭受刑讯逼供并向法庭提供了被打掉牙的 X 光片，检察院应当向法庭承担侦查机关没有对被告人实施刑讯逼供的证明责任

C. 被告人申请法庭排除自己的供述，声称在羁押期间，侦查人员将自己带出看守所进行讯问并实施了刑讯逼供，被告人应当向法庭承担自己遭受刑讯逼供的证明责任

D. 自诉人向法院起诉被告人犯侵占罪，被告人提出被侵占的财产属于自己所有，被告人应当向法庭承担财产归自己所有的证明责任

19. 与西方议会制度相比，下列选项属于我国人民代表大会制度特点的是？

A. 两院制

B. 代表的专职制

C. 人民代表大会的全权性

D. 代表任期的限任制

20. 2018年《刑事诉讼法》增设了适用于贪污贿赂犯罪案中的缺席审判程序，对此，下列说法正确的是？

A. 是追求刑事诉讼效率的体现

B. 是刑事诉讼控审分离的例外

C. 是刑事审判具有亲历性特征

D. 是刑事审判具有终局性特征的例外

21. 关于宪法的渊源与结构，下列说法错误的是？

A. 在成文宪法国家，宪法典就是通常意义上的宪法，而在不成文宪法国家，其宪法往往体现为实质意义上的宪法性法律、宪法惯例等形式

B. 宪法惯例实质上是一种宪法和法律条文无明确规定但被普遍遵循的政治行为规范

C. 有些成文宪法国家的法院基于对宪法的解释而形成的判例也构成该国的宪法渊源

D. 我国现行宪法正文的排列顺序是：总纲、公民的基本权利和义务、国家机构以及国旗、国歌、国徽、首都、附则

22. 关于刑法解释，下列说法正确的是？

A. 将虐待罪的对象“家庭成员”解释为包括保姆在内，属于类推解释

B. 根据体系解释，传播淫秽物品罪与传播性病罪中“传播”含义一致

C. 将副乡长冒充市长招摇撞骗解释为冒充国家机关工作人员招摇撞骗，违反文理解释

D. 根据论理解释，倒卖文物罪中倒卖是指以牟利为目的，买入或者卖出国家禁止经营文物

23. 关于行政诉讼中的被告，下列说法错误的是？

A. 当事人对村民委员会或者居民委员会依据法律、法规、规章的授权履行行政管理职责的行为不服提起诉讼的，以村民委员会或者居民委员会为被告

B. 当事人对高等学校等事业单位以及律师协会、注册会计师协会等行业协会依据法律、法规、规章的授权实施的行政行为不服提起诉讼的，以该事业单位、行业协会为被告

C. 市、县级人民政府确定的房屋征收部门组织实施房屋征收与补偿工作过程中作出行政行为，被征收人不服提起诉讼的，以人民政府为被告

D. 行政机关被撤销或者职权变更，没有继续行使其职权的行政机关的，以其所属的人民政府为被告

24. 宪法根据不同的标准可划分为不同类型，对于宪法分类，下列说法正确的是？

A. 成文宪法和不成文宪法划分以是否与现实一致为标准

B. 刚性宪法是难于修改的规范性宪法

C. 成文宪法都是刚性宪法

D. 刚性宪法与柔性宪法的划分，以宪法是否通过立法来实施为标准

25. 甲准备去盗窃渔网（渔民为捕鱼设置大量渔网），渔民乙明知甲的行为，为其提供了渔船，甲利用渔船盗窃了渔网。事实上，甲盗窃的对象为乙家中的渔网。下列说法正确的是？

A. 两人构成盗窃罪既遂

B. 两人构成盗窃罪未遂

C. 甲构成既遂，乙构成未遂

D. 甲构成既遂，乙构成犯罪预备

26. 国家工作人员王某是国有银行网上银行系统管理员，掌握客户网上银行账号和密码的权限。王某为了给朋友李某公司获取资金，王某让李某以高息存款为由，吸引多名客户到王某银行存款，王某在客户存款时调换客户 U 盾，通过客户 U 盾将客户网上银行存款转移到李某账户名下，使李某非法占为己有。关于本案，下列说法正确的是？

A. 王某利用职务便利盗取银行存款，构成贪污罪

B. 王某吸引多名客户到银行存款，构成集资诈骗罪

C. 王某盗取他人银行存款，构成盗窃罪

D. 王某欺骗他人到银行存款，构成诈骗罪

27. 李某因涉嫌投放危险物质罪被某市人民检察院向某市中级人民法院提起公诉，法院在开庭审理前召开了庭前会议，李某申请法庭排除其供述。三天后，某市中级法院公开开庭审理本案。在法庭调查阶段，请对以下程序进行排序：①公诉人讯问李某；②公诉人宣读起诉书；③李某辨认公诉人提出的毒药并进行质证；④被告人申请证人出庭作证；⑤法庭宣布庭前会议中申请排除非法证据的审查情况。

A. ②①⑤③④

B. ②⑤①③④

C. ⑤②①④③

D. ②⑤①④③

28. 陈某欲得到一工程，送给非国家工作人员的刘甲 100 万元，希望其能够向管理工程的副市长刘乙（刘甲胞弟）说情。刘甲将 100 万元现金以及陈某的请求告诉刘乙，刘乙说："钱你留着，工程我会帮助的。"陈某遂获得工程。关于本案下列正确的是？

A. 刘甲和刘乙构成受贿罪的共同犯罪，陈某构成对有影响力的人行贿罪

B. 刘甲构成利用影响力受贿罪，刘乙构成受贿罪，陈某构成对有影响力的人行贿罪

C. 刘甲构成利用影响力受贿罪，刘乙不构成受贿罪，陈某构成对有影响力的人行贿罪

D. 刘甲构成受贿罪，刘乙不构成受贿罪，陈某构成行贿罪

29. 某企业被甲市乙区环保局罚款 20 万，某企业对此不服，向市环保局提起复议，甲市环保局（位于甲市丙区）改为罚款 10 万，某企业依然不服，提起诉讼，下列哪个选项是正确的？

A. 被告是乙区环保局和甲市环保局，甲市中院有管辖权

B. 被告是乙区环保局和甲市环保局，乙区法院有管辖权

C. 被告是甲市环保局，甲市中院有管辖权

D. 被告是甲市环保局，乙区法院有管辖权

30. 2022 年 3 月 11 日，全国人大修订通过的《中华人民共和国地方各级人民代表大会和地方各级人民政府组织法》规定了“协同立法”制度。关于协同立法，下列说法错误的是哪一项？

A. 省、自治区、直辖市和设区的市、自治州人大及其常委会可以开展区域协同立法

B. 经省级人大常委会批准，县级人大及其常委会可以开展区域协同立法

C. 全国人大常委会应当要加强对地方协同立法的监督和指导

D. 协同立法有助于避免地方保护主义，形成全国统一大市场

31. 汉承秦制，在继承秦代法制的基础上，汉代法律取得了较大发展。下列关于秦汉法制的说法，正确的是？

A. 秦代区分故意与过失，对于过失犯罪，不予处罚，对于共犯、累犯、教唆犯实行加重原则

B. 汉文帝、景帝改革废除了所有的肉刑

C. 亲亲得相首匿规定，亲属之间首谋藏匿犯罪一律不负刑事责任

D. “春秋决狱”强调断案时要考虑犯罪人的主观动机，若主观动机符合儒家伦理精神，即使行为构成社会危害，也不予处罚；反之，若主观动机违背儒家倡导的精神，即使没有造成严重危害后果，也要给予严惩

32. 李某涉嫌诈骗罪被某县法院判决无罪。李某没有上诉，某县检察院也没有抗诉，案件生效。一年后，某县检察院发现了李某实施诈骗的新证据，下列选项正确的是？

A. 某县检察院通知某县法院启动审判监督程序

B. 某县检察院向县法院提出检察建议，建议某县法院撤销原判

C. 某县检察院向上一级检察院提请抗诉

D. 某县检察院向县法院提出检察建议，建议某县法院改判

33. 根据我国相关法律规定，检察官可以兼任下列哪一职务？

A. 行政机关职务

B. 审判机关职务

C. 人民代表大会常务委员会委员

D. 政协委员

34. 甲乙两人合谋，甲制作假药，乙负责假冒医生，欺骗患者之后，使用该假药给病人注射（该药的售价也畸高）。经调查发现，此假药足以危害到病人健康致人重伤。关于甲、乙二人的行为，下列说法正确的是？

A. 诈骗罪与非法行医罪的想象竞合

B. 销售假药罪与生产假药罪数罪并罚

C. 生产、销售假药罪与非法行医罪并罚

D. 诈骗罪与销售假药罪想象竞合

35. 未成年人小蔡涉嫌在其父蔡某教唆下贩卖淫秽物品牟利，小蔡被取保候审，蔡某

被批准逮捕。下列哪一选项是正确的？

A. 检察院在对小蔡和蔡某审查批捕时必须进行讯问

B. 如对小蔡适用附条件不起诉，可以要求其在监督考察期间不得进入娱乐场所

C. 如对小蔡适用附条件不起诉应征得蔡某的同意

D. 如本案分案起诉后应由不同的审判组织审理

36. 关于缺席审理程序，下列说法正确的是？

A. 具有终局性的特点，是两审终审的例外

B. 是诉讼效率原则的体现

C. 是亲历性的例外

D. 是控审分离的例外

37. 顺河为甲乙两国的界河，双方对界河的划界使用没有另行约定。根据国际法的相关规则，下列哪项判断是符合国际法的？

A. 甲国渔民在整条河流上捕鱼

B. 甲国渔船遭遇狂风，为紧急避险可未经许可停靠乙国河岸

C. 乙国可不经甲国许可，在顺河乙国一侧修建堤坝

D. 乙国发生旱灾，可不经甲国许可炸开自己一方堤坝灌溉农田

38. 董仲舒在《春秋·繁露》篇中对“春秋决狱”做了解说：“春秋之听狱也，必本其事而原其志；志邪者不待成，首恶者罪特重，本直者其论轻。”又根据《后汉书·章帝传》记载，东汉章帝元和二年重申：“王者生杀，宜顺时气。其定律：无以十一月、十二月报囚。”关于汉代的春秋决狱与秋冬行刑，下列选项错误的是？

A. 春秋决狱是法律儒家化在司法领域的反映，即应当依据儒家经典《春秋》来审判案件

B. 春秋决狱强调审案时应重视行为人在案情中的主观动机，实行“论心定罪”原则

C. 汉代统治者根据“天人感应”理论，规定春、夏不得执行死刑

D. 唐律规定“立春后不决死刑”即源于汉代的秋冬行刑制度

39. 乘客甲和公交车司机乙发生争吵，狠狠地殴打司机乙的头部，并抢夺方向盘。乙非常气愤，后乙把车停到路边，让客人下来，将车门打开。骑自行车的丙正好经过此地，撞上打开的车门而当场身亡。下列说法正确的是？

A. 甲、乙的行为均成立交通肇事罪

B. 甲构成以危险方法危害公共安全罪，乙成立交通肇事罪

C. 甲构成交通肇事罪，乙成立以危险方法危害公共安全罪

D. 甲构成寻衅滋事罪，乙成立交通肇事罪

40. 罗某向海事局申请公开海事局的设立、主要职责、内设机构和人员编制的文件，海事局以该信息不存在为由，拒绝公开，罗某不服，提起行政诉讼，下列哪个选项是正确的？

A. 罗某应当提供个人的身份证明

B. 罗某需要说明政府信息公开用途

C. 因为拒绝公开行为是合法的，法院应当判决驳回原告诉讼请求

D. 原告需要举证证明该信息不存在

41. 关于法的效力，下列哪一项是错误的？

A. 法律维护社会秩序，社会要求人民的行为符合法律，所以法的效力来源于社会

B. 自然法理论认为法的效力来自法律自身

C. 法律体现了公平、正义，因而人们遵守法律，体现了法的效力来源于道德

D. 法的效力的根据包括法律本身、道德、利益等诸多方面

42. 国家市场监督管理总局对某公司作出处罚，本案的复议机关为？

A. 国家市场监督管理总局

B. 国务院

C. 全国人大常委会

D. 全国人大

43. 龚某因生产不符合安全标准的食品罪被一审法院判处有期徒刑 5 年，并被禁止在刑罚执行完毕之日起 3 年内从事食品加工行业。龚某以量刑畸重为由上诉，检察院未抗诉。关于本案二审，下列哪一选项是正确的？

A. 应开庭审理，可维持有期徒刑 5 年的判决，并将职业禁止

B. 期限变更为 4 年

C. 如认为原判认定罪名不当，二审法院可在维持原判刑罚不变的情况下改判为生产有害食品罪

D. 发回重审后，如检察院变更起诉罪名为生产有害食品罪，一审法院可改判并加重龚某的刑罚

44. 在现代的法治社会，人们总是要求法律决定具有高度的可预测性，同时具有高度的正当性。对此，下列说法不正确的是？

A. 对于特定时期特定国家的法律人而言，法律的可预测性具有初始的优先性

B. 法律的可预测性是实质法治的要求，正当性是形式法治的要求

C. 法的可预测性意在实现法律的安定性、确定性

D. 法的可预测性和可接受性存在紧张关系

45. 法谚云："一切规则皆有例外，例外也明示原则。"对这一说法，下列正确的是？

A. 规则为原则之例外

B. 规则有漏洞，原则无歧义

C. 规则乃共通原则，原则系特别规则

D. 规则具化原则，原则证成规则

46. 某县公安局认定李某涉嫌寻衅滋事将其拘留，后县检察院将李某逮捕，而后县法院判决李某三年有期徒刑，李某不服提起上诉，市中院认定因证据不足，指控的犯罪不能成立，改判李某无罪，请问赔偿义务机关是谁？

A. 县公安局

B. 县检察院

C. 县法院

D. 市中院

47. 关于罪数的判断，下列说法正确的是？

A. 二人以上轮奸是“以暴力胁迫或其他手段强奸妇女”的加重规定，而不是特别法条

B. 将盗窃的仿真品（价值4000元）冒充真品古董卖给第三人，是不可罚的事后行为

C. 钱某两次入户抢劫、一次持枪抢劫，触犯了两个不同加重犯，应数罪并罚

D. 周某抢劫陈某后，担心暴露，故意杀害了陈某，构成抢劫致人死亡和故意杀人的想象竞合

48. 下列哪一案件的处理体现了有法定情形不追究刑事责任原则的要求？

A. 甲作为共同犯罪的主犯不服一审判决提起上诉，其他被告人没有提出上诉，检察院也没有提出抗诉，在第二审开庭前，甲死亡，二审法院裁定终止审理

B. 法院受理检察院起诉的乙盗窃案，开庭审理前经审查认为该案件属于侵占案，决定退回检察院

C. 丙涉嫌故意伤害他人，犯罪情节轻微，审查起诉期间双方当事人达成刑事和解，检察院作出不起诉决定

D. 丁涉嫌诈骗罪，检察院审查起诉后认为犯罪事实不清，证据不足，作出决定不起诉决定

49. 2011 年 11 月，某市公安局以马某涉嫌盗窃为由将其刑事拘留，2012 年 12 月，检察院作出批准逮捕决定，2013 年 7 月市中院审理后判决有期徒刑五年，马某不服，提出上诉，2014 年 3 月二审法院省高院发回重审后，市中院改判马某无罪，马某于 2015 年 3 月提出赔偿申请，下列选项正确的是？

A. 赔偿义务机关为省高院

B. 赔偿义务机关需要在 2 个月内作出决定

C. 如果马某不服作出的赔偿决定，可以向上一级法院申请复议

D. 对马某的赔偿金标准应按照 2010 年度国家职工日平均工资计算

50. 周某在民营银行办理银行卡和 U 盾，该银行郑经理趁指导周某使用时偷换了周某的 U 盾，并骗其 U 盾需要一周后才能使用，周某信以为真。后郑经理用 U 盾将周某银行卡内 3 万元转入自己银行卡。关于郑经理的行为定性，正确的是？

A. 职务侵占罪

B. 信用卡诈骗罪

C. 诈骗罪

D. 盗窃罪

二、多项选择题

51. 甲销售公司的司机徐某负责把货物运送到乙公司之后，乙公司就将货款当面交付甲公司的司机带回交给甲公司的老板。后来，徐某从甲公司辞职了，甲公司遂聘请 A 为新

的司机。但甲公司老板对新司机A不太放心，就对A说："你把货物运到乙公司之后，就不要带货款回来了，我让乙公司直接把货款汇到咱们公司的账户来。"。但甲公司的老板忘了和乙公司的老板说明这一情况。A将货物运到乙公司后，就主动和乙公司的老板说："我们老板让我把货款带回去。"由于以前一直是这样操作的，乙公司老板信以为真，将8万元货款交给了A，A拿到这8万元之后逃跑。后案发。关于A的行为，下列说法正确的是？

A. 行为人的行为构成诈骗罪，其骗取的财物并不在本单位的保管之下，不成立职务侵占罪

B. 行为人的行为成立诈骗罪，其并没有利用职务上的便利，不成立职务侵占罪

C. 行为人的行为成立职务侵占罪，其最终是损害了单位的利益

D. 行为人的行为成立职务侵占罪，其利用了职务上的便利

52. 关于村庄治理，下列有关说法正确的是：

A. 村民代表应当向其推选户或者村民小组负责，接受村民监督

B. 村务监督机构成员向村民委员会负责，可以列席村民委员会会议

C. 村民委员会工作移交由村民选举委员会主持，由乡、民族乡、镇的人民政府监督

D. 村民会议有权撤销或者变更村民委员会不适当的决定；有权撤销或者变更村民代表会议不适当的决定

53. 某区规划局为甲公司颁发了建设工程规划许可证，后查明甲公司在申请规划许可时提供了虚假材料，于是，某区规划局将该许可证予以撤销，下列说法正确的是？

A. 撤销许可证的性质属于行政处罚

B. 颁发行政许可不得收取任何费用

C. 准予许可的决定应当向社会公开

D. 甲公司提起行政复议，复议机关可为区政府

54. 关于法律漏洞及其填补，下列说法正确的是：

A. 嗣后漏洞指立法者在制定法律时因疏忽或认知能力的限制没有意识的法律漏洞

B. 填补明显漏洞的方法是目的论限缩，填补隐藏漏洞的方法是目的论扩张

C. 当案件超越了规范文义的涵盖范围，但规范目的却能够包括该案件时，可以用目的论扩张的方法将该案件纳入规范的适用范围

D. 目的论限缩指规范文义的范围宽于规范目的的范围，即所谓"言过其实"，其基本原理是不同案件不同适用，排除掉不同案件在同一规范的适用。

55. 关于《宪法》对人身自由的规定，下列选项正确的是

A. 禁止用任何方法对公民进行侮辱、诽谤和诬告陷害

B. 在诉讼过程中，为了搜集证据，法院可以对公民的电话进行监听

C. 禁止非法搜查公民身体

D. 禁止非法搜查或非法侵入公民住宅

56. 周某半夜驾车出游时发生交通事故致行人鲁某重伤残疾，检察院以交通肇事罪起诉周某。法院开庭，公诉人和辩护人就案件事实和证据进行质证，就法的适用展开辩论。法庭经过庭审查实，交通事故致鲁某重伤残疾并非因周某行为引起，宣判其无罪释放。依

据法学原理，下列判断正确的是？

A. 法院审理案件目的在于获得正确的法律判决，该判决应当在形式上符合法律规定，具有可预测性，还应当在内容上符合法律的精神和价值，具有正当性

B. 在本案中，检察院使用了归纳推理的方法

C. 法院在庭审中认定交通事故致鲁某重伤残疾并非因周某行为引起，这主要解决的是事实问题

D. 法庭主持的调查和法庭辩论活动，从法律推理的角度讲，是在为演绎推理确定大小前提

57. 苏某贪污公款后逃往海外，某市检察院向某市中级法院申请没收苏某的违法所得，法院发出公告。苏某的丈夫毛某在公告期内申请参加诉讼。公告期满后法院开庭审理，毛某接到法院通知后无正当理由拒不到庭，法院经过审理裁定没收苏某违法所得 5000 万元。毛某不服上诉，某省高级法院进行二审。在审理过程中，苏某回国投案自首。下列表述不正确的有？

A. 毛某无故拒不到庭，法院可以不开庭审理

B. 毛某无故拒不到庭，无权提出上诉

C. 在二审时，若苏某的朋友魏某申请参加诉讼主张债权，法院经过审查发现魏某一直在国外留学，刚刚回国才了解案件情况，法院应告知魏某另行提起诉讼

D. 苏某回国投案自首，某省高级法院应将案件裁定撤销原判，发回重审

58. 关于因果关系，下列说法正确的是？

A. 贾某酗酒之后在公路上驾车行驶，将水泥地上的井盖等杂物撞飞致行人重伤，其醉酒行为与重伤结果之间有因果关系

B. 甲、乙发生口角，甲把瘦小的乙踢伤致乙心脏病发作死亡，甲的行为与乙的死亡结果之间有因果关系

C. 甲和乙是行政机关执法人员，扣留丙的过程中，丙中途以要上厕所为由而逃跑，甲、乙的过失行为（疏于管理）与丙的脱逃之间有因果关系

D. 甲为了杀乙，在饭中下毒药，乙中毒，家人送乙去医院，途中偶遇丙驾驶车辆在道路上横冲直撞报复社会，乙被当场撞死，甲的杀人行为与乙的死亡存在因果关系

59. 因胡某以刻划方式损坏博物馆里的文物，区公安分局决定对其作出拘留 15 日的处罚。胡某对此不服，提起诉讼。下列说法是正确的是？

A. 胡某的行为属于妨害公共安全的行为

B. 在处罚之前胡某无权要求举行听证

C. 复议机关可以是区政府

D. 当事人提起诉讼的时候可以申请暂缓行政拘留

60. 根据《最高人民法院关于审理信用证纠纷案件若干问题的规定》，中国法院认定存在信用证欺诈的，应当裁定中止支付或者判决终止支付信用证项下款项，但存在除外情形。关于除外情形，下列哪些表述是正确的？

A. 开证行的指定人、授权人已按照开证行的指令善意地进行了付款

B. 开证行或者其指定人、授权人已对信用证项下票据善意地作出了承兑

C. 保兑行善意地履行了付款义务

D. 议付行善意地进行了议付

61. 赵某因琐事故意伤害李某，李某向某县法院对赵某提起自诉，同时提起附带民事诉讼。某县法院经过审理判处赵某有期徒刑一年，附带民事诉讼赔偿李某三万元，李某不服，认为判处一年有期徒刑过重，提出上诉。下列表述不正确的是？

A. 某县法院立案后，发现李某缺乏罪证，某县法院应当说服李某撤回起诉

B. 在一审程序中，李某要求撤回自诉，某县法院应当准许

C. 在二审程序中，赵某针对自诉提出反诉，法院可以进行调解

D. 李某对刑事部分不服上诉，案件进入二审程序后，附带民事部分也不生效

62. 甲男与乙女经介绍结婚，甲男向乙女的母亲吕某支付了彩礼，后甲乙感情不和离婚，甲男未要求返还彩礼，乙女诉请法院要求吕某返还彩礼。法院审理认为，根据当地风俗，彩礼不是对女方的赠与，同时法律规定支付彩礼的一方在离婚时有权请求接受彩礼一方返还彩礼，故驳回了乙女的诉讼请求。下列选项正确的是？

A. 法院运用了反向推理

B. 法院得出判决的过程是法律发现的过程

C. 法院对彩礼的认定，使用的大前提是公序良俗

D. 法院整体判决运用了涵摄的方法

63. 关于省规章的设定权，下列说法正确的是？

A. 可以设定临时性许可

B. 可以设定一定数量罚款

C. 可以设定扣押的行政强制措施

D. 可以设定划拨的行政强制执行

64. 下列关于值班律师的表述，正确的有？

A. 被害人有权申请值班律师提供法律帮助

B. 在审判阶段，值班律师可以出庭进行辩论

C. 值班律师提供程序选择建议主要是针对犯罪嫌疑人认罪认罚、适用速裁程序等方面

D. 在认罪认罚案件中，值班律师可以对检察院提出的量刑建议提出意见

65. 关于正当防卫的说法，下列正确的有？

A. 父亲撞见歹徒持刀抢劫女儿，与歹徒发生激斗，最终将歹徒反杀，父亲的行为成立正当防卫

B. 身材高大的郑某深夜在家中听到厨房有动静走去一看，发现一身材瘦小的小偷吴某正试图从窗口爬进他家盗窃，下半身还卡在窗外，于是拿起菜刀把吴某砍到重伤。郑某成立正当防卫

C. 某男与妻子在河边散步，并坐在河边玩手机游戏，后其妻失足跌入水中并大声呼叫，而某男一直沉迷游戏充耳不闻，其妻淹死，某男成立故意杀人罪（不作为犯）

D. 李某驾驶机动车把周某撞伤，情况危殆，车也坏了不能动。为了尽快将重伤的周某送去医院，李某拦住了王某的车，要求王某帮忙送医院，王某拒绝。情急之下，李某将王某打致重伤并抢去车辆将周某送去医院，李某成立正当防卫

66. 民警以刘某车辆涉嫌套牌为由将该车扣留。后刘某提供了发动机缸体、更换发动机缸体造成不显示发动机号码、车架用钢板铆钉加固致使车架号码被遮盖等证明材料，但交管局依然既不返还，又不积极调查核实，反复要求刘某提供客观上已无法提供的其他合法来历证明，长期扣留涉案车辆不予处理，对此，下列选项正确的是？

A. 交管局又有乱作为，又有不作为

B. 车主有权对交警扣押车辆的行为提起行政诉讼

C. 行政强制应当选择对当事人侵害最小的方式实施

D. 行政机关在作出行政行为时应当考虑到相对人的合法权益

67. 下列行为构成过失犯罪的有？

A. 商家没有履行注意原则，导致过期食品卖给客户，造成客户食用该过期食品后死亡

B. 法官知识储备不足，将无罪的人判处了 3 年有期徒刑

C. 警察接到报警电话，但由于对方口齿不清，警察以为是恶作剧，没有出警，导致有人伤亡

D. 甲欲杀害妻子，结果在黑暗中误将心爱的女儿认作妻子，将女儿杀害

68. 某超市售卖过期变质的香肠，区市监局对其作出没收香肠和罚款 1 万元的处罚决定，但超市逾期不缴纳罚款，对此，下列说法正确的是？

A. 区市监局可以按日加处 3%的罚款

B. 区市监局可以拍卖香肠抵扣罚款

C. 区市监局可以和超市签订执行协议，约定分期缴纳罚款

D. 区市监局作出处罚通知书可以告知超市有申请听证的权利

69. 关于完善中国特色社会主义法律体系，加强宪法实施，下列说法错误的是：

A. 加强宪法实施和监督，推进合宪性审查工作，维护宪法权威，将违宪审查权赋予宪法和法律委员会

B. 健全有立法权的人大主导立法工作的体制机制，发挥人大及其常委会在立法工作中的主导作用

C. 增加有法治实践经验的专职常委比例，依法建立健全专门委员会、工作委员会立法专家顾问制度，逐步减少专家学者等第三方起草法律草案

D. 明确立法权力边界，从体制机制和工作程序上有效防止部门利益和地方保护主义法律化

70. 外国人汤姆一家在华旅游，汤姆因涉嫌猥亵儿童被 A 县公安机关立案侦查并被逮捕羁押于 A 县看守所，案件遂后由 A 县检察院向 A 县法院提起公诉。下列表述正确的是？

A. 汤姆委托自己的父亲担任辩护人，A 县法院可以准许

B. A 县法院可以限制汤姆离境并扣押其护照

C. 汤姆的哥哥可以向A县法院的上一级法院申请赴看守所会见汤姆

D. 在侦查过程中，汤姆在没有翻译在场的情况下所作的供述，应当依法排除不得作为定案依据

71. 犯罪嫌疑人李某在侦查阶段会见其辩护律师张某时，声称自己在讯问时被刑讯逼供。下列属于张某可采取的正确做法的是？

A. 可向检察院提出排除非法证据的申请

B. 应向检察院提供涉嫌刑讯逼供的人员、时间、地点、方式等材料

C. 可向检察院申请调阅讯问笔录

D. 检察院对于张某提出的排除非法证据的申请不答复，张某可向上一级检察院提出申诉

72. 王某贩卖海洛因50克，运输甲基苯丙胺30克，走私鸦片500克。下列说法正确的是？

A. 无论是否需要转化为海洛因定罪，都以580克计算毒品重量

B. 如果被判十年以上有期徒刑或无期徒刑，则不得假释

C. 应将鸦片和甲基苯丙胺转化为海洛因后定罪

D. 不以贩卖、运输、走私毒品罪数罪并罚

73. 在甲诉其子女赡养纠纷案中，经法官调解诉讼各方达成调解协议，关于该案反映出的司法功能，下列选项正确的是？

A. 具有使甲的子女认知赡养法律制度的功能

B. 案件的成功调解，有利于维护尊老、敬老的传统道德风尚

C. 法官能否成功调解赡养纠纷，受我国司法体制机制、法律文化传统、法官素质等因素影响

D. 具有化解家庭赡养纠纷，维护社会和谐的功能

74. 甲用虚假身份证办理了一张（一次能够透支4万元）信用卡，第一次用信用卡4万元购物后及时返还了4万。银行以为甲的信用程度良好，将信用卡的额度提升到10万，甲透支10万后，不再归还。下列说法正确的是？

A. 甲的犯罪金额为10万元

B. 甲的行为属于恶意透支

C. 甲的妨害信用卡管理罪与信用卡诈骗罪高度牵连，构成信用卡诈骗罪一罪

D. 甲第一次没有非法占有的目的

75. 刘某在沿街边修建违章建筑物，区规划局向刘某发出《拆除所建房屋通知》，要求公司在30日内拆除房屋。到期后，该公司未拆除所建房屋，第2日，区规划局将其违章建筑物强制拆除。下列哪些说法是正确的？

A. 刘某就责令限期拆除通知书起诉，法院应当受理本案

B. 区规划局强制拆除行为违法

C. 责令限期拆除通知书的性质为行政指导

D. 刘某应先申请复议再向法院起诉

76. 为庆祝中华人民共和国成立70周年，体现依法治国理念和人道主义精神，根据第十三届全国人民代表大会常务委员会第十一次会议的决定，国家主席习近平发布《中华人民共和国主席特赦令》。下列说法正确的是：

A. 本次特赦体现了我国承续中华文明慎刑恤囚、明刑弼教的优良传统，推进法安天下、德润人心的仁政

B. 本次特赦有利于弘扬全面依法治国理念，形成依宪执政、依宪治国的良好社会氛围，深入推进法治中国建设

C. 本次特赦有利于贯彻落实宽严相济刑事政策，充分发挥特赦的感召效应，最大限度地化消极因素为积极因素，促进社会和谐稳定

D. 有利于展现我国人权司法保障水平，进一步树立我国开放、民主、法治、文明的国际形象

77. 戴某连续55次申请了镇政府的防汛信息公开，2019年又向镇政府申请了信息公开，政府可以采取的正确处理方式有?

A. 可以收取相应信息处理费用

B. 可以以其不具有申请人资格为由不予提供

C. 可以以其此前多次重复申请为由不予处理

D. 可以要求其说明理由

78. 王老太今年65岁，重男轻女的封建思想根深蒂固，得知其儿媳妇产下一名女婴后，一直想抱孙子的王老太趁儿媳午睡之时，将女婴偷出投入村头小河之中，女婴溺水而亡。对于王老太杀婴一案，下列事实公诉人在法庭审理过程中不必提出证据证明的是?

A. 王老太今年65岁的年龄

B. 刑法关于故意杀人罪的法律规定

C. 女婴不会游泳

D. 王老太和检察机关都没有异议的杀婴基本犯罪事实

79. 甲公司生产一款治疗肾病的药品“妖妖灵”，因前期市场宣传和广告力度大，上市后众多消费者购买服用，不久众多患者服用后均有不同程度的肾脏损伤症状。经检测，该药品成分系掺杂各种动物皮质构成，属于假药。关于本案，下列说法不正确的是?

A. 经依法公告，若有关组织不提起诉讼，检察院可提起公益诉讼

B. 检察院一旦提起公益诉讼，不允许撤回起诉

C. 甲公司可在诉讼中提反诉

D. 若检察院对甲公司已提起刑事诉讼，则不可再提公益诉讼

80. 检察院就张某聚众打砸抢案向法院提起公诉。关于该案的庭前会议，下列说法不正确的是?

A. 由于该案社会影响重大，应召开庭前会议

B. 庭前会议应通知张某参加

C. 对庭前会议中双方无异议的证据，庭审时可不再举证、质证

D. 被害人提起附带民事诉讼的，可在庭前会议中调解

81. 李某在甲地修建了一栋别墅，在不动产登记簿上登记地址为乙地，后经县政府查明，李某的别墅违法占道，限期李某自行拆除，到期李某并未拆除，于是县政府对李某别墅进行了强拆，李某不服，向市政府申请复议，市政府认为县政府的行为合法，作出维持决定，李某不服，提起诉讼。下列说法正确的是?

A. 李某起诉，县政府所在地和市政府所在地的法院都有管辖权

B. 李某起诉，甲地法院有管辖权

C. 李某起诉，本案应由中级人民法院管辖

D. 李某起诉，乙地法院有管辖权

82. 关于完善中国特色社会主义法律体系，加强宪法实施，下列说法错误的是：

A. 加强宪法实施和监督，推进合宪性审查工作，维护宪法权威，将违宪审查权赋予宪法和法律委员会

B. 健全有立法权的人大主导立法工作的体制机制，发挥人大及其常委会在立法工作中的主导作用

C. 增加有法治实践经验的专职常委比例，依法建立健全专门委员会、工作委员会立法专家顾问制度，逐步减少专家学者等第三方起草法律草案

D. 明确立法权力边界，从体制机制和工作程序上有效防止部门利益和地方保护主义法律化

83. 下列关于我国刑事诉讼构造和刑事审判模式的说法，正确的是：

A. 在审查起诉阶段，检察院中立，形成了控辩审三方的诉讼构造

B. 法官在开庭前阅卷，体现了职权主义的色彩

C. 我国庭前审查由实体性审查向程序性审查的转化，体现了当事人主义改革的思路

D. 证人出庭少，主要是以宣读证人证言的方式质证，说明我国控辩式庭审方式改革处于发展阶段

84. 下列哪些行为属于盗窃?

A. 小明将共享单车放置自家门口，不破坏自行车锁，便于自己扫码付费使用

B. 小红将上锁的共享单车（仅供城市使用），偷偷运到村里，供村民扫码付费使用

C. 小孟将共享单车停到自家院里，不破坏自行车锁，供自己扫码付费使用

D. 小张将已上锁的共享单车锁破坏，用自己的锁将共享单车锁上供自己使用。

85. 下列选项正确的是?

A. 甲诈骗被害人钱款到自己账户，乙事后知道后帮甲取现。乙的行为构成掩饰、隐瞒犯罪所得罪

B. 乙因涉嫌受贿被监察委留置，在留置期间脱逃，乙的行为不构成脱逃罪

C. 甲非法集资3亿，乙明知该款系甲非法集资所得，还帮甲换汇并汇往境外，乙的行为构成掩饰、隐瞒犯罪所得罪

D. 被执行人甲，以虚假诉讼的方式将财产转移给乙，以逃避执行，甲构成虚假诉讼罪和拒不执行判决罪想象竞合

三、不定项选择题

86. 张某为谋取不正当利益，给李某（国家机关工作人员）的妻子钱某10万元，后李某知道后，让妻子退还给张某，钱某假装同意，后并未将10万元退还给张某，并将10万元用于家庭生活。下列说法正确的是？

A. 李某的行为不构成犯罪

B. 李某的行为构成受贿罪

C. 钱某的行为构成受贿罪的共犯

D. 钱某的行为构成利用影响力受贿罪

87. 未成年人甲（17周岁，还有两个月满18周岁）涉嫌故意伤害罪（轻伤）被A区公安机关立案侦查，A区公安机关侦查终结将案件移送审查起诉两日后甲满18周岁。A区人民检察院对案件进行审查后决定附条件不起诉。在考验期间，甲犯新的盗窃罪，A区人民检察院对甲作出撤销附条件不起诉的决定，并向A区人民法院提起公诉。关于本案的诉讼程序，下列说法正确的是？

A. A区人民法院应当对本案公开审判，但不得组织人员旁听

B. A区人民法院决定适用简易程序，应当征得他的父亲同意才能适用

C. 本案中A区人民检察院附条件不起诉的决定是违法的

D. A区人民法院立案时甲未满20周岁，本案应当由少年法庭审理

88. 根据《宪法》和法律规定，关于特别行政区，下列选项错误的是？

A. 特别行政区立法机关制定的法律，须报全国人大常委会备案，备案不影响该法律的生效

B. 香港特别行政区立法机关制定并向全国人民代表大会常务委员会备案的法律被后者发回后立即失效，该法律的失效不具有溯及力

C. 只有全国人大常委会和特别行政区终审法院才能解释基本法

D. 立法会如果认为行政长官有严重违法的行为，以全体议员2/3多数通过，直接弹劾行政长官

89. 甲拿着包坐在公园长椅上，乙看着就默默坐他旁边。甲离开时忘记将自己的包拿走，乙见甲离开，迅速将包拿走。甲走出十米突然想起了自己的包，返回原处未看见包与乙。下列说法正确的是？

A. 乙的行为构成盗窃罪

B. 甲虽然离开，但该包仍然归甲占有

C. 乙的行为构成侵占罪

D. 甲忘记将该包拿走，该包就是无人占有的财产

90. 在我国封建法制中，国家对死刑的适用及执行非常重视，专门确立了死刑复奏制度。关于死刑复奏制度，下列哪些说法是正确的？

A. 汉代根据“天人感应”的理论，规定除谋反大逆等“决不待时”者外，一般死刑犯须在秋天霜降以后、冬至以前执行

B. 死刑复奏制度是在北魏太武帝时正式确立的

C. 明代的死刑复奏制度叫朝审

D. 清代的秋审是对刑部判决的重案及京师附近绞、斩监候案件进行的复审

91. 根据我国宪法和法律的规定，关于全国人大和全国人大代表，下列选项不正确的是？

A. 全国人大审议通过的法律，由全国人大主席团公布以后才产生法律效力

B. 全国人大代表在各种会议上的发言和表决，不受法律追究

C. 在全国人大闭会期间，全国人大代表非经全国人大常委会许可不受逮捕或者刑事审判

D. 全国人大每年举行会议的时候，全国人大常务委员会、国务院、中央军事委员会、最高人民法院、最高人民检察院向会议提出的工作报告，经各代表团审议后，会议可以作出相应的决议

92. 罗某被某电信公司收取了定价为 50 元的 UIM 卡卡费，罗某认为将手机 UIM 卡定价为 50 元/张属于违法收费，要求市场监督局对该公司进行查处，退还自己被违法征收的 50 元卡费。市监局进行调查后答复："省通管局和省发改委联合下发的《关于电信全业务套餐资费优化方案的批复》规定：UIM 卡收费上限标准：入网 50 元/张。我局非常感谢您对物价工作的支持和帮助。"下列选项正确的是？

A. 罗某的行为属于信访行为

B. 市监局的行为属于对信访问题的复查

C. 罗某可就《关于电信全业务套餐资费优化方案的批复》直接提起诉讼

D. 罗某就行政行为提起诉讼的同时，可就《关于电信全业务套餐资费优化方案的批复》一并起诉

93. 关于共同犯罪的情形，下列说法错误的是？

A. 公司财务人员甲主动利用职务便利挪出 30 万元资金借给生病的好友乙治病，乙明知甲是违规挪用了资金而接受，超过 3 个月仍不归还，甲、乙构成挪用资金罪的共犯

B. 丙女明知丁男已经结婚，在丁男的追求下，同意与其领取结婚证，丁男构成重婚罪实行犯，丙构成重婚罪的帮助犯

C. 在国家工作人员张某拒绝收受贿赂的情况下，李某反复劝说张某接受了自己给予的 10 万元，李某成立受贿罪的教唆犯

D. 赵某要求警察王某将公务用枪借给其打猎，王某照办，赵某构成非法出借枪支罪的教唆犯

94. 下列关于两大法系的说法中，错误的是？

A. 普通法法系又称英美法系，英国法系，海洋法系或判例法系

B. 民法法系内部有法国法系和德国法系两大分支，前者凸显个人本位，后者强调社会利益

C. 大陆法系的基本法律分类是公法与私法，海洋法系的基本法律分类是普通法与衡平法

D. 罗马法系的正式法律渊源为制定法，英美法系的正式法律渊源是普通法与衡平法

95. 区公安局依据省公安厅和司法厅联合制定的《律师管理意见》对涉嫌寻衅滋事的律师王某罚款5000元，王某对处罚不服提起诉讼，一并要求审查《律师管理意见》，下列说法正确的是?

A. 两个制定机关申请出庭陈述意见，法院应当准许

B. 一审法院可以向省人大常委会提出修改该文件的司法建议

C. 法院有权宣告该文件无效

D. 法院在对该文件审查过程中，应当听取两个制定机关的意见

96. 甲酒后驾车被某县交警拦截盘查，经过检测，甲每百毫升血液中酒精含量为120毫克，属于醉酒驾车。面对交警的盘问，甲承认喝了半瓶白酒。三日后，交警将甲移送某县公安局刑警大队以危险驾驶罪立案侦查，甲拒不认罪，侦查人员对甲进行了殴打，甲对犯罪事实供认不讳。案件随后由某县检察院向某县法院提起公诉，甲的妻子认为侦查人员存在刑讯逼供行为，向法院提起附带民事诉讼要求赔偿物质损失。下列表述正确的是?

A. 甲的妻子有权提起附带民事诉讼

B. 某县法院对甲妻的附带民事诉讼请求裁定不予受理

C. 公诉人提出甲对交警认罪的讯问笔录，可以作为本案的定案根据

D. 若某县检察院发现侦查人员确实存在刑讯逼供行为且符合立案标准，有权立案侦查

97. 下列行为触犯诈骗罪（不考虑数额）的选项是?

A. 甲没有付款的意思，让加油站的工作人员给自己的汽车大量加油

B. 首饰店将真金首饰和镀金首饰并陈橱窗中，顾客以为镀金首饰为真金首饰而提出购买，店员乙以真金首饰的价格出售镀金首饰给顾客

C. 丙在超市购物时，将一瓶便宜白酒的价格条形码撕下来，贴到一瓶高档白酒上，然后拿着这瓶高档白酒去结账，收银员就错误地按照低价格收钱

D. 车主将汽车钥匙遗忘在超市收银台上，收银员发现后，顾客丁谎称是自己的，收银员将该钥匙交给丁后，丁将车开走

98. 某故意杀人案件，证人张三目击了犯罪当时的情景。如果张三没有正当理由拒绝出庭，法庭对其以下的处理方式错误的是?

A. 训诫

B. 情节严重的，经审判长批准，处10日以下的拘留

C. 罚款

D. 张三在侦查阶段所作的证人证言笔录不得作为定案的根据

99. 赵某因故意杀害孙某在某市中级法院一审，法院经过审理发现，赵某符合强制医疗条件，判决赵某不负刑事责任，并作出强制医疗决定。赵某母亲不服该决定，打算申请复议。下列表述正确的有?

A. 某市中级法院应将赵某的强制医疗案交由赵某犯罪地或者居住地的基层法院审理

B. 若某市检察院认为法院作出的强制医疗决定确有错误，有权向某省高级法院提出

纠正意见

C. 赵某母亲应当向某省高级法院申请复议

D. 赵某母亲复议期间，强制医疗决定不停止执行

100. 我国《宪法》第二章规定了“公民的基本权利”，《宪法》中的权利之所以被称为基本权利，下列选项的理由中，正确的有？

A. 对公民来说不可或缺

B. 是公民其他权利的基础

C. 由《宪法》规定

D. 涉及公民和国家之间的关系

答案速查

一、单项选择题

1. D	2. D	3. A	4. A	5. C	6. B	7. C	8. D	9. C	10. B
11. D	12. A	13. D	14. D	15. D	16. A	17. D	18. B	19. C	20. A
21. D	22. D	23. C	24. B	25. D	26. C	27. B	28. A	29. D	30. B
31. D	32. C	33. D	34. D	35. B	36. B	37. B	38. A	39. B	40. A
41. B	42. A	43. C	44. B	45. D	46. C	47. A	48. B	49. B	50. D

二、多项选择题

51. AB	52. ACD	53. BCD	54. CD	55. ACD	56. AD	57. BCD
58. BC	59. BCD	60. ABCD	61. ABCD	62. ACD	63. AB	64. CD
65. AC	66. ABCD	67. AC	68. ACD	69. AC	70. ABD	71. ABD
72. CD	73. ABCD	74. ABCD	75. AB	76. ABCD	77. ACD	78. BC
79. BCD	80. ABC	81. CD	82. AC	83. BCD	84. BCD	85. AD

三、不定项选择题

86. A	87. AD	88. BCD	89. AB	90. BC	91. ABD	92. D
93. ABCD	94. D	95. A	96. BD	97. ABC	98. BCD	99. CD
100. ABCD						

试卷二

一、单项选择题

1. 小张从小天赋异禀，聪明伶俐。爷爷老张对孙子甚是喜爱。在小张6岁时，爷爷将家中祖传的一幅价值200万元的名画赠与小张。母亲刘某得知此事后，坚决表示反对。在小张8岁那年，爷爷又将自己价值27 500元的欧米茄手表赠与小张。母亲刘某亦明确表示反对。关于本案，下列哪一说法是正确的？

A. 爷爷将名画赠与小张的行为因纯获利益而有效

B. 爷爷将名画赠与小张的行为因母亲刘某反对而无效

C. 爷爷将手表赠与小张的行为因纯获利益而有效

D. 爷爷将手表赠与小张的行为因母亲刘某反对而无效

2. 张老汉和妻子李某居住在单位公租房内，后妻子李某因病去世。张老汉与家中保姆何某相爱。婚后，张老汉用10万元养老保险金购买了该公租房并登记在自己名下。关于养老保险金和房屋的归属，下列哪一说法是正确的？

A. 10万元养老保险金属于张老汉的个人财产

B. 房屋属于张老汉和前妻李某共有

C. 房屋属于张老汉所有

D. 房屋属于张老汉和保姆何某共有

3. 甲公司系一家互联网信息公司，未经搜房网运营方同意，劫持搜房网数据，在搜房网页面主页右上角设置弹窗，在用户访问搜房网时，甲公司所投放的广告将自动弹出。对于甲公司的行为，下列说法正确的是？

A. 构成互联网不正当竞争

B. 构成网络避风港原则，不承担责任

C. 构成诋毁商誉

D. 甲公司应为其投放的虚假广告导致的消费者损失承担连带责任

4. 2012年5月10日，张楠（男）和李霞（女）结婚。婚后，生育一子张军。从2013年2月起二人感情不和，张楠前往深圳打工，并结识打工妹何芸。二人自2015年2月开始同居，并生育一子张强。2016年1月，张楠因病住院，于2月1日亲笔书写一份遗嘱称："死后将自己的所有遗产留给何芸。"但未注明年月日。2017年10月，张楠去世。关于本案，下列哪一表示是错误的？

A. 张楠的遗嘱无效，何芸不能继承张楠的遗产

B. 李霞有权继承张楠的遗产

C. 张军是张楠的第一顺序的法定继承人

D. 张强不能继承张楠的遗产

5. 2016 年 7 月，张某出资 100 万元，成立恒润有限责任公司（自然人独资），2017 年 8 月，张某又出资设立复星制衣厂（个人独资企业），2018 年 6 月，恒润公司欠刘某货款 80 万元，关于本案，下列哪一选项是正确的？

A. 恒润公司可以和复星制衣厂共同出资设立一家有限责任公司

B. 刘某可以张某为恒润公司唯一股东为由，要求张某承担连带责任

C. 张某在设立恒润公司后可以再投资设立一人公司

D. 张某在设立恒润公司后不得再投资设立复星制衣厂

6. 中国某工程公司在甲国承包了一项工程，中国某银行对甲国的发包方出具了见索即付的保函，后甲国发包方以中国公司违约为由向中国银行要求支付保函上的款项遭到拒绝，遂诉至人民法院。关于本案，根据相关法律和司法解释，以下说法正确的是哪项？

A. 如果工程承包公司是我国政府独资的国有企业，则银行可以以此为由拒绝向受益人付款

B. 中国银行可以主张保函受益人先向中国承包公司主张求偿，待其拒绝后再履行保函义务

C. 中国银行应对施工合同进行实质性审查，后方可决定是否履行保函义务

D. 如甲国发包方提交的书面文件与保函要求相符，中国银行应承担付款责任

7. 甲向乙借款 100 万元，借期 2 年，欲以自己的房屋 1 套作担保，双方于 2018 年 6 月 1 日签订了不动产抵押合同，乙一直催促甲办理抵押登记，均无效果。一月后，乙要求甲以自己的汽车作抵押，双方于 2018 年 7 月 1 日签订了动产抵押合同，但一直未将汽车交付于乙。现因甲不能清偿到期欠款，乙要求实现抵押权。下列哪一选项是错误的？

A. 甲乙之间的不动产抵押合同由于一直没有办理抵押登记而无效

B. 甲乙之间的不动产抵押合同于 2018 年 6 月 1 日成立并生效，但不动产抵押权未设立

C. 甲既能就汽车设立抵押权，又能就汽车设立质押权

D. 乙有权请求将甲的汽车拍卖，并就所得价款行使优先受偿权

8. 2014 年，家住北京市通州区的韩某乘坐某一航班从马来西亚飞回北京。飞机中途失事，至今下落不明。韩某妻子何某欲将儿子小韩送养以便再嫁。韩某的父母不知如何处理，咨询刘律师。关于刘律师的答复，下列哪一说法是正确的？

A. 韩某的利害关系人申请宣告韩某死亡有顺序先后的限制

B. 韩某的父母申请宣告韩某死亡，其妻何某申请宣告失踪，通州区法院应当根据父母的申请宣告韩某死亡

C. 如通州区法院宣告韩某死亡，则判决作出之日视为韩某死亡的日期

D. 如通州区法院宣告韩某死亡但是韩某并未死亡的，在被宣告死亡期间韩某所实施的民事法律行为效力待定

9. 2013 年 4 月 23 日，甲网络公司与乙公司签订《企业短消息发布业务合作协议书》

（以下简称《短消息合作协议书》）1份，约定甲网络公司向乙公司提供定向移动信息发布服务，单价为：普通短信0.04元/条，小区定投0.1元/条，在移动信息服务执行中因考虑到时间、内容、区域、手机用户群体等随时调整的不确定性，发送时间、内容、区域、手机用户群体不作为合同附件；乙公司应根据双方确认的《信息服务执行确认单》所定的合同总金额向甲网络公司付款，乙公司应于第二个月向甲网络公司支付已执行的信息费用。至诉讼时，甲网络公司已执行信息服务总金额计8.4万元，但乙公司未按约支付该费用，甲网络公司多次催讨未果，遂起诉至法院，要求判令：1. 乙公司立即支付拖欠甲网络公司信息服务费共计8.4万元；2. 本案诉讼费由乙公司承担。关于本案，法院应当如何处理？

A. 不予受理

B. 驳回起诉

C. 判决驳回诉讼请求

D. 判决将服务费收缴归国家所有

10. 付某诉甲公司借款纠纷一案，法院主持作出调解书：甲公司以其位于A地工业园区厂区内的所属地上附着物抵偿借款。因甲公司到期未履行民事调解书确定的义务，付某向法院申请强制执行。执行中，法院发现工业园区管委会已经拆除了甲公司在该园区建设的部分地上附着物，并允许其他企业入驻建厂。双方当事人就折价赔偿一事未能达成协议。法院此时应该如何处理？

A. 中止执行，申请执行人另诉请求赔偿

B. 终结执行，申请执行人另诉请求赔偿

C. 法院按照原来的借款数额继续执行

D. 应当裁定折价赔偿或按标的物的价值强制执行被执行人的其他财产

11. 某地区海鲜水产行业协会组织本地水产供应商压缩供货并控制出货节奏，导致下游供货量减少，海鲜的价格猛涨，众供应商收益颇丰。但对当地的海鲜市场造成很严重的负面影响。但因为此次安排对大小供应商的返利政策不同，甲水产供应商主动向反垄断执法机构报告了这一情况，并提供了重要证据，下列说法正确的是？

A. 当地民政部门可以对该海鲜水产行业协会撤销登记

B. 海鲜水产协议出于行业自律，且维护了同业经营者的权益，不应被处罚

C. 水产供应商并无签署任何协议，故未构成协议行为

D. 反垄断法执法机构应免除对甲的处罚

12. 湖蓝公司提供其董事长胡某在2019年7月7日在某市立医院就医病例。诉称与清河公司洽谈时被灌醉并趁机签订违背远期商业规划且明显不利于湖蓝公司的合作协议，故依法请求撤销协议。湖蓝公司可基于哪一请求主张撤销该合作协议？

A. 乘人之危

B. 显失公平

C. 恶意串通

D. 无权代理

13. 甲诉乙合同纠纷一案，法院判决甲胜诉。在执行过程中，甲和乙自愿达成和解协议：将判决中确定的乙向甲偿还100万元人民币减少为80万，协议生效之日起1个月内还清。乙按照和解协议的约定履行了相关义务。后甲以发现新证据为由向法院申请再审，法院对再审申请进行审查时，发现和解协议已履行完毕。法院的正确做法是：

A. 应当裁定执行回转

B. 应裁定驳回甲的再审申请

C. 审查执行和解协议是否违反自愿与合法原则

D. 裁定终结对再审的审查

14. 甲公司从事食品生产业务，生产许可证到期后向当地市场监督管理部门申请续期成功。后甲公司在对所生产的饼干进行包装时未更换新的包装，旧包装上记载的生产许可证编号已经过期。李某在乙超市购买该饼干时通过查询得知该许可证编号已经过期的事实，依旧购买饼干若干，并向法院起诉主张饼干价款的10倍赔偿，下列说法正确的是？

A. 乙超市有合法的购货来源且支付了合理的对价，所以不承担责任

B. 甲公司如果能证明该饼干质量合格且不会使消费者构成误认，则不承担10倍价款的赔偿责任

C. 李某应当先向乙超市主张赔偿，如果乙超市不赔，才可以向甲公司主张赔偿

D. 因为李某知道此饼干的许可证过期，故不可主张赔偿

15. 乙向甲借款，以自己的房屋设立抵押权，并办理了抵押登记。乙又向丙借款，以同一房屋设立抵押权，并办理了抵押登记。后乙与甲签订了房屋买卖合同并办理了过户。下列哪一选项是正确的？

A. 甲的抵押权消灭

B. 丙的抵押权消灭

C. 甲和丙的抵押权均未消灭

D. 甲乙之间的房屋买卖合同无效

16. 甲公司拖欠乙银行贷款2000万，到期无力清偿，现乙银行欲通过资产管理公司实现债转股来清理不良贷款，根据《商业银行法》及《银行业监督管理法》下列说法正确的是？

A. 乙银行应将其对甲公司的债权转移给资产管理公司，由资产管理公司对甲公司进行债转股

B. 乙银行可直接对甲公司进行债转股

C. 应由资产管理公司购买甲公司的股权，甲公司用所得的股款偿还乙银行的欠款

D. 应由乙银行购买甲公司的股份，甲公司用所得的股款偿还乙银行的欠款

17. 甲、乙、丙共同成立了某普通合伙企业，2017年甲向丁借款100万元，到期无法清偿。甲拟以其持有的合伙企业份额对丁进行清偿，其他合伙人均不同意。下列选项说法正确的是？

A. 可以合伙企业盈利对丁进行清偿

B. 若丁向法院申请强制执行甲的合伙份额，应经其他合伙人一致同意

C. 为了避免债权人强制执行甲的合伙份额，其他合伙人协商代为清偿

D. 若丁向法院申请强制执行甲的合伙份额，其他合伙人不行使优先购买权，也不同意对外转让份额的，则视为其他合伙人同意对外转让

18. 甲男（60岁）与乙女（25岁）约定："如乙好好照顾甲，婚后甲就将自己名下唯一一套住房赠送给乙"。乙表示同意。婚后，甲如约将房屋过户到乙名下。乙对甲却态度冷漠，将甲赶出家门。下列哪项是正确的？

A. 甲可向法院主张撤销该婚姻

B. 甲和乙之间的婚姻无效

C. 甲可以撤销对乙的赠与

D. 甲的赠与是合法自愿的，不能撤销

19. 卫护公司经营困难，以其所有的经济林地使用权和林木入股绿源公司，同时将已取得的《林木采伐许可证》转让给绿源公司。后绿源公司得知，卫护公司以其经济林地使用权向某商业银行抵押贷款尚未归还，绿源公司与卫护公司发生争议，要求卫护公司尽快解除抵押，以下说法正确的是？

A. 在争议期间，绿源公司可以砍伐经济林地上的林木

B. 绿源公司与卫护公司的争议可请县政府解决

C. 绿源公司可以直接向法院起诉

D. 绿源公司可以将经济林地改变为建设用地

20. 谢某与周某交通事故侵权纠纷一案，2016年2月6日，经A县B乡人民调解委员会主持调解，双方签订了人民调解协议，并书面申请司法确认。2016年3月3日，A县法院作出民事裁定，确认该调解协议有效。4月2日，谢某按协议履行完了全部约定义务。2016年7月5日，谢某以发现新证据、原调解协议内容错误为由，向法院申请再审，法院当如何处理？

A. 驳回再审申请

B. 告知另行起诉

C. 进行再审审查，如调解协议错误，裁定执行回转

D. 告知可以申请撤销调解协议

21. 甲公司为支付货款向乙公司签发了一张金额为80万元的汇票。丙公司在汇票上作为保证人并签章。下列说法正确的是？

A. 甲公司未在汇票上记载被保证人的名称，则丙公司无需承担保证责任

B. 甲公司未在汇票上记载保证日期的，保证无效

C. 甲公司可以进行附条件保证

D. 丙公司与甲公司对持票人乙公司承担连带责任

22. 林某与刘某因为交通损害赔偿纠纷，经某人民调解委员会调解达成协议后，申请法院确认调解协议效力，某区法院审查认为符合规定，裁定确认调解协议效力，林某与刘某当即履行完毕。后林某认为该调解协议中约定的残疾赔偿金数额远远小于自己遭受的损失，刘某可以何种方式救济？

A. 向上一级法院申请复议

B. 向该区法院或者上一级法院申请再审

C. 向上一级法院提出上诉

D. 向该区法院提出异议

23. 德国彩虹公司与中国杭州的晓晨公司在杭州签署了一个中外合作经营企业合同，后在中国履行协议期间发生纠纷。关于该纠纷的相关判断，以下说法正确的有：

A. 双方可以选择德国的法律作为该合同的准据法

B. 双方可以在合同中约定该合同纠纷由德国法院进行管辖

C. 双方可以约定该案件在瑞典的斯德哥尔摩仲裁院进行仲裁

D. 双方可以约定该案件在巴黎的国际商会仲裁院的国际仲裁院进行仲裁

24. 2017 年甲与乙出资设立了格罗姆公司，甲的持股比例是 75%，担任公司的法定代表人。公司章程约定两股东应于 2039 年前缴足出资，后格罗姆公司欲吸纳丙入股，并与丙签订入股协议，约定：甲和乙应于 2019 年前缴足出资，此条件是丙入股格罗姆公司的必要条件。双方签字盖章，丙公司履行了出资义务，但格罗姆公司未修改公司章程。甲、乙应于什么时间缴足出资？

A. 甲、乙应于 2039 年前缴足出资

B. 甲应于 2019 年前缴足出资，乙于 2039 年前缴足出资

C. 甲应于 2039 年前缴足出资，乙于 2019 年前缴足出资

D. 甲、乙应于 2019 年前缴足出资

25. 营业地位于不同国家的甲乙两公司签订了货物买卖合同，约定使用 FCA 术语为交货条件。关于该术语以下说法错误的有：

A. 该术语可以适用于任何的运输方式包括多式联运

B. 该术语只能适用于海运运输合同

C. 该术语要求卖方将货物交给第一承运人时完成交货义务

D. 承运人自收到货物时，货物的风险由卖方转移给买方

26. 甲、乙、丙、丁四人共同出资成立瀚林公司，协商制定公司章程时甲未出席，乙、丙、丁一致同意且于章程中签字，乙伪造了甲的签字。公司成立后，四股东协商一致共同签署一协议，就股东之间的权利义务等事宜进行了约定，下列说法正确的是？

A. 四股东签署的协议是公司章程的一部分

B. 公司章程经过四分之三的股东通过，已经生效

C. 四股东协商一致签署的协议具有与公司章程相同的法律效力

D. 公司章程未经工商登记不能对抗第三人

27. 徐老头有一独生子英年早逝，儿媳与他共同生活并照顾他。后儿媳与田某再婚，三年前生下儿子小田一年前儿媳不幸逝世，半年前田某也相继离世。若日后徐老头死亡发生继承，则小田可以？

A. 代位继承

B. 转继承

C. 无继承权

D. 可适当分得遗产

28. 甲、乙、丙、丁均为资深骑马爱好者，相约去草原骑马。甲提供四匹马，骑行过程中，乙的马被突然出现的野兔惊吓，造成乙受伤。请问：该责任如何承担？

A. 甲承担全部责任

B. 四人平均分担

C. 乙自行承担

D. 甲承担补充责任

29. 雷某独资设立大米公司，雷某担任公司的执行董事和法定代表人。因公司的经营需要向罗某筹措资金 200 万，并约定罗某因此占大米公司 5%的股权，大米公司为此向罗某出具了股权凭证。据查，罗某是大麦公司的法定代表人，大麦公司与大米公司的经营范围基本相同。因为罗某该笔资金的引入，大米公司经营渐有起色，终于扭亏为盈。但大米公司未向罗某分红，罗某提出查阅大米公司的账簿并主张分红，下列说法正确的是？

A. 雷某可以罗某查账目的不正当为由拒绝其查账请求

B. 如果罗某委托律师代为查账，雷某不得拒绝

C. 罗某可向法院提起诉讼请求大米公司分红

D. 罗某可自行召集并主持股东会决议分红

30. 郑某起诉林某，审理过程中林某提起反诉，后郑某撤回起诉，法院以原告撤回起诉为由裁定驳回了林某的反诉。林某对该裁定不服，提起上诉，二审法院应当如何处理？

A. 组织当事人调解，调解不成，告知另行起诉

B. 裁定驳回上诉，维持原裁定

C. 二审法院撤销驳回反诉的裁定，同时发回重审

D. 二审法院撤销原裁定，同时指定原审法院审理

31. 甲创作歌曲《法考之路》，乙在某商业场合对其进行了演唱，丙公司将乙的演唱制成唱片，丁酒店把该唱片买回后在酒店大厅作为背景音乐播放，戊广播电台在《法考倒计时》栏目中进行了播出，下列说法正确的是：

A. 乙演唱该歌曲需要经过甲的同意并付费

B. 丙公司把乙的演唱制成唱片，不需要经过甲的同意并付费

C. 丁酒店在酒店大厅将该歌曲作为背景音乐播放，不需要经过甲的同意并付费

D. 戊广播电台的播放行为需要经过甲的同意并付费

32. 张某有祖传的玉雕一尊，委托德龙拍卖公司进行拍卖，最终被一家文化公司以 140 万元的价格买下。对此，下列表述正确的是？

A. 这个事件中只有一种法律关系

B. 在拍卖过程中，拍卖公司和竞拍者的关系属于隶属性的法律关系

C. 在该案件涉及的法律关系中，法律关系的主体既有自然人也有法人

D. 在本案中导致拍卖成交的客观情况是法律事件

33. 住所位于东岭县的利民公司依约将长山县的仓库租借给住所位于峻南县的青松公

司使用，每年租金30万。双方还约定，因该租赁合同发生的纠纷均应由合同签订地顺富县法院管辖。利民公司因经营不善申请破产，法院受理破产申请后，管理人为追索青松公司拖欠的租金向法院起诉。本案应当由哪些法院管辖？

A. 东岭县法院

B. 长山县法院

C. 峻南县法院

D. 顺富县法院

34. 甲公司委托乙公司设计某机器设备的技术方案，双方未约定专利权归属，乙公司如约交付设计的技术资料给甲公司。甲公司又委托丙公司依据乙公司交付的技术方案制造该机器，同时要求丙公司确保该机器的驱动软件无权利瑕疵。于是丙公司和丁公司签订了该驱动软件专利权的独占使用合同，约定使用期限5年。甲公司销售该设备6年后，乙公司和丁公司起诉甲公司追究其赔偿责任。据查，乙公司已经申请并获得了该机器设备的发明专利权。下列说法正确的是？

A. 该设备的专利权应归甲公司

B. 甲公司应该对乙公司承担侵权责任

C. 甲公司应该对丁公司承担侵权责任

D. 甲可以向法院起诉丙公司请求确认对丙公司没有侵权

35. 王某与甲公司签订劳动合同，被甲公司派遣到乙公司工作。甲公司以与乙公司劳务派遣协议到期不再续签为由，提前30日通知王某：可以与甲公司推荐的新的公司签订劳务派遣合同，也可以与甲公司协商解除劳动合同后自谋前程。王某没有接受上述提议。甲公司单方解除与王某的劳动合同，王某向法院起诉甲公司和乙公司要求支付经济赔偿金和经济补偿金。法院经查证，王某在乙公司期间，工作一直兢兢业业，没有差错，在此期间甲公司也没有主张变更劳动合同。针对上述情形，以下哪一选项是正确的？

A. 甲公司应当支付王某赔偿金，但不应当支付经济补偿金

B. 甲公司和乙公司应当分别支付王某赔偿金和经济补偿金

C. 甲公司和乙公司应当连带支付王某赔偿金和经济补偿金

D. 甲公司应当分别支付王某赔偿金和经济补偿金

36. 甲欲出售一辆汽车，乙向甲声称受丙委托购买该车。甲托人向丙核实，丙未予否认。甲遂将该车交给乙，乙将车开走后不知去向，甲向丙要求付款遭拒绝。此案的正确处理方法是？

A. 由甲自行承担损失

B. 由乙支付车款

C. 由丙支付车款

D. 由乙、丙承担连带付款责任

37. 小陈2018年5月以自己的名义首付100万元，借款100万元买房一套。6月1日与小李结婚。婚后两人共同努力还清了全部100万元借款。2020年3月两人离婚，此时该房屋的市场价格已经涨到400万元。关于该房屋的分割，下列说法正确的是？

A. 判决房屋归小陈所有，但应当偿还小李 55 万元

B. 判决为小陈和小李的共同财产

C. 判决房屋归小陈个人所有，小陈补偿小李 200 万元

D. 判决房屋归小陈个人所有，小陈补偿小李 100 万元

38. 根据 WTO 规则，下列关于 WTO 争端解决机制的说法正确的有？

A. 磋商是成立专家组之前的必经程序

B. 对争端方没有提出的主张，专家组不能作出裁决，除非相关专家提出了该种主张

C. 上诉机构有权将案件发回专家组重审

D. 争端解决机构一致同意，专家组的报告才能通过

39. 希腊甲公司与中国乙公司签订许可协议，授权其在亚洲地区独占使用其某项发明专利，许可期限 10 年，标的额 3.6 亿元人民币，协议选择中国最高院国际商事法庭管辖。协议履行期间，因为甲公司又给予荷兰丙公司以同样的专利许可，乙公司向国际商事法庭起诉甲公司。根据相关法律规定，下列说法正确的是？

A. 对国际商事法庭判决不服的，可在最高院本部申请再审

B. 有丰富经验的希腊法学家西蒙可以被国际商事法庭遴选为法官参与本案审理

C. 如果双方无异议，希腊文字的证据材料无须提交中文译本

D. 在希腊获得的证据只要经公证和认证，即可采用

40. 安云公司是由蓝月公司和张三、李四共同出资设立的有限公司，蓝月公司派赵祥和王琳担任安云公司的董事。在安云公司运营期间，赵祥以王琳在安云公司决策时总不为蓝月公司的利益着想为由，向蓝月公司报告。蓝月公司未经安云公司其他董事同意，将王琳召回，派驻胡丽作为安云公司的董事，下列说法正确的是？

A. 王琳一经召回就丧失了安云公司的董事身份

B. 胡丽取得了安云公司的董事身份

C. 赵祥和王琳应对蓝月公司尽忠实、勤勉义务

D. 赵祥和王琳应对安云公司尽忠实、勤勉义务

41. A 想在乙区买一个店铺，和甲县的 B 签居间合同，和乙区的 C 签店铺买卖合同。C 不肯交房并办理过户。A 将 B、C 起诉到甲县法院要求交付店铺办理过户，甲县法院判决 C 交付办理过户，以 B 不是适格被告为由判决驳回 A 对 B 的诉讼请求。C 不服上诉，认为既然 B 不是适格被告，那么 B 的住所地甲县法院就没有管辖权，故而在二审中提管辖权异议。二审法院应当如何处理？

A. 二审法院应移送管辖

B. 二审法院应指定管辖

C. 二审法院对管辖权异议不予审查

D. 二审法院应当撤销原判，发回重审

42. 李某用 100 元从甲商场购买一只电热壶，使用时因漏电致李某手臂灼伤，花去医药费 500 元。经查该电热壶是乙厂生产的。下列哪一表述是正确的？

A. 李某可直接起诉乙厂要求其赔偿 500 元损失

B. 根据合同相对性原理，李某只能要求甲商场赔偿 500 元损失

C. 如李某起诉甲商场，则甲商场的赔偿范围以 100 元为限

D. 李某只能要求甲商场更换电热壶，500 元损失则只能要求乙厂承担

43. 甲歌舞团请李某编排一套群舞作品《春之恋》用于本单位迎新晚会演出，赵某担任甲歌舞团领舞，演出过程中陈某擅自用手机拍摄赵某在《春之恋》中最精彩的部分。晚会结束后将视频上传至自己朋友圈，关于陈某行为下列说法正确的是?

A. 陈某的行为侵犯了赵某的表演者权

B. 陈某的行为侵犯了甲歌舞团的表演权

C. 陈某的行为侵犯了甲歌舞团的著作权

D. 陈某的行为侵犯了赵某的发表权

44. 三合公司诉两江公司合同纠纷一案，经法院审理后判决两江公司败诉。此后，两江公司与海大公司合并成立了大江公司。在对两江公司财务进行审核时，发现了一份对前述案件事实认定极为重要的证据。关于该案的再审，下列哪一说法是正确的?

A. 应当由两江公司申请再审并参加诉讼

B. 应当由海大公司申请再审并参加诉讼

C. 应当由大江公司申请再审并参加诉讼

D. 应当由两江公司申请再审，但必须由大江公司参加诉讼

45. 张老头有一套房屋，张老头死后，张甲和张乙因遗产继承纠纷，张甲将张乙诉至法院，诉讼中，邻县张老头的女儿张丙向法院主张继承遗产，下列表述正确的是?

A. 张甲是原告，张乙是被告

B. 张甲，张丙是原告，张乙是被告

C. 张丙是原告，张甲、张乙是被告

D. 张甲是原告，张乙是被告，张丙是有独三

46. 甲与乙结婚多年后，乙患重大疾病需要医治，甲保管夫妻共同财产但拒绝向乙提供治疗费，致乙疾病得不到及时治疗而恶化。下列哪一说法是错误的?

A. 乙在婚姻关系存续期间，有权起诉请求分割夫妻共同财产

B. 乙有权提出离婚诉讼并请求甲损害赔偿

C. 乙在离婚诉讼中有权请求多分夫妻共同财产

D. 乙有权请求公安机关依照《治安管理处罚法》对甲予以行政处罚

47. 甲上市公司拟与乙公司合并，但乙公司拥有甲上市公司 50 万股的股票，占发行股票总额的 1.5‰。就此合并事宜，甲上市公司的股东张某、李某、戴某明确表示反对，并向公司主张回购其股份退出公司。下列有关说法正确的是?

A. 甲上市公司可以由董事会决议与乙公司合并收购股份事宜

B. 甲上市公司应当在和乙公司合并后 6 个月内转让或注销该股份

C. 甲上市公司收购乙公司股份应当采用公开集中交易的方式进行

D. 甲上市公司应当在回购张某、李某、戴某股份后 10 日内注销

48. 甲与保姆乙约定：甲生前由乙照料，死后遗产全部归乙。乙一直细心照料甲。后

甲女儿丙回国，与乙一起照料甲，半年后甲去世。丙认为自己是第一顺序继承人，且尽了义务，主张甲、乙约定无效。下列哪一表述是正确的?

A. 遗赠扶养协议有效

B. 协议部分无效，丙可以继承甲的一半遗产

C. 协议无效，应按法定继承处理

D. 协议有效，应按遗嘱继承处理

49. 甲、乙和丙于2012年3月签订了散伙协议，约定登记在丙名下的合伙房屋归甲、乙共有。后丙未履行协议。同年8月，法院判决丙办理该房屋过户手续，丙仍未办理。9月，丙死亡，丁为其唯一继承人。12月，丁将房屋赠给女友戊，并对赠与合同作了公证。下列哪一表述是正确的?

A. 2012年3月，甲、乙按份共有房屋

B. 2012年8月，甲、乙按份共有房屋

C. 2012年9月，丁为房屋所有人

D. 2012年12月，戊为房屋所有人

50. 甲公司从政府以出让方式获得一地块的土地使用权，进行商品房开发，楼盘建设过半投入约2亿元，甲公司因资金链断裂无以为继。无奈将此土地使用权及地上建筑一并转给乙公司。下列说法正确的是?

A. 乙公司获得土地使用权后需重新与政府签订土地使用权出让合同

B. 政府可向甲公司收取不超过2亿元的土地闲置费

C. 乙公司获得土地使用权后可经甲公司同意改变土地用途

D. 甲公司应缴纳全部的土地出让金并获得土地使用权证书

二、多项选择题

51. 某公司经营过程取得的各项收入中，包括销售货物收入、国债利息、股息收益、财政拨款等各项收入，请问哪些属于企业所得税的免税项目?

A. 向另一家公司销售货物的收入

B. 购买国债的利息收入

C. 投资国内某互联网公司取得的股息收益

D. 从当地政府获得的财政拨款

52. 2017年1月，甲公司因扩大规模，急需客服人员，遂委托乙劳务派遣公司派遣5名员工。随后，乙劳务派遣公司将已签订劳动合同的张某等五人派遣至甲公司。对此，下列说法错误的是?

A. 甲公司应当为张某缴纳工伤保险

B. 乙公司应当为张某缴纳工伤保险

C. 张某与甲公司形成劳动关系

D. 如果张某在工作中造成他人受伤，应当由甲公司和乙公司承担连带责任

53. 甲公司持有乙股份公司（上市公司）6.4%股份，为乙公司第四大股东，2016年

11 月 15 日，甲公司减持套现 2.9%乙公司股份，3 个月后，乙公司股价上扬，甲公司又增持 1.9%的乙公司股份，下列选项说法正确的是？

A. 就增持事项，甲公司在 3 日内向证券监管机构和证券交易所作出书面报告，通知乙公司，并予公告

B. 甲公司在增持后的 3 日内不得再行买卖乙公司的股票

C. 就减持事项，甲公司在 3 日内向证券监管机构和证券交易所作出书面报告，通知乙公司，并予公告

D. 就减持事项，乙公司应当立即向证券监管机构和证券交易所报送临时报告，并予公告

54. 2016 年 3 月，张某向甲保险公司投保重大疾病险，但投保时隐瞒了其患有乙肝的事实。在保险合同订立前，甲保险公司曾要求张某到安康医院体检，并提交体检报告。因安康医院工作人员的失误，未能诊断出张某患有乙肝。2017 年 4 月，张某因乙肝住院治疗，花去医疗费等 6.3 万元。2017 年 9 月，甲保险公司得知张某隐瞒病情投保的事实。下列说法正确的是？

A. 若张某投保时，体检报告明确显示其患有乙肝，则甲保险公司不能拒赔

B. 甲保险公司发现隐瞒事实一个月后无权解除保险合同

C. 甲保险公司可以在不解除保险合同的情况下，拒绝赔付

D. 若甲保险公司解除保险合同，应当向张某退还保费

55. 甲（6 周岁）系小童星，演出收入颇丰。其父母为保值，在 A 城以甲的名义购买了一套商品房，价款 850 万元。后其他地区的房价均上涨，唯独 A 城房价下跌，损失惨重。关于本案，下列哪些说法是错误的？

A. 甲向其父母追偿损失不受 3 年诉讼时效的限制

B. 甲的父母没有为甲财产保值的义务

C. 购房合同有效，但父母应负赔偿责任

D. 甲父母的行为构成无因管理

56. 甲公司取得了热播电视剧《12 小时》的独家网络直播权，张某嫌该剧片头广告时间过长，开发出屏蔽该片头广告的软件，在其社交主页上炫耀，并提供了专门的下载通道，受到网民追捧。随后张某用此软件招商播放乙公司的产品广告，收益颇丰。下列说法正确的是？

A. 张某的行为有利于消费者，是合法行为

B. 张某并非经营者，所以其不是不正当竞争行为的适格主体

C. 张某的行为构成不正当竞争行为

D. 甲公司的实际损失难以计算的，可按张某向乙公司收取的报酬确定赔偿金额

57. 下列请求权不适用诉讼时效的有？

A. 孟某与王某的房屋相邻，王某装修房屋将大量建筑垃圾堆放在门前妨碍孟某的通行，孟某有请求王某排除妨碍的权利

B. 孟某将自己的房屋出租给曹某居住，租期届满后，孟某基于所有权人的身份请求

曹某搬离房屋的权利

C. 孟某的宝马轿车（登记在孟某名下）被徐某强行夺走，孟某基于所有权人的身份请求徐某返还宝马轿车的权利

D. 孟某与妻子刘某离婚，法院判决婚生子小孟（6 岁）与刘某共同生活，孟某按月给付抚养费，小孟有请求孟某给付抚养费的权利

58. 甲国埃尔斯公司为了在乙国的投资，申请到某国际融资机构的贷款，下列哪些属于埃尔斯公司的预期违约事项？

A. 埃尔斯公司经营状况发生重大不利变化，可能丧失清偿能力

B. 埃尔斯公司在自己的财产上为其他债权人设定担保物权

C. 埃尔斯公司涉嫌在丙国逃税，被丙国税务机关扣押财产

D. 埃尔斯公司到期不清偿贷款的本金和利息

59. 植物园规定，未成年人凭证件参观植物园减免（免费）。针对未带证件的未成年人，植物园在实际操作中一律按照身高计算，身高 150CM 以下的按照规定减免，身高 150CM 以上的，按照成年人的标准需买全价票。某身高 150CM 以上的十七岁大学生，认为植物园的行为侵犯了其合法利益故提起诉讼，请问市消协实施的下列行为正确的是？

A. 市消协提请省消协提起公益诉讼

B. 市消协代表该大学生提起诉讼

C. 市消协参与制定有关消费者权益的法律、法规、规章和强制性标准

D. 市消协对植物园提出警告并罚款

60. 2017 年 11 月 10 日，李某邀请张某前往家中做客，张某带着王某家的宠物狗前往并将宠物狗放在李某家的阳台上晒太阳。李某提醒张某说："把宠物狗放在阳台容易掉下去"。张某让李某放心不会有事。后宠物狗从阳台掉落，将从楼下路过的赵某砸伤，医药费 2000 元。关于本案，下列哪些说法是错误的？

A. 李某所在小区的物业应对赵某的损害相应的赔偿责任

B. 李某应对赵某的损害承担赔偿责任

C. 张某应对赵某的损害承担赔偿责任

D. 王某应对赵某的损害承担赔偿责任

61. 甲、乙、丙共同出资设立某普通合伙企业，分别出资 50 万，10 万和 40 万。甲、乙、丙共同约定由甲执行合伙事务。合伙企业经营良好，于是甲找乙和丙协商增资投资一个不在经营范围内的项目，合伙协议无特别约定，就该增资事宜合伙企业需如何做出决议？

A. 可以协商不按照出资比例进行增资缴纳

B. 决议需要甲乙通过即可

C. 决议需要甲乙丙共同通过

D. 决议需要甲丙通过即可

62. 唐某带领小宝（3 周岁）乘坐客运班车，给小宝办理了免票手续。乘车途中，客运班车与蒋某驾驶的轿车相撞发生交通事故。唐某轻伤且手机摔坏，就医花去医药费 2000

元，修理手机花费5000元。小宝脑震荡，花去医药费20万元。关于本案，下列说法正确的有？

A. 若班车司机能证明对交通事故的发生没有过错，对于唐某的手机损失，客运公司可以免责

B. 小宝有权请求客运公司承担赔偿责任

C. 小宝系免票乘车，应自己承担损失

D. 唐某有权请求客运公司和蒋某承担连带责任

63. 甲国艾尔公司向中国出口某类商品，因价格过低涉嫌倾销被中国商务部调查，甲国艾尔公司向商务部作出价格承诺，根据我国相关法律规定，下列哪些选项是正确的？

A. 若甲国艾尔公司违反其价格承诺，则商务部可以立即决定恢复反倾销调查

B. 若商务部拒绝甲国艾尔公司的价格承诺，应当说明理由

C. 甲国艾尔公司在针对商务部的反倾销终局裁定提起的行政诉讼中对主张事实负有举证责任

D. 甲国艾尔公司不得就商务部的价格承诺复审决定提起行政诉讼

64. 定居在上海的法国人甲和中国人乙女结婚，不孕，遂让乙女的堂妹丙（中国人，定居上海）代孕，生下一子丁交给甲乙抚养，丁取得了法国国籍。后乙死亡，甲与新加坡女子戊再婚，并一起带丁回法国定居，一年多以后，丙请求确认和丁的母子关系，甲戊不许，引发争议诉至人民法院，根据相关法律和司法解释，下列哪些选项是正确的？

A. 丙与丁的人身关系适用法国法

B. 丙与丁的人身关系适用中国法或法国法中有利于保护弱方利益的法律

C. 戊与丁的母子关系适用法国法

D. 戊与丁的母子关系适用中国法、新加坡法或法国法中有利于保护弱方利益的法律

65. 泰旭公司经营良好，但近几年没有给股东分配利润，小股东张某非常不满。现查明：泰旭公司董事长郭某和与泰旭公司有重要且经常生意往来的幻景公司董事长黄某是夫妻，泰旭公司与幻景公司存在巨额的业务往来，对幻景公司存在利益输送。张某要求监事会维护公司权益，监事会不置可否。关于张某的维权事宜下列说法正确的是？

A. 张某的维权诉讼，泰旭公司应为第三人

B. 张某的维权诉讼，应以郭某和监事会为共同被告

C. 张某的维权诉讼，应以公司为被告

D. 张某的维权诉讼中，公司其他股东以相同诉讼请求申请参加诉讼的，应列为共同原告

66. 2014年9月30日，吴某租赁王某建筑搭架设备，使用结束后，经双方结算下欠王某1000元。2016年5月29日，吴某为王某出具了一张1000元欠条，后经王某多次催要，吴某一直未还，王某诉至法院。法院决定适用小额诉讼程序审理，告知了双方小额诉讼程序的特点。被告要求书面答辩，法院确定了7天的答辩期，并指定了5天的举证期限。在答辩内，被告提出了管辖权异议，法院告知其小额诉讼程序不能提管辖权异议。关于本案诉讼程序中，法院做法正确的有：

A. 法院决定适用小额诉讼程序审理该案

B. 法院确定了 7 天的答辩期

C. 法院指定的 5 天举证期限

D. 法院告知其小额诉讼程序不能提管辖权异议

67. 2010 年 3 月，甲方将某幕墙工程承包给了乙方，乙方指派丙方为项目经理。工程竣工验收合格交付后的两年，丁方以实际施工人的身份，依据甲方、丙方、丁方签订的《关于补充协议的付款情况说明》向某仲裁委员会申请仲裁，要求甲方支付工程尾款 900 万元。2017 年 9 月，某仲裁委仲裁以丁方系实际施工人为由，裁决甲方支付给丁方工程尾款 900 万元。由于甲方没有按时履行义务，丁方申请执行仲裁裁决。乙方知道后，欲通过相关法律途径维护自己权益。关于本案说法正确的是：

A. 丁方申请执行仲裁裁决，该仲裁裁决只能由相应中院来执行

B. 如甲方提出不予执行仲裁裁决申请，法院应组成合议庭审查

C. 乙方作为案外人，只可以提出执行行为异议，不能提出不予执行仲裁裁决申请

D. 乙方作为案外人，既可以提出执行行为异议，也可以提出不予执行仲裁申请

68. 甲国某公司要到乙国投资建设一个垃圾处理厂，并与乙国政府签订了垃圾处理合同，后乙国因为环境政策的改变增加了环境保护税。乙国政府遂以该合同履行不再具有经济意义为由拒绝履行该合同。现该公司寻求相关的法律救济措施，以下说法正确的有？

A. 乙国政府的做法属于政府违约行为

B. 乙国政府的行为属于征收或类似措施行为

C. 如果该公司寻求多边投资担保机构进行理赔，应以用尽乙国当地救济为前提条件

D. 多边投资担保机构进行理赔后，可以直接向乙国政府主张代位求偿

69. 甲公司欠乙公司货款，乙公司起诉，法院判决甲公司偿还乙公司货款 300 万。乙公司发现甲公司对丙公司有 200 万债权，且怠于行使，于是起诉丙公司。下列说法正确的是？

A. 乙公司的行为构成重复起诉

B. 乙公司不构成重复起诉

C. 乙公司可以提起代位权诉讼

D. 法院应不予受理，受理了的，应当裁定驳回起诉

70. 在甲乙两公司的涉外诉讼中，我国法院根据冲突规范认为应适用 A 国法律，但对于具体规则不了解。甲公司申请法学专家某教授向法院提供 A 国法律相关内容，乙公司对某教授的中立性保持质疑。根据我国相关法律，下列说法中正确的有哪些？

A. 甲公司应证明某教授的中立性

B. 某教授出庭所作陈述，可被视为甲公司的举证行为，具有证明力

C. 某教授可书面提供 A 国法律报告，无须出庭

D. 法院可依职权另行委托其他专家查明 A 国法

71. 合严公司由甲、乙、丙、丁四人出资设立，甲持股 20%，公司章程规定公司的经营期限是 5 年。到期后，公司运营不好，甲主张按章程规定解散公司，但其他股东均不同

意解散。公司召开股东会讨论此事，在甲反对，其他股东均同意的情况下，做出股东会决议修改公司章程延长公司的经营期限至 2030 年。下列有关甲的维权措施说法正确的是？

A. 甲可向公司主张以合理的价格收购其股权

B. 甲可向法院起诉确认该股东会决议无效

C. 甲可与乙协商转让其股权

D. 甲可向法院起诉请求强制解散合严公司

72. 甲为躲避债务一走了之，5 年后妻子乙申请宣告甲死亡，乙和丙结婚 1 年后离婚，7 年后甲归来。此时，关于婚姻关系表述，下列说法正确的是？

A. 法院宣告甲死亡时，甲乙的婚姻关系消灭

B. 法院撤销死亡宣告后，甲乙的婚姻关系自行恢复

C. 法院撤销死亡宣告后，甲乙需要登记结婚方能确立婚姻关系

D. 甲下落不明时，甲乙的婚姻关系消灭

73. 下列选项中属于不当得利构成要件的是？

A. 一方获得利益，他方受有损失

B. 受损方不存在过错

C. 一方受利益与他方受损失之间有因果关系

D. 无合法依据

74. 乙借用有资质的丙建设施工企业的名义与甲签订建设工程施工合同，未约定工程质量保证金的返还期限。后建设工程质量合格，但甲因资金链断裂无法向乙支付工程价款。下列选项正确的是？

A. 若工程质量不合格，甲可请求乙、丙对出借资质造成的损失承担连带赔偿责任

B. 乙可自建设工程通过竣工验收之日起满两年请求返还工程质量保证金

C. 乙可请求就工程折价或者拍卖的价款优先受偿

D. 乙行使建设工程价款优先受偿权的期限为 18 个月

75. 甲与电脑城老板乙签订电脑买卖合同，约定 6 个月付清货款，每月支付 12 000 元，付清货款前乙保留该电脑的所有权。在甲使用电脑期间。屏幕疯狂闪屏。乙将电脑交给丙修理，但修好后丙以 10 000 元的价格将该电脑出售给不知情的丁，并交付。对此，下列说法正确的是？

A. 丁可以善意取得该电脑所有权

B. 如甲无力支付最后一个月的价款，乙可行使取回权

C. 如甲未支付到期货款达 3000 元，乙可要求解除合同，并要求甲支付一定的电脑使用费

D. 如甲未支付到期货款达 3000 元，乙可要求其一次性支付剩余货款

76. 甲化工厂和乙造纸厂排放污水，造成某村农作物减产。当地环境主管部门检测认定甲排污中的有机物超标 3 倍，是农作物减产的原因，乙排污未超标，但其中的悬浮物仍对农作物减产有一定影响。关于甲、乙厂应承担的法律责任，下列选项正确的是？

A. 甲厂应对该村损失承担赔偿责任

B. 乙厂应对该村损失承担赔偿责任

C. 环境主管部门有权追究甲厂的行政责任

D. 环境主管部门有权追究乙厂的行政责任

77. A 公司作为 B 公司的股东，根据公司章程，B 公司应每月向股东按时报告销售分析、人事支出等财务资料，但 B 公司没有按章程报告。A 公司向法院起诉要求 B 公司报告这些资料，B 公司主张这是财务账簿数据，根据公司章程规定，需要总经理审批才能向 A 公司报告。但又因为 A 公司的阻挠，B 公司还没有总经理。下列有关说法正确的是？

A. 因为公司章程的规定，未经总经理审批，B 公司有权拒绝向 A 公司报告相关财务数据

B. A 公司应先向 B 公司书面申请查阅相关财务账簿数据，被拒绝后，才能向法院起诉

C. A 公司应先推动 B 公司聘任总经理，经其审批后方能查阅相关财务资料

D. 未经总经理审批，B 公司也应向 A 公司报告相关财务资料

78. 魏某年满九旬，儿女不在身边，多年由邻居方某照顾，魏某为了表示感谢，立遗嘱将房屋赠与方某，又担心儿女反对，后咨询律师，与方某签订合同，设立居住权。以下正确的是？

A. 方某死后，居住权可以继承

B. 居住权不可以转让或出租

C. 合同自设立时生效，未经登记不得对抗善意第三人

D. 可以口头或书面订立合同

79. 位于 A 省 B 县的甲公司和 A 省 C 县的乙公司订立水果买卖合同，甲公司付款后，乙公司迟迟不发货，甲担心乙的发货能力，于是向水果仓库所在地 D 县法院申请保全，法院采取相应保全措施后，甲向 C 县法院提起诉讼，下列选项正确的是？

A. 甲公司应当提供担保

B. D 县法院应当冻结这批水果

C. C 县法院受理案件后，D 县法院应当将保全的财产一并移送 C 县法院

D. C 县法院受理案件后应当将案件移送 D 县法院

80. 古道西风有限公司被裁定进入破产程序，根据《破产法解释（三）》，下列选项正确的是？

A. 债权人会议的决议超出债权人会议的职权范围，损害债权人利益，债权人有权申请撤销

B. 债权人会议的决议内容违法，损害债权人利益，债权人有权申请撤销

C. 人民法院只能裁定撤销全部事项决议，责令债权人会议依法重新作出决议

D. 债权人申请撤销债权人会议决议的，可以提出口头或者书面申请

81. 根据《专利法》的规定，下列行为中，属于侵犯专利权的行为是？

A. 发明专利权申请公布后，专利局公告授权之前，第三人未经同意实施该技术的行为

B. 专利权人制造的专利产品售出后，使用该产品的行为

C. 专为科学研究而制造有关专利产品的

D. 为生产经营目的使用不知道是未经专利权人许可制造而售出的专利产品，能证明本产品合法来源的

82. 甲公司章程规定，本公司的技术总监属于公司的高级管理人员。甲公司与技术总监李某签订保密协议约定，违反保密协议给公司造成损失的应当承担20万元违约金。后李某违反保密协议的约定，自行成立了一家乙公司并将其掌握的甲公司的核心商业信息泄露给乙公司。下列说法正确的是？

A. 甲公司可向李某主张赔偿

B. 甲公司可向乙公司主张赔偿

C. 甲公司可向乙公司主张约定的20万违约金

D. 公司章程约定技术总监李某是高级管理人员的内容无效

83. 潘某有一批珍贵红木，委托仲某找买家，刘某出价600万，辛某出价400万。仲某以潘某名义与刘某缔约时，辛某找到仲某表示愿意给仲某50万元回扣，出价350万购入该红木，仲某同意。后仲某告知潘某红木市场状况欠佳，只能以该价卖出。仲某与辛某签订了合同。请问就仲某的行为，以下选项正确的是？

A. 仲某为无权代理

B. 仲某与辛某对潘某的损失应当承担连带责任

C. 该合同当然无效

D. 该合同当然有效

84. 2021年5月30日，甲造船厂向乙农商银行借款500万元并以现有的以及将有的生产设备、原材料、半成品、产品设定了动产浮动抵押，并办理了抵押登记。2021年6月6日，洪某与造船厂约定，洪某以80万元购买甲造船厂的一条渔船，同时以该渔船作为支付购船款的抵押物，洪某先支付了20万元。同年6月15日，甲造船厂向洪某交付了渔船，并于6月20日办理了抵押登记。后洪某一直未支付剩余款项。以下说法正确的有？

A. 甲造船厂的抵押权优先于乙农商行的抵押权

B. 洪某已经取得渔船所有权

C. 乙农商行的抵押权优先于甲造船厂的抵押权

D. 乙农商行的抵押权可以对抗洪某

三、不定项选择题

85. 甲有价值10万元的玉石一块。甲与乙订立玉石买卖合同：约定价款11万元，3日后乙付款取玉石。随后甲又向乙提出，再借用玉石把玩几天，乙表示同意。隔天，不知情的丙找到甲，表示愿以12万元购买该玉石，甲同意并当场将玉石交给丙。丙在回家路上将玉石丢失被丁拾得，丁通过自己正规的古玩店将其卖给戊。下列选项错误的是？

A. 该玉石所有权人的先后顺序是甲、乙、丙

B. 真正所有权人基于所有权请求戊返还玉石不受时间限制

C. 真正所有权人可以无偿追回玉石

D. 戊已取得该玉石的所有权，原所有权人无权请求返还该玉石

86. 张某、林某共同出资注册一家公司，张某认缴40万，林某认缴60万，出资期限为2024年，林某为公司的执行董事。2年后因为项目需要，林某催促张某尽快实缴出资，张某问林某需要多少资金，林某回复需要1000万，张某即向林某的账户汇款了400万，林某以公司的名义向张某出具了股款收据。后林某将400万全部投入公司的项目运营，全部亏损。下列哪些说法正确？

A. 林某未完全履行出资义务

B. 张某未完全履行出资义务

C. 林某应当向张某返还400万

D. 张某转款中360万是公司的资产

87. 万豪以20万元（认缴80万元）入伙喜来旅店（有限合伙企业），成为有限合伙人。后该企业的另一名有限合伙人退出，万豪便成为唯一的有限合伙人。2019年3月，万豪不幸发生车祸，虽经抢救保住性命，但已成为植物人。对此，下列表述错误的是？

A. 就万豪入伙前该合伙企业的债务，其需以20万元为限承担责任

B. 就万豪入伙前该合伙企业的债务，其需以80万元为限承担责任

C. 因万豪已成为植物人，故该合伙企业有权要求其退伙

D. 因唯一的有限合伙人已成为植物人，故该有限合伙企业应转为普通合伙企业

88. 甲公司为扩大生产规模向乙银行借款，甲公司以其现有的以及将有的生产设备、原材料、产品设立抵押。乙银行向甲公司发放贷款，但未办理抵押登记。关于甲公司的抵押，下列选项正确的是？

A. 该抵押合同为动产浮动抵押合同

B. 乙银行自抵押合同生效时取得抵押权

C. 抵押登记机关为抵押财产所在地的市场监督管理部门

D. 乙银行的抵押权不得对抗在正常经营活动中已支付合理价款并取得抵押财产的买受人

89. 甲和乙因为人身损害赔偿纠纷起诉到法院，一审法院作出判决，甲对赔偿标准有异议，提起上诉。原审法院也发现赔偿金及利息的适用标准有错误，原审法院将案件移交上级法院，甲没有按期缴纳上诉费，法院应该如何处理？

A. 二审法院撤销原判，发回原审

B. 一审法院启动审判监督程序

C. 继续审理

D. 二审法院按撤回上诉处理

90. 在乡、村庄规划区内，某单位经批准欲占用100亩土地来修建人民公墓，下列有关说法正确的是？

A. 确需占用农用地的，应当依法办理农用地转用审批手续

B. 依法办理农用地转用审批手续后，由城市、县人民政府城乡规划主管部门核发乡村建设规划许可证

C. 建设单位在取得乡村建设规划许可证后，方可办理用地审批手续

D. 建设单位在办理用地审批手续后，方可办理乡村建设规划许可证

91. 根据《军人保险法》的相关规定，下列说法正确的是?

A. 全军的军人保险工作由中国人民解放军军人保险主管部门负责

B. 军人保险基金包括军人伤亡保险基金、军人退役养老保险基金、军人退役医疗保险基金和随军未就业的军人配偶保险基金

C. 军人保险基金由个人缴费、中央财经负担的军人保险资金以及利息收入等资金构成

D. 军人服现役年限视同职工基本医疗保险缴费年限，可以与入伍前和退出现役后参加职工基本医疗保险的缴费年限合并计算

92. 2019 年 6 月，汪某陪同丈夫刘某前往医院体检，刘某体检报告单上甲状腺部分的结论为：血流未见明显异常，甲状腺左侧叶见边界尚清晰的单发结节，大小约 4×3mm，建议定期复查。2020 年 3 月 10 日，汪某为刘某投保重疾险，在保险公司询问表上的“被保险人是否患有肿瘤，息肉，结节，囊肿等”一栏，汪某均填“无”。2021 年 12 月 20 日，刘某被确诊甲状腺癌，2022 年 1 月 17 日，汪某申请理赔，保险公司查明上述事实。下列选项正确的是?

A. 因保险公司未向汪某明确询问刘某是否患有甲状腺疾病，应承担赔偿责任

B. 因汪某明知刘某有结节且未如实告知，保险公司无须承担赔偿责任

C. 因汪某明知刘某有结节且未如实告知，保险公司有权解除保险合同

D. 因汪某存在重大过失且未如实告知刘某有结节，保险公司无须承担保险责任，但应退还保险费

93. 根据《维也纳外交关系公约》和《维也纳领事关系公约》，下列选项正确的是?

A. 甲国驻乙国使馆有权在使馆内庇护涉嫌在乙国犯罪的丙国公民

B. 乙国有足够证据怀疑甲国驻乙国某领馆的邮袋内有爆炸物，若甲国领馆拒绝开拆，乙国可将该邮袋退回

C. 甲国有权声明乙国某外交人员为不受欢迎的人，但必须说明理由

D. 乙国驻甲国某领馆办公楼发生火灾，因为情况紧急，在乙国领馆馆长反对的情况下，甲国消防人员也可进入领馆灭火

94. 根据《民法典》的规定，下列关于婚姻的消灭的有关说法正确的是?

A. 一方患有重大疾病没有如实告知对方的，另一方可以自知道或者应当知道撤销事由之日起 1 年内向法院提出撤销婚姻

B. 婚姻无效或者被撤销的，无过错方有权请求过错方承担损害赔偿责任

C. 自婚姻登记机关收到离婚登记申请之日起 30 日内，任何一方不愿意离婚的，可以向婚姻登记机关撤回离婚登记申请；30 日期间届满后 30 日内，双方应当亲自到婚姻登记机关申请发给离婚证；未申请的，视为撤回离婚登记申请

D. 夫妻一方因抚育子女、照料老年人、协助另一方工作等负担较多义务的，离婚时有权向另一方请求补偿，另一方应当给予补偿。

95. 元丰公司依据供货合同要求神木公司履行货款，法院经审理一审二审神木公司均败诉，神木公司向法院申请再审，上级法院认为事实不清，指定下级法院再审，再审期间元丰公司要求增加违约金，神木公司以货物质量不合格为由主张解除合同，法院应当如何处理？

A. 对于增加违约金，法院应调解处理

B. 对于解除合同法院应调解处理

C. 对于增加违约金的要求，法院告知另诉

D. 对于解除合同请求，法院告知另诉

96. 甲居住在高档的浏园小区，小区施行严格的封闭管理，每个人都得凭证件进出小区。甲与物业服务公司签订了物业服务合同，合同中约定甲每月按建筑面积每平方米 13 元的标准缴纳物业费。物业公司在小区挂横幅称“24 小时巡逻，打击流浪狗、严防偷盗，给你一个安全温馨的家园根据《民法典》关于物业服务合同的有关规定，下列说法正确的是？

A. 甲的汽车后备厢在小区内被撬，通过监控录像可见小偷用时 5 小时，前前后后出入三次，偷走了一箱茅台飞天白酒，汽车的备胎和车顶行李架，总计价值 18 000 元，至今没有破案。对于甲的损失，物业公司应当承担赔偿责任

B. 甲 7 岁的儿子放学回来进小区后，被五只流浪狗咬伤，花去医疗费 1200 元，事后流浪狗被警察打死。物业公司应当对甲的儿子的损害承担赔偿责任

C. 甲停放在楼下公共车棚的电动自行车不久也丢失了，损失 2400 元，物业公司应当承担赔偿责任

D. 甲在楼下乘凉时被邻居乙散养的大藏獒咬成重伤，花去医疗费 32 000 元，物业公司应当承担相应的补充责任

97. 张某应聘某快递公司的工作，约定试用期为三个月，工资为 6000 元。快递公司规定每天工作时间为早上九点到晚上九点，每周工作六天，两个月后，张某以工作时间严重超过法律规定上限为由，拒绝超时加班安排，快递公司即以张某在试用期间被证明不符合录用条件为由与其解除了劳动合同，张某提请了仲裁，要求快递公司给付一个月工资作为赔偿金，下列说法正确的是？

A. 快递公司解除与张某的劳动合同违法

B. 快递公司关于工作时间的规定无效

C. 张某严重违反了快递公司的规章制度，快递公司有权解除与张某的劳动合同

D. 仲裁委应驳回张某的仲裁申请

98. 甲省 A 市庆安公司超标排污导致河流下游 B 市严重污染，A 市环保组织（符合起诉条件）向 A 市中院提起公益诉讼，A 市中院受理案件之后，B 市环保组织（符合起诉条件）向 B 市中院也提起公益诉讼。关于本案，表述正确的是？

A. A 市中院、B 市中院均有权审理各自的案件，分别判决

B. B 市中院应当把案件移送给 A 市中院

C. A 市环保组织和 B 市环保组织可做共同原告

D. 如果对管辖权有争议，可报甲省高院指定管辖

99. 甲于2019年2月死亡。乙因与甲生前素来不和，遂到处散布甲系赌博欠下巨额高利贷无法偿还而自杀身亡，在社会上造成了较恶劣的影响。甲之子欲向法院起诉，要求追究乙的侵权责任。下列选项不正确的是？

A. 甲已经死亡，不再具有民事主体资格，因而乙的行为不构成侵权

B. 乙的行为侵害了甲的名誉，依法应当承担侵权责任

C. 只有甲的配偶有权代表甲对乙提起诉讼

D. 只有甲的子女有权对乙提起诉讼

100. 居住在A市甲区的蒋某在A市乙区某住宅楼拥有住房一套。为了能够顺利出租，蒋某雇佣住在A市丙区的杨某进行保洁处理。在工作过程中，杨某不慎将窗户上的玻璃撞破，其中的一块碎玻璃掉下来，将从住宅楼下经过的张某（女）的脸严重划伤。张某被送到医院紧急治疗后，与蒋某以及杨某进行交涉，但是因双方分歧较大，未取得任何结果。张某于是向人民法院提起诉讼。根据上述案情，请回答第1~3题。

100-1. 在本案中，张某应当以谁作为被告提起诉讼才是正确的？

A. 应以蒋某作为被告

B. 应以杨某作为被告

C. 应以蒋某和杨某作为共同被告

D. 可以蒋某或杨某作为被告

100-2. 张某向A市乙区人民法院提起诉讼，乙区人民法院认为由甲区人民法院审理该案更为便利，于是把案件移送至甲区人民法院。甲区人民法院却认为由乙区人民法院审理更适宜，不同意接送移送。则以下说法正确的有：

A. 甲区人民法院、乙区人民法院对本案都有管辖权

B. 张某可以任意选择向甲区或乙区人民法院提起诉讼

C. 乙区人民法院的移送管辖是错误的

D. 甲区人民法院可以自己对本案无管辖权为由，再行移送

100-3. 若本案最终由甲区人民法院进行审理，则下列关于双方当事人证明责任的说法正确的是

A. 证明责任的分配，原则上是谁主张，谁举证

B. 本案属于证明责任倒置的情形，应当由被告承担举证责任，张某无须承担证明责任

C. 蒋某否认侵权事实的，应当对该事实承担举证责任

D. 蒋某否认自己存在过错的，应当对该事实承担举证责任

答案速查

一、单项选择题

1. C	2. D	3. A	4. D	5. A	6. D	7. A	8. B	9. C	10. B
11. A	12. B	13. D	14. B	15. C	16. A	17. C	18. C	19. B	20. A
21. D	22. D	23. C	24. B	25. B	26. D	27. C	28. C	29. A	30. D
31. A	32. C	33. A	34. C	35. A	36. C	37. C	38. A	39. A	40. D
41. C	42. A	43. A	44. C	45. B	46. C	47. B	48. A	49. C	50. D

二、多项选择题

51. BC	52. ACD	53. AB	54. AB	55. ABD	56. CD	57. ABCD
58. AC	59. AC	60. ABD	61. AC	62. AB	63. AB	64. BC
65. AD	66. ABC	67. BD	68. BCD	69. BC	70. BD	71. AC
72. AC	73. ACD	74. AC	75. ACD	76. ABC	77. BD	78. BC
79. AC	80. AB	81. CD	82. AB	83. BC	84. BCD	

三、不定项选择题

85. BCD	86. A	87. ACD	88. ABD	89. BD	90. ABC	91. ABCD
92. BC	93. B	94. ABCD	95. CD	96. ABCD	97. AB	98. BCD
99. ACD	100-1. A	100-2. ABC	100-3. A